中国律师实训经典
Trial TECHNIQUES | 庭辩技巧系列

对方证人

芝加哥著名刑辩律师论交叉询问与人生的经验教训

Your Witness

Lessons on Cross-Examination and Life from Great Chicago Trial Lawyers

[美]史蒂文·F·莫罗
(Steven F. Molo)
[美]詹姆斯·R·费格利罗
(James R. Figliulo)
主编

[美]斯科特·图罗
(Scott Turow)
作序

吴宏耀 云 翀
译

中国人民大学出版社
·北 京·

霍英东教育基金会

第十二届高等院校青年教师基金基础性研究课题资助

献给所有钟爱趣味法庭故事之人……

To all those who enjoy a good courtroom story…

交叉询问：诉讼技能与诉讼制度的最佳结合

（代　序）

“交叉询问”这一源自英美法系的专有术语，在国内诉讼法学研究及诉讼法律实务界已被广泛使用，但它的确切含义是什么，它在英美法系诉讼制度中的地位怎样、作用如何，客观地说，我们的认识既不充分也不到位，甚至还有偏差。吴宏耀博士主持翻译的这本《对方证人》一书，对我们正确认识交叉询问，无疑具有重要的帮助作用。

《对方证人》一书是由芝加哥律师协会组织编写的一本专门介绍、交流在诉讼活动中如何掌握、运用交叉询问技巧的专业书籍。它的作者是一批在法庭战场上身经百战、充满传奇经历、具有丰富经验的执业律师。他们把自己从业几十年来掌握、运用交叉询问技巧——“这一出庭律师最高艺术形式”的所思所想、所作所为、所成所败，以一个个小故事的方式，生动、形象、深入浅出地呈现给读者，使大家身临其境地感受和体验交叉询问的美妙之处，分享他们的快乐与智慧，读来饶有兴趣，手不释卷。

通过《对方证人》我们了解到，交叉询问虽然是控辩双方律师向对方证人发问、质疑的双方权利，但控方律师——“检察官并非交叉询问的专家，与辩方律师相比，他们进行交叉询问的机会少之又少”。这是因为在诉讼中特别是在刑事诉讼中，控方要承担证明被告人有罪的举证责任，检控方必须保证控方证人包括侦查人员能出庭作证，不仅通过自己的主询问把指控事实经证人之口呈现在法庭上，而且还要接受辩方律师的交叉询问，经受他们对证人所作的证言内容提出质疑，进行揭露，以动摇，甚至否定其客观真实性，使裁判者，主要是陪审团不相信控方证人的作证。相反，辩方在诉讼中不承担举证责任，其获取证据的能力又有限，所以，向法庭提供的证人比控方少得多，这就造成检察官进行交叉询问的机会少之又少。

交叉询问对于辩方律师的机会多，并不等于交叉询问容易做到或容易做好，更不等于会给辩方带来更多、更大的胜诉机会。相反，这对辩方律师是很大的挑战。因为，辩方律师交叉询问的对象是控方的证人，他们出庭作证前已经站在控方立场上了，在感情上不可能、也不愿意与辩方律师合作，与控方律师作对。同时，在法庭上交叉询问要受到诸多询问规则的约束，辩方律师并不能为所欲为。在此情形下，辩方律师要想利用交叉询问获得辩护空间，扭转不利局面，赢得胜诉结果，就必须在交叉询问的技能和技巧上训练有素，在出庭辩护的准备上全面细致，还要在法庭辩护中机智善变，在案件结束后不断总结交流。这一切我们从《对方证人》一书中都深切感受到了：

——一位律师说，每次出庭前他总是要在妻子面前进行交叉询问的演练，否则，就不出庭。不仅如此，他还带上妻子出庭，让妻子观察自己的出庭表现，发现问题，找出不足，以便今后改进、完善。

——有的律师讲，出庭辩护进行交叉询问前，“务必要了解案件全部事实、细节，尤其对方关于案件事实的表述，为此往往需要亲临犯罪现场”。正因为有了这样充分的准备，一位辩方律师在出庭时才能发现并揭露控方目击证人关于其在某一并不存在的两条路的交叉口看见犯罪过程的虚假证言。

——许多律师在书中不断总结交流进行交叉询问的心得体会、经验教训。有的人指出：交叉询问不是为了向证人获取信息，而是为了向法庭提供信息，是为了迫使证人认可律师的问话，所以，尽量不问开放式问题，而要问引导式问题，以控制证人，引导陪审团；有的律师认为进行交叉询问，发问前要知道答案，不能问自己不知道答案的问题；但也有律师表示：别怕试探性问题，有的时候无计可施，需要孤注一掷。

如此等等，从中我们不仅可以看出书中的律师们是多么重视交叉询问，而且还看到交叉询问是那么的充满智慧和多变，这似乎是他们克敌制胜的法宝，使他们赢得了一场又一场的胜诉！由此可见，对于控辩双方的律师特别是辩方律师来说，交叉询问是非常重要的一门诉讼技能！

通过《对方证人》，我们还悟出，交叉询问作为一门诉讼技能，并不是孤立存在的，而是英美法系对抗制诉讼模式的组成部分，它必须与整个刑事诉讼制度相配套、相协调才能真正发挥出“发现案件真相的最伟大的法律装置”的作用。为此，它要求至少应当提供以下诉讼制度上的配套与保障：

其一，要有良好的律师制度，能够培养、产生一批训练有素，经验丰富，技术精湛，尽职尽责的刑事辩护律师。

其二，要有一个功能完备的程序分流机制，把简单与复杂、轻微与严重、被告人认罪与不认罪的案件经过它进行分流，只把少数那些复杂、严重、被告人不认罪的案件导入所谓严格的正当程序之中进行正式审判。

其三，要有一个能够保证和保障证人出庭特别是控方证人出庭作证的制度，其中包括强制证人出庭的制度、保护出庭证人的制度、补偿出庭证人的制度等。

其四，要有一个符合现代诉讼结构的审判制度，即控审分离、控辩平等、审判中立与独立。

可以断言，没有这样一些制度的配套和保障，再好的交叉询问技能，再伟大的“发现案件真相的法律装置”也不可能真正发挥作用！因此，我们还可以说，交叉询问又是一项诉讼制度，是对抗制诉讼模式的重要组成部分。

当然，《对方证人》毕竟是一本讲“故事”的小书，它不可能全面、系统、教科书般地向读者介绍“交叉询问”。因此，我们从中获取的关于交叉询问的知识和信息肯定是有局限性的。更重要的是，不能过分抬高、夸大交叉询问的功能，似乎它能起到防止冤错案件的神奇作用。2010 年 4 月上旬，我应邀赴美国辛辛那提大学法学院参加了一个名为“拯救无辜者”的国际会议。在这次会上，光是来自美国、已经被证实并获得纠正的冤错案件的受害者就达百余人。他们中大部分人都是陪审团审判定罪的，在审判过程中经历了交叉询问的检验，但是仍然铸成了冤错案件。为什么会如此，有不少学者正在进行研究。其中有一位研究者针对目击证人辨认错误是造成冤错案件原因之一的观点指出：“交叉询问是质疑证人说谎的有力武器，但对诚实证人的错误辨认是无效的。”可见，交叉询问也并非万能。

尽管如此，我们不能认为交叉询问对于我国就没有参考价值。我国的刑事诉讼制度与我国的社会主义制度一样，还处在初级阶段，距离我们所追求的公正、正义目标还有很长的路要走。仅就诉讼制度的技术层面来讲，交叉询问具有重要的参考价值。我们应当通过完善程序分流机制，建立证人出庭作证制度，对少部分复杂、重大、被告人不认罪的刑事案件实行严格的公正审判，其中包括建立完备的、真正意义上的交叉询问制度。与此相适应，我们要对检察机关公诉队伍和刑事辩护律师进行系统、全面的交叉询问技能、技巧的培训，使大家真正能在诉讼中熟练掌握和运用交叉询问的专业技能，提升诉讼能力，提高审判质量。就此而言，我认为《对方证人》的翻译出版对我们的检察官和律师了解并掌握交叉询问有着不可忽视的参考价值，并借此机会，向吴宏耀博士等译者表示祝贺！

基于以上，我作为一名曾经有过10年刑事辩护律师执业经历的刑事诉讼法学研究者，欣然接受我的同事吴宏耀博士之邀，在《对方证人》出版之际表达以上看法和想法，不当之处，敬请指正。

顾永忠

2012年6月18日于中国政法大学

序　言

我热爱法庭审判。许多年以前，我曾经担任美国联邦检察官驻芝加哥办公室的督导导师。时不时，我会去法庭待上几分钟的时间，以便观察我负责督导的那些年轻律师的表现。但是，通常情况下，我都会在那里一待就是好几个小时。即便是针对诸如盗窃一张国库支票（a treasury check），或者，美国禁毒局（DEA）线人促使的一次简单毒品交易（a simple buy-bust）之类的最简单的审判活动，都会像最伟大的剧院一样吸引着我。通常，我会在控方主要证人作证时准时抵达法庭。这意味着，我将会听到他或她关于存有争议的犯罪行为的描述，并进而观察辩方律师如何揭露这一描述的漏洞或者对证人证言的真实性提出质疑。交叉询问就像总结陈词一样，是法庭的最高艺术形式。而且，一般来说，检察官并非这方面的专家。与辩方律师相比，他们进行交叉询问的机会少之又少。因为只有在极少数刑事审判中，辩方才会提出复杂的辩护事由（an elaborate defense case）。因此，对我而言，观摩著名律师的交叉询问活动往往是一件让人难以拒绝的教育机会；就更不要说我负责督导的那些青年律师啦！

作为旁观者，我曾经观摩的许多律师或者是本书的作者，或者在本书中曾经被提及——如山姆·亚当（Sam Adam）、麦克·莫尼克（Mike Monico）、汤姆·沙利文（Tom Sullivan）、帕特·图特（Pat Tuite）、特瑞·麦卡锡（Terry McCarthy）、吉姆·蒙哥马利（Jim Montgomery）。我甚至能够回想起我曾经从他们每个人身上学到了什么。在交叉询问中，山姆是反诱导询问（counter-leading）的大师。也即，暗示问题的答案但明知证人会做相反的回答，而该回答事实上恰恰是山姆所期待的答案。我还记得，曾经亲眼目睹麦克·莫尼克运用技巧翻来覆去问同一个问题——约翰·鲍尔斯·克罗利法官（Judge John Powers Crowley）已经提醒他，禁止再纠缠这一问题了。陪审团退席后，莫尼克表现出一副无辜的样子，克罗利法官——无论是在担任法官之前还是从法官职位退休以后，他都曾经作为辩护律师取得过卓越的职业成就——被麦克的演技逗乐了，以至于他只说了一句“莫尼克先生，不要忽悠一个忽悠老手了”！在汤姆·沙利文就任联邦检察官的前一个月，他和我的老板曾经参加过一起由莱顿法官（我一下子就想起了他[more of him in a moment]）主持的法官审判（a bench trial）。在该案中，沙利文把控方的主要证人问得不知所措。汤姆一副居高临下、不屑一顾的样子，以至于站在证人席上的证人看上去似乎只有绝望的份儿了。几个月后，我向汤姆请教，我怎么做才能像他那样控制证人作证的局面，他的回答是：“等你再大点儿就会了！”

至于书中撰文的其他律师，有一些，我曾经在法庭上与他们交过手，并亲眼目睹他们如何击中我方证人的软肋。在此，我只能举例介绍几位：图特（Tuite）、托尼·沃卢克斯（Tony Valukas）（曾经做过我的老板）、爱德华·富特（Ed Foote）。富特是最让人穷于应付的对手。因为他几乎不会一上来就对我方证人提出质疑。在我们共同参与的一起案件中，证据环环相扣且有力地支持了控方的主张。因此，富特不愿意让这些证人再去重复他们的证言。相反，他会找一些证人顺口提及的内容并就此发动攻势，而且，在对该证人造成足够打击以前，他绝对不会停下来。此时，我会放弃为了修复证人的可信性对证人进行再询问。因为我根本没有能力应对富特的下一轮攻击。他让人感到恐惧。

本书的许多作者，当年还不是刑事辩护律师。但是，他们却是我在联邦检察官办公室期间的同事：汤姆·德金（Tom Durkin)、鲍勃·塔如恩（Bob Tarum)、洽克·斯科拉斯盖（Chuck Sklarsky)、戈登·纳什（Gordy Nash)、难以效仿的小沃尔特·琼斯（Walter Jones, Jr.)、杰夫·斯通（Jeff Stone)、文斯·康奈利（Vince Connelly)。当时，他们每一个都是著名的出庭律师，而且他们进行交叉询问的技巧已经经过了多年的磨砺。

本书聚集的这些作者实乃芝加哥律师协会的精英。他们奉献的这些智慧或许意味着：如果你读了这本书，就交叉询问而言，你根本不需要再去看其他书了。

该书例证了以下所有基本规则：

- 不要问连你自己都不知道答案的问题，除非答案是什么根本不重要，或者你已经穷途末路。
- 在问下一个问题以前，务必要先聆听证人的回答。
- 就同一问题，不要问太多遍，以免证人可以借机对其存有缺陷的回答作出解释。
- 忘掉佩里·梅森。交叉询问不是为了立马赢得审判，而是为了给总结陈词或其他证人证言做铺垫。
- 知道见好就收。

此外，讲授这些经验的方法是迄今为止所能发明的、最有效的教育手段，而且，也是所有这些著名的出庭律师最擅长的手段：讲故事的方法。因此，就文学层面而言，这本书就像最有趣的法庭轶闻趣事一样，令人着迷。

这本书的每一章我都很喜欢。但是，我需要特别提及一篇。因为它的作者是乔治·N·莱顿（George N. Leighton）——写这篇文章时，他已经95岁高龄；不过，通过他的文章，我们可以看得出，他依然老当益壮。在你阅读这本书时，最让人感到吃惊的句子或许要数莱顿法官文章的第三段的文字了。在那里，他很随意地提到："我曾经代理过萨姆·詹卡纳。"莱顿法官故意回避了以下事实：詹卡纳先生是芝加哥犯罪家族的绝对领袖，因此，长期以来，FBI一直对他关注有加——这也正是他受到追诉的根由。莱顿法官故意回避的另外一项事实是：他本人是非裔美国人。恰如美国黑手党传统习惯表明的那样，黑手党成员从来不享有像其他委托人一样的同等机会。乔治·莱顿之所以愿意担任萨姆·詹卡纳的辩护人，其原因之一在于：莱顿是芝加哥少数最优秀的出庭律师之一，而就詹卡纳先生而言——无论对他存在什么样的偏见——深深的社会成见致使其根本无法获得最好的辩护服务。

莱顿法官的那篇文章就交叉询问提出了一些不错的忠告。但是，他的一生原本就是一份关于法庭内基本平等问题的无言证明，同时也是关于一个马萨诸塞州靠摘越橘长大的穷孩子如何成长为我们国家最受尊敬的出庭律师、初审法官的伟大历程。

莱顿法官的故事以及本书其他作者讲述的故事，共同例证了一个法庭上的特殊魔法。请珍视这本书，因为我们都知道，这些魔法大师很少告诉别人他们是如何施展魔法的。

斯科特·图罗（Scott Turow)

芝加哥，伊利诺伊州

2007年12月

一项崇高的事业

本书作者的版税，在扣除少量花费后，将捐献给芝加哥律师协会的慈善机构——芝加哥律师基金会（The Chicago Bar Foundation ）。基于以下对于律师和法律职业群体而言异乎重要的事业，芝加哥律师基金会将芝加哥法律人聚在了一起，保证芝加哥地区的每一个人，都能够诉诸我们的司法制度（access to our justice system），尤其是那些最需要法律制度保护的低收入阶层以及那些处于不利地位的芝加哥居民。

在芝加哥地区，对于以制度化方式解决这一问题，芝加哥律师基金会具有显而易见的重要地位。通过提供资助、出庭辩护以及其他方法，芝加哥律师基金会旨在：

- 改进该社区公益辩护和法律援助组织的工作；
- 让有志于此的律师能够在法律援助方面大展宏图，并帮助公益律师更有效地发挥他们的作用；
- 促使法院系统和法律制度更便于民众且可以为所有人所用。

基于 150 多家律师事务所与公司以及成千上万个人捐助者的无私支持，芝加哥律师基金会才可能展开其工作。关于芝加哥律师基金会的进一步信息，请登录以下网址：www. chicagobarfoundation. org。

致 谢

首先，感谢我俩以及本书其他作者人生中遇到的那些当事人、法官和律师。因为他们，才有了我们的职业生涯以及本书辑录的这些故事。

其次，感谢我们的“执行编辑”莫里斯·珀斯利（Maurice Possley）——根据这些形迹匆匆的出庭律师写下的、有时候尽管意旨很好但过于匆忙的文字，他将其整理润色成了朗朗上口的语言，从而保证了本书的高雅风格。莫里斯是一名富有传奇色彩的芝加哥新闻人士。在过去二十多年时间里，他一直为《芝加哥论坛报》撰写关于法院系统以及法律问题的新闻报道。事实上，他曾经报道过的许多案件，正是本书部分故事的基础。他曾经两次获得普利策新闻奖的提名（a finalist for the Pulitzer Prize）；他关于死刑以及其他有关司法制度主题的报道，曾先后获得伊莱贾·帕里什·洛夫乔伊奖（Elijah Parish Lovejoy Award）、瑟古德·马歇尔新闻奖（the Thurgood Marshall Journalism Award）、司法捍卫者奖（the Champions of Justice Award）、西尔弗·盖弗尔奖（the Silver Gavel Award）。

再次，感谢莉莲·李（Lillian Lee）为本书提供了绘图设计，感谢德尼丝·拉芬（Denise Ruffin）、帕特里夏·马特尔（Patricia Martell）、艾梅·巴克恩（Aimee Bacorn）以及卡罗琳·莫纳汉（Carolyn Monahan）为本书提供了出色的事务性服务。

最后，感谢我们所在的西尔曼与斯特灵联合律师事务所（Shearman & Sterling）和费格里罗与西尔弗曼联合律师事务所（Figliulo & Silverman）的合伙人对于该项目的支持。

作者简介

本书的作者是一群才华横溢的出庭律师——用特迪·罗斯福的话说，他们“在竞技场上”度过了他们的全部职业生涯。在这一群人中，既没有受人追捧的明星，也没有权威专家。他们每一个人对于“胜利的喜悦与失败的痛苦”——就像旧版的“体育大世界”的广告所言——都有着感同身受的经验。事实上，他们所有人在其职业生涯中都经历过起起伏伏。但是，他们都坚持了下来，并最终在同行中——不仅仅是在芝加哥，而是在整个美国——脱颖而出，成为这个行业里最优秀的一员。

而且，我们的工作相当难。我们要靠那些深陷困境的人来谋生。无论他们是受到犯罪指控的个人，还是在商事交易中违规操作的公司；无论他们是遭受医疗事故指控的大夫，还是使用某一产品过程中受到伤害的消费者——作为我们的委托人，他们都在寻求某种带有一定模糊性且难以名状的公正观念。但是，要想赢得公正——通常情况下，对方当事人也有同样能干的律师帮忙——并非易事。

能够出色胜任这份工作的人都知道，这是一件消耗精力的工作。就出色的出庭律师而言，几乎没有谁还能真正擅长其他事情。通常情况下，这并不是因为他们缺乏这方面的天赋或兴趣，而是因为他们缺乏必要的时间。这份工作既耗时费力又压力巨大，这让他们付出了沉重的代价。家庭生活往往成了一种负担。日常职业冲突形成的压力，有时候会让他们很容易接受一些带有自我破坏性质的行为方式。绝大多数律师明白，与几十年如一日地等待陪审团裁决或法院判决相比，还有许多更轻松的谋生手段。除了职业运动员、（或许还有）演艺人员，很难想象还有哪个职业需要你几十年如一日地“公开表演”——在公开的竞技场上或者赢或者输。但是，绝大多数优秀出庭律师的职业生涯要比职业运动员、演艺人员（少数极其成功的演艺人员除外）长得多。对我们绝大多数律师而言，这是战斗的一生。

然而，如果你问本书的任何一位作者，他们都将告诉你，他们不会选择其他职业。绝大多数可能会说，他们并非真的不适合其他职业，而且，即使他们能够胜任其他职业，他们也不愿意去做。在英国，当一名大律师诚挚地宣誓就职时——英国人流传着一句名言——他们会说，他是“被召唤到律师行列里来的”（“called to the bar”）。这一表述十分恰当，因为著名的出庭律师的确相信，办理案件是因为我们受到了召唤，而不是我们自己的选择。

粗略算来，本书所有作者办理案件的时间加起来已超过一千六百多年。这可是 16 个世纪的经验啊！他们每个人都得到了广泛的认可。例如，他们或者是诸如美国出庭律师学会（the American College of Trial Lawyers）、出庭律师国际协会（the International Academy of Trial Lawyers）、大律师国际协会（the International Society of Barristers）等著名组织的成员，或者已入选出庭律师协会某方面的“名人录”（Who’ s who）、“美国最伟大之人”（America’s Greatest）、“卓越人士”（Super）、“杰出人物”（Leading）或者“最佳人选”（the Best）。部分作者担任或者曾经担任一些全国性著名律师事务所的领导职务。还有一些曾经担任过诸如芝加哥律师协会（the Chicago Bar Association）、第七巡回区律师协会

（the Seventh Circuit Bar Association）、芝加哥律师公会（the Chicago Inn of Court）等著名组织的主席。一些作者已经成为法官；许多作者曾经担任过检察官或者公设辩护人。本书所有的作者都认认真真地对待他们的以下职责：即运用法律服务大众、帮助不幸之人（to use the law to serve the public and help the less fortunate）。而且，许多作者（尽管并非全部）已经因此获得了巨大的经济回报。

不幸的是，许多优秀、有名且极其成功的出庭律师并没有参与本书的写作。因此，本书并非所有芝加哥最优秀出庭律师作品的合集。在本书组织编写期间，他们有一些手头刚好有开庭的案件（在美国其他地区，人们会说“in trial”；但是，在芝加哥，我们会用“on trial”），正在忙于为出庭做准备。还有一些因时间上与其他职责或私人事务发生冲突而无法提供文章。还有一少部分人，可能是因为我们发邀请信时出现了疏漏。在审查本书的作者名单时，我们注意到该书遗漏了一些重要人物。但是，我们认为，如果不在质量或声望上有所妥协的话，本书就得再增加一倍的篇幅才行。

我们将本书的作者限定于仍然以私人身份执业的出庭律师——这恰恰是看上去理所当然的事情。但是，有两个例外：一个是比尔·孔克尔（Bill Kunkle），在本书编写时，他已经就任法官之职；另一个是特瑞·麦卡锡（Terry MacCarthy），也只能是他（is-well-Terry MacCarthy）——长期以来，他一直是驻芝加哥联邦公设辩护人。因此，他们两人的文章与我们这些靠工作谋生的律师的作品放在一起并没有什么不合适。

最后，我们悲伤地宣布，有两位作者——唐·休伯特（Don Hubert）和迈克·科菲尔德（Mike Coffield）——在本书出版以前已经猝然离开了人世。他二位都是不同寻常、非同凡响之人，备受人们的爱戴。他们是“律师意味着什么”这一问题的最佳答案。因为有了他们的参与，我们这个职业才变得更好。

通读本书作者的简历，你将会发现，没有人注定会成功（set path to the top）。他们有一些在超级律师事务所工作，有些则是个体执业者。有些曾经就读于常青藤学校的法学院，有些则是地方法学院夜校的毕业生。有些是著名律师的后代，有些则是他们家族中第一个念过大学的人。有些是芝加哥本地人，有些则来自很远的地方。

就本书作者而言，最大的相似性在于：精益求精的激情、赢得诉讼的欲望，以及从来不会放弃的理念——我们的司法制度还存在着不平等的因素；只有参与其中才是个人度过其职业生涯的最好方式。

特别提醒

本书收录或提及的故事全部源自真实的审判经历。但是，就像绝大多数动人的故事一样，这些故事可能也并非分毫不差的真实写照。有些故意改变了人名和日期，有些则将故事细节进行了一般化处理。偶尔，一些故事会因为年代久远而变得更加有趣。然而，这些都是真实的个人经历，而且，在讲述这些故事时，毫无贬损或冒犯任何人的意思。

引　言

“你们这些芝加哥律师真会办案！”当我和一位朋友——他是纽约律协的主人之一——为了特定事项谈论可能的法庭策略时，他感慨地说。“是啊！这是当然！”我回答说。

这是当然！无论基于何种原因，芝加哥是一些全美最优秀出庭律师的故乡。这或许是因为我们拥有商业、政治、运动、娱乐等因素的伟大组曲——这似乎能够刺激创造精神并激发反对意见。也或许是因为，在芝加哥，我们对“诉讼律师”（litigator）与“出庭律师”（trial lawyer）进行了严格区分，并赋予后者以更大的尊重。也或许仅仅因为，在我们家乡，对于充任陪审员的那些人，我们信任他们所拥有的中西部人的辨别能力。没有人知道确切的原因！但是，毋庸置疑的是，这里存在着一种“容易不高兴的态度”（a chip-on-your-shoulder attitude）——这种态度随处可见——在似乎最不可能出现不满的情形下表现得最为明显——并促使我们说，“那就召集陪审团，请他们来决定吧！”如果每个城市都有自己的生活态度，那么，芝加哥的态度就是“证明给你看”。

是的，我们有抒情歌剧、交响乐、乔弗瑞芭蕾和艺术研究院。我们有我们自己的湖滨公园和著名建筑。我们有著名的大学和令人赞叹的文学遗产。美食家杂志现在已经认可我们美食之城的地位。但是，芝加哥依旧是一个嗜食肉类与土豆的城市，而且空气中会有一种其他美国城市似乎没有的沙砾粉尘。

就我们这些对于这座城市了如指掌的人而言——我们在这里组建了生活，成为这座城市的一部分，而且，有时候甚至会从外部观察它——它依然是一个极其特别的地方。恰如美国作家纳尔逊·阿尔格伦而言：“一旦你成为这片特殊土地的一部分，你就再也无法爱上其他地方。犹如一个人一旦爱上了一个塌鼻子女人，即使他会遇到更可爱的人，也不会觉得有谁比前者更真实可爱。”

在你阅读本书中的故事时，对于这些故事的发生地有一定的了解相当重要。这些故事主要源于德克森联邦大楼、戴利中心以及位于加利福尼亚大道与第26街交叉口附近的刑事法院里发生的小规模战斗。在更早的时候，这些故事或许发生于诸如宾扬饭店、吉恩饭店或市长路一带的酒肆——在这些休闲之地，出庭律师可能会与对手、法庭报告人或者第二天出庭的证人一起喝上一杯。在这些地方，年轻律师能够得到一些指点，从而缩短其职业成长中从新手到能够在法庭上游刃有余的痛苦历程；而资深律师则可以在这里对那些忘恩负义的当事人、不通情理的法官或者不知道心疼人的老伴发发牢骚。

这些故事围绕出庭律师的最高艺术形式，即交叉询问而展开。关于这一主题的著作，无一例外不提及已故（西北大学）教授约翰·亨利·威格摩尔提出的以下定义：“［它］无疑是发现真实的最伟大法律装置。”但是，要想让这一装置动起来，却并非像按一下开关那么容易。交叉询问是律师所从事的法庭工作中最困难的事情。这是因为，即便在开庭前你已经进行了超乎寻常的精心准备，却依然不足以作为法庭表演的脚本。这是两个利益对立之人，在有权决定输赢的裁判者面前展开的活生生的交流。即使律协最伟大的律师也曾经在这一环节一败涂地——有时候这反而有益于其职业生涯。

善于交叉询问的律师不会满足于作为律师受到的那点训练。事实上，恰如尤金·平切姆文中所言，这种教育往往成了一种不利因素。决定一位律师是否善于交叉询问的关键在于一些人的基本素质：对证人将如何言行的预见能力，以及什么时候应该见好就收。把握时机、体察微妙、感知能力——这些能力源于经验、天赋以及关于律师出庭艺术的忠告等多方面的因素。

本书收录的这些故事阐释了交叉询问的艺术——而且，像关于其他艺术形式的阐释一样，也只能阐释到这种程度了。我们希望你能喜欢。

史蒂文·F· 莫罗

目 录

第1章

宾扬饭店、柏拉图、小个子杰克与法兰克

托马斯·安东尼·德金 (Thomas Anthony Durkin)

托马斯·安东尼·德金——因你的谈话对象不同，他会被称作“那个”汤姆·德金或“魔鬼”汤姆·德金——但对于受到刑事指控的人而言，他是一个充满激情的刑事辩护人。从旧金山大学法学院毕业后，他曾担任詹姆斯·B·帕森斯（James B. Parsons）——伊利诺伊州北部辖区联邦地区法院法官中第一位非裔美国人——的书记官。之后，他从事了4年刑事辩护工作，而后又作为美国联邦助理检察官，从事了4年刑事检控工作。此后，他再次投身刑事辩护并为广泛多样的刑事案件进行过辩护。对于汤姆而言，刑事案件不仅仅关系到个人，而且事关普遍原则——其客户的广泛性就是例证：他的客户既有腰缠万贯的企业家威廉·斯多克，也包括白人至上主义者马太·黑尔。

在20世纪70年代初期，如果你想在芝加哥学习刑事法的话，宾扬饭店（Binyon's Restaurant）将是你非去不可的地方。从美国联邦地区法院的大楼到普利茅斯厅，只有几门之隔。那时候，只要是联邦庭审协会（the Federal Trial Bar）的成员，绝大多数晚上都会在那儿出现。时任联邦地区检察官的吉姆·汤姆森（Jim Thompson），正因为针对警察和政治家的追诉活动而声名鹊起；其随从人员是当时的青年新秀，如丹·韦伯（Dan Webb）、托尼·沃卢克斯（Tony Valukas）、梯·法纳（Ty Fahner）、吉姆·蒙大拿（Jim Montana）、马特·莱顿（Matt Lydon）；在簇拥着他一起饮酒的人群中，总是可以找到一些辩护律师的身影，如埃德·卡利汉（Ed Calihan）、安娜·拉文（Anna Lavin）、朱利叶斯·埃克尔斯（Julius Echles）、艾伦·阿克曼（Allan Ackerman）、乔安娜·沃夫森（Jo-Anne Wolfson）、汤姆·德克尔（Tom Decker）、乔治·穆塔夫（George Murtaugh）、比尔·马丁（Bill Martin）、吉姆·谢露（Jim Shellow）（如果他从密尔沃基市来城里的话）。这些辩护律师多数以前曾经担任过检察官。但他们从未想过要当一辈子检察官。在宾扬饭店，你可能还会碰到某位头发已经斑白的联邦调查局或美国国税局的特工，他有可能会告诉你事实的真相——卷宗之外的真相。

该协会深藏在二楼。如果你需要找一个更为隐私的区域——基于种种职业或私人方面的原因，往往必须如此——在该协会最里面，还有一间小屋。龙尼是当时的酒吧领班，他特意指定的助手瓦克会斟上一杯——杯子比你两个拳头合在一起还要大的马提尼酒。一杯酒下肚，就会让你飘飘欲仙；两杯酒下肚，将会让你立即满嘴胡话；再多来一点，将会让你"不知身在何处"。没有人会把我用慢镜头记录下的这个地方混同于现在各式各样的马提尼加雪茄的酒吧。当时这只是一个酒吧——一个纯粹的、简朴的酒吧，但是，却弥漫着比附近任何私人会所，如联盟会（the Union League）、标准俱乐部（the Standard Club），更浓郁的俱乐部氛围。在你落座以前，龙尼已经给你斟上了酒；此时，你很清楚你已经完全融入其中了。

1975年左右，我就是在那儿认识了弗兰克·奥利弗（Frank Oliver）。当时，他经常和他的助手米奇·卡普兰（Mickey Caplan）以及其他一帮人（包括莱克、哈普林）造访这里。几年以前，我曾和弗兰克有过一面之缘。那是1973年，当时我还是联邦地区法院法官詹姆斯·帕森斯的书记官。一天早上，帕森斯法官对我说，你务必要去法庭听听今天的第一场庭审。

"今天上午，奥利弗先生及其冲劲十足的青年助手哈尔普林先生有一场法庭辩论。"帕森斯法官声如洪钟地说。"千万不要错过。"

帕森斯法官知道，我的志向是做一名刑辩律师。因此，每当碰到精彩的刑事案件，他总会提醒我。在第二天上午的法庭上，我看到了弗兰克：他披着一件斗篷，佩戴着一个琥珀做的护身符，衣着整齐地站在九名陪审员面前。是的！弗兰克披着一件斗篷，还戴着一个琥珀护身符，而且，如果我没有记错的话，只要场合适宜，他有时候还会拿一根拐杖。哦！弗兰克确实在滔滔不绝地辩论，而且辩论个不停。

> 因此，无论他到哪个法庭出庭，只要时间允许，我都会到场旁听。他不仅擅长法庭辩论，进行交叉询问的能力也无人能及。

就是从那一刻起，我意识到，他正是值得我效仿的那个人。因此，无论他到哪个法庭出庭，只要时间允许，我都会到场旁听。他不仅擅长法庭辩论，进行交叉询问的能力也无人能及。帕森斯法官曾经对我说，弗兰克、尤金·平切姆（Gene Pincham）、吉姆·蒙哥马利（Jim Montgomery）都是值得学习的交叉询问能手。他无疑是正确的——他们真的让我痴迷，尤以弗兰克为甚。

若干年后，当我接受指定为尤金·齐普斯坦案（United States v. Eugene Ziperstein）的一名被告人进行辩护时，我终于有机会和弗兰克共同准备同一个案件了——这是一起由休伯特·威尔法官（Judge Hubert Will）负责审理的、涉嫌诈骗公共医疗补助的共同犯罪案件。齐普斯坦在城西区经营了多家医疗诊所；控方有相当令人信服的证据表明（demonstrated pretty convincingly），吸毒之人只需支付少许费用，就可以进行所有的检验项目，并由公共医疗补助来支付相应的检验费。弗兰克代理的是其中一家诊所的经理，名叫迈克尔·吴，是芝加哥大学的物理学博士。我代理的是一位印度裔内科医生，名叫甘希亚姆·帕特尔。本案的主控检察官是汤姆·约翰逊和比尔·康隆，苏珊娜·康隆（现任美国地区法院法官）协助他们办理该案。代理齐普斯坦的是雷·史密斯和迈克尔·巴克利；为约瑟夫·伦蒂尼——齐普斯坦的合伙人之一——辩护的是马克·纳什。杰瑞·沃克斯曼代理的是排名第三的合伙人；帕特·图特则担任另外一名被告人的辩护人——该被告同时也是控方的污点证人。

接手该案后的某天晚上，在宾扬饭店里，弗兰克将我拉到的一边，对我承诺说，只要我能够“守口如瓶并注意观察”，他将会教我一些东西。但是，他提醒我说，我必须非常注意观察才行。首先，他告诉我，如果我真的看重交叉询问的话，就必须读一读柏拉图。我说我曾经读过柏拉图的书——我说的是实话。在圣母玛利亚大学，我曾经主修过一个名为“自由研究”的通选课（the general program of liberal studies），这门课关注的焦点就是经典著作。

“你是否大声朗读过柏拉图呢？”他问道。对此，我只能承认从来没有。

“那么，回家以后就大声朗读它吧！”他咆哮着。“大声朗读，直到你的耳朵磨出茧子。交叉询问事关你的耳朵；如果你不能通过耳朵听出门道，你就无法胜任它。”

为了更清楚地说明他的观点，他坚持认为，我还应当读读童谣。于是，他一边用手击打着桌子，一边开始大声地唱起来。“小个子杰克不吃肥，他的老婆不吃瘦。”①（Jack Sprat could eat no fat, his wife could eat no lean.）唱完以后，他继续用手有节奏地击打着桌子，又唱起了“矮胖子，坐墙头；矮胖子，摔屁蹲儿”②。

他缓慢并富有节奏地唱着一首又一首童谣，一遍又一遍地重复着。之

---

① 该童谣全文如下：“Jack Sprat could eat no fat, His wife could eat no lean, And so, between them both you see, They licked the platter clean.”对此，有解释认为，Jack Sprat是16世纪—17世纪间侏儒通用的名字。那时，欧洲王室和贵族们有养侏儒的习惯。而这首歌事实上是在嘲弄取笑一个侏儒和他体形正常的妻子之间的巨大反差。

② 童谣全文如下：“Humpty Dumpty sat on a wall. Humpty Dumpty had a great fall. All the king's horses and all the king's men, Couldn't put Humpty together again!”有解释认为，童谣中的Humpty Dumpty其实是指英王理查德三世（Richard Ⅲ）。残酷好战的理查德三世是个驼背，因此得了这个诨号。Humpty可能是hump（驼峰、驼背）的儿语叫法。在历史上，理查德三世于1485年战死于Bosworth Field。

后，他又开始凭着记忆吟诵起《柏拉图·美诺篇①》(Plato's Meno) 中苏格拉底对那个学童的提问。他对我说，如果我能够明白小个子杰克或者矮胖子这两首童谣之间声音上的差别所在，并能够体会到苏格拉底对学童提问时的抑扬顿挫，我或许能够慢慢掌握主询问与交叉询问之间的差异。

交叉询问进行诱导，主询问予以型构。

之后，我开始着手大声朗读柏拉图和童谣。这就是我接受有关交叉询问、法庭活动以及芝加哥后半夜沙龙文化等内容的疯狂教育的开端。宾扬饭店直到第二天早上九、十点钟的样子才会打烊，因此，这仅仅是一个开头。我们一边喝着宾扬饭店的马提尼酒和凌晨四点以后经许可才能销售的酒吧啤酒，一边完成了整个齐普斯坦案的辩护计划。除了偶尔提供一些通过证据开示发现的具体事实，绝大多数时间里，我只是听他说。但是，在弗兰克看来，这些事实细节往往并不具有什么重大价值。

我们面临的首要挑战是，要想办法将我们的当事人与齐普斯坦及其如下辩护理由划清界限：齐普斯坦及其同伙并没有实施欺诈行为。其他律师争辩说，这些诊所的行为是合法的，而且，弥补了贫民区在公共医疗服务方面的缺漏。但是，就连像（当时的）我一样缺乏经验的人都明白，这样的辩护理由根本不可能成立。根据查阅联邦调查局报告所掌握的情况，我认为，齐普斯坦要完蛋了，他的几个高级助手也要完蛋了。梅尔·刘易斯——约翰·马歇尔大学的一位教授（该大学就在宾扬饭店隔壁），弗兰克的好朋友之一——也经常光顾宾扬饭店。刘易斯教授在法律评论上发表的一篇论文里曾经探讨过以下想法：即，在多名被告人涉嫌共谋的案件里，为了限定控方用以证明共谋的证据数量，可以请求就共谋事实达成证据契约。当我向弗兰克提到这篇文章时，弗兰克立即说，这是一个非常好的想法——该想法如此之好，以至于从那儿以后，他一直宣称这是他想出来的主意。

后来，弗兰克给其他辩护律师发了一封信——这封信是我在鸡尾酒会的餐巾纸上起草完成的——告诉他们，他们或者与我们一起就共谋事实与控方签订证据契约，或者在法庭上冒着风险与检察官进行较量。

直至开庭陈述那天上午，没有人拿弗兰克的威胁当回事儿。那天上午，弗兰克拒绝到他原本应该就座的辩护席位上就座，而是坚持坐在控方席位上。尽管控方和威尔法官对此一头雾水，但是，经过一番辩论，威尔法官最终准许弗兰克独自坐在介乎控方与辩方席位之间的过道里。我和我的当事人则坐在旁听席的第一排。如弗兰克所料，事情有了一个好的开端；但是，即便是我，当时也不知道接下来会发生什么事情。

弗兰克在开庭陈述中，以严厉的言辞将齐普斯坦和伦蒂尼贬斥为人们所能想象得到的、最“卑鄙无耻的家伙”，并将他们的诊所描绘成“提供糟糕

---

① 《柏拉图·美诺篇》是柏拉图中期的作品之一，记述的是一场来自塞萨利城的青年人美诺与雅典哲学家苏格拉底之间关于“德行是什么”、“德行是否可以教授”的对话。参与对话的人还有美诺的小男仆和殷实富足的贵族阿尼图斯。

这场对话始于美诺和苏格拉底关于德行性质（the nature of virtue）的讨论。对话的主要内容围绕以下问题展开：是否可以给德行下个定义？德行是否可以通过学习或教授的方式习得。为了获得德行，是否必须知道什么是“善”(good)？如果不知道什么是善，那么，是否具有按照德行行事的可能性？如果德行并不依赖于是否知道什么是善，又怎么可能防止德行被误用呢？如果德行是一种知识，那些具有对错知识的人为什么没有一以贯之地按照德行行事呢？

透顶医疗服务的场所”。基于这些原因，他不愿意让他自己或者他的当事人同齐普斯坦以及齐普斯坦的律师同坐一桌。他还指出，在没有受到指控的共犯中，有两个人“神秘地失踪了”。其中一个就是齐普斯坦的父亲。他这么说，恰到好处地打了一个擦边球，因为根据威尔法官的庭前裁定，本案庭审中不得提及被告人的谋杀行为。弗兰克还指责齐普斯坦和伦蒂尼曾经企图干扰控方证人。

之后，弗兰克转向他唯一能做并愿意做的事：他告诉陪审团，他的当事人绝对会出庭作证，因为“几乎毫无例外，无辜之人都会有出庭作证的迫切愿望”。不出所料，弗兰克的陈述遭到了无数次申请审判无效并分案审理的动议；鬼知道进行了多少次控辩审三方的庭上交流（Sidebars），最终威尔法官勉强同意审判可以继续进行下去。① 但是，弗兰克并没有就此罢手。

在开庭陈述即将结束的时候，他告诉陪审团，在着手从事一项就像本案审判这样的重要工作以前，他肯定会做一件事情：即，求教于《圣徒们的生活》一书（The Lives of the Saints）。据他所言，这是一本他放在案头日日参省的书。弗兰克继续讲到，幸亏有这本书的指引——事实上，那天他刚好读到了圣徒休伯特的节日。接下来，弗兰克掀起了一个高潮。弗兰克讲到，将审判像齐普斯坦这样卑劣之人的开庭日碰巧安排在圣徒休伯特的节日，真是一个吉兆，因为，据弗兰克宣称，圣徒休伯特正好就是狗的保护神。

讲到这里，威尔法官——即休伯特·威尔打断了他的发言。他清退法庭其他人员之后，开始对弗兰克大喊大叫起来，并苛刻地谩骂弗兰克过的是一种多么低级趣味的生活，以至于他会将圣徒休伯特当作狗的保护神。威尔法官咆哮道，他像弗兰克一样清楚，圣徒休伯特是木匠的保护神，而非狗的保护神。脸红脖子粗的威尔法官威胁说，他将会以藐视法庭罪将弗兰克关起来。直到弗兰克心平气和地请求说，请给他时间以便他可以回到办公室把他那本《圣徒们的生活》拿过来时，威尔法官的语气才软了下来。从这时候起，这个案件已经不再是原来的案件了。弗兰克，而不是威尔法官，控制了整个法庭。

针对控方的指控，弗兰克交叉询问的完整思路是：迈克尔·吴只是邪恶的齐普斯坦手下的一个无知的无名小卒，齐普斯坦只是在利用吴某极其低下的中文教育程度。

但是，当轮到弗兰克进行辩护时，他却遇到了一个难题。针对控方的指控，弗兰克交叉询问的完整思路是：迈克尔·吴只是邪恶的齐普斯坦手下的一个无知的无名小卒，齐普斯坦只是在利用吴某极其低下的中文教育程度。但是，对于这一辩护策略，吴某的物理学博士学位是一个破绽；而且，即使不提学位的事儿，只需和吴某相处短短几分钟，你就不得不承认，这是一个聪明绝顶的人。

在为吴某出庭作证进行积极准备的那个周末，弗兰克躲了起来。即便是我，也不知道他究竟在准备什么。但是，无论怎样，在吴某出庭作证时，他的话听上去像一个无知的农民。当联邦助理检察官汤姆·约翰逊对吴某进行交叉询问时，吴某看上去好像什么语言都听不懂，更遑论英语了。吴某常常面无表情地凝视着约翰逊，问约翰逊他所使用的某个单词是什么意思。约翰

① 如果有人认为我关于弗兰克辩护策略的描述具有添油加醋的成分，那么，他可以查一下第七巡回区法院的判决意见（601 F. 2d 281，285-288（7th Cir. 1979））。该判决维持了初审法院驳回宣告审判无效并裁定分案审理等多项动议的裁决、同时维持了本案定罪判决的判决意见。在该判决意见中，可以找到许多诸如此类的古怪之举。

逊就此进行解释后，吴某会思考一会儿，然后提出一个新的问题。当约翰逊意识到他只能原地打转儿后，他最终愤懑地举手投降，回到了他的座位上。

当天晚上，在宾扬饭店，弗兰克向我透露了他的秘诀。他解释说，事情极其简单。他只做了一件事儿，即，训练吴某首先将英文问题翻译成中文，并在脑海里用汉语回答这一问题，然后，再将答案从汉语翻译成英语，最后用英语大声地回答提问。吴某忠实地接受了这一指导，而且，整个计划进行得非常完美。最后，吴某和我的当事人都被宣告无罪，而就我的当事人而言，无疑是沾了弗兰克的光。

我从弗兰克身上学到了很多东西——有好的，也有坏的。随着时间的流逝，我越来越认识到，柏拉图和小个子杰克意义重大，而且，交叉询问的的确确是一件事关耳朵的工作。如果你不具备听的能力，你将会败诉，而且，败诉的出庭律师之多令人吃惊。但是，如果你留心听柏拉图和小个子杰克的韵律，这种能力是可以培养出来的。

在遗憾终生以前，请你看看是否还能找到吉姆·谢露（Jim Shellow）、里克·哈尔普林（Rick Halprin）出庭辩护的机会。如果你认真地听，你将会听到弗兰克的影子；当然，也会感受到小个子杰克和柏拉图的影响。

至于坏的一面，我逐渐认识到，马提尼酒同样会导致败诉。此外，我还认识到——但这并不是从弗兰克身上学来的——没有马提尼酒和诸如宾扬饭店之类的场所，同样可以处理手头的案件。但是，对此，就只能“且听下回分解”了。

第2章

痛击庸医

唐·H·鲁宾
(Don H. Reuben)

在五十多年的律师生涯中，唐·鲁宾（Don Reuben）曾经参与过不少芝加哥城发生的极其有趣且激动人心的法律事件，他代理过的当事人包括芝加哥之熊棒球队、芝加哥论坛报、时代杂志、美国国家广播公司、美国广播公司、联邦司法机构的工作人员、红衣主教约翰·科蒂以及大主教的芝加哥管区。针对当事人的问题，鲁宾能够迅速找到一个独具匠心的解决途径并以此闻名于世；因此，对于伊利诺伊州诽谤与隐私领域的法律发展，鲁宾发挥着举足轻重的作用。尽管有些人将鲁宾表述为“魔鬼撒旦”，但是，通过与柯克兰与艾利斯律师事务所（Kirkland & Ellis）、他自己的鲁宾与普罗克特律师事务所（Reuben & Proctor）以及温斯顿与斯特朗律师事务所（Winston & Strawn）的合作，他已经培育了一批忠实的追随者。他毕业于西北大学法学院，现为芝加哥市和棕泉市执业律师。

诺玛·李·勃朗宁是一名活跃在20世纪50、60年代《芝加哥论坛报》的记者，同时，也是美国最早从事伤感纪实报道的最伟大女记者之一。她热诚地、情绪化地、攻势凌厉地相信她写下的每一句话；当她的作品受到质疑时，尤其如此。诺玛案是我曾经处理的案件中、距今最近的一起给那些活着的、能够呼吸和走动的从事诽谤事务的律师提供养老金的案件。

当时，《芝加哥论坛报》的出版商兼所有人还是传奇式人物罗伯特·R·麦考密克上校。麦考密克上校对诸多事物怀有强烈的信念；此类信念之一是：他认为，医疗界的冒牌货和江湖骗子——麦考密克上校一贯将他们称作"庸医"——是这个星球上最邪恶的物种之一，他们的存在对大众造成了极大的伤害。因此，对于他的报纸而言，对芝加哥地区滋生的庸医以及造就这些庸医的环境展开调查并通过《芝加哥论坛报》将这些事情公之于众，是报纸的定期任务之一。对此，诺玛·李·勃朗宁无疑是麦考密克上校的当然人选；麦考密克上校亲自给诺玛指派了任务，要求她着手展开调查并力争根除《芝加哥论坛报》覆盖区域里的庸医。

对于这项工作，诺玛很快就着了迷，并以十字军东征式的狂热开始工作了——她撰写的那些故事鲜明地反映了这一点。诺玛对于这次肃清活动表现出如此之大的热情和狂热，以至于到了不顾一切的程度。作为《芝加哥论坛报》的法律顾问，我开始将她视为我心目中的女英雄。因为诺玛定期撰写的系列故事（通常一个系列有十个故事），《芝加哥论坛报》平均每个系列将会收获4起诽谤诉讼案件。对此，作为《芝加哥论坛报》的法律顾问，我没有理由感到不高兴。

事实上，诺玛将我带入了一个全新的世界。因为她，我接触到了这样一些人，如圣雄罗希——一位号称自己是医疗大师并声称自己是基督弟弟的人；又如一位专销原子水的"野鸡大学"毕业的医生——这种原子水是一种通过一台装有各色彩灯和一个定时喷雾装置的托尔牌洗衣机"制造"出来的、包治绝大多数人类疾病的混合物。为此类案件进行辩护不仅有趣而且收益可观。有时候，原告方具有曾经受过监察的记录或行为，因此，报社很容易赢得无罪判决或者让法官直接裁判无罪。

但是，有好几次，尽管提起诽谤诉讼的庸医缺乏实质意义上的资格证书或者非常规治疗方法（unorthodox treatments），却必须认真对待才行。这些人都是此类"职业"的精英，他们已经赚到了大钱并试图保护他们蒸蒸日上的"事业"。这些人（有男有女）将自己定位为家庭医生或者肩负着家庭医生之责；通过标榜"你自己的医生"的公共机构的广告，这些人甚至已经成了该领域的典范；而且，因为雅培制药公司或其他某些大型制药公司，甚至是美国医药协会自身的缘故，这些人甚至已经登上了《美国医疗协会杂志》。

换句话说，这些原告毫无例外看上去都像是为人正直、心地善良、兢兢业业的专业人士，而且，通常具有老祖父或祖母一样慈祥的面容，衣着考究，言谈文雅，周身散发着对全人类的关爱和忧虑。他们的容貌和彬彬有礼的举止对于换取那些贫穷的、饱受疾病困扰的病人的信任，并向这些病人兜售各种昂贵但毫无用处的药丸、药品和非常规疗法，具有举足轻重的作用。就与这些庸医的交往经历而言，病人为购买这些庸医的"疗效"而付费，或许是唯一有益健康的事儿。

我意识到，无论你对于本方辩护理由的正当性怀有多么强烈的信念，也无论你对于证人编排的故事存在显而易见的不合理性怀有多么大的自信，有时候，采取某种温柔的、体贴的方式可能会比对证人展开凌厉的攻势更容易奏效。

这些庸医对我的交叉询问构成了一种挑战。我意识到，无论你对于本方辩护理由的正当性怀有多么强烈的信念，也无论你对于证人编排的故事存在显而易见的不合理性怀有多么大的自信，有时候，采取某种温柔的、体贴的方式可能会比对证人展开凌厉的攻势更容易奏效。

诺玛·李·勃朗宁的长相和说话方式就像电影中的卡拉梅蒂·珍妮①（Calamity Jane）或女明星安妮·奥克利②（Annie Oakley），而且，浑身散发着一种女匪玛·巴克③（Ma Barker）式的硬碰硬的气质。诺玛身着风格严肃的套装，说话时语速极快，强硬的语气又有点像已故的杰克·韦伯（Jack Webb）所扮演的"弗莱迪警官"④（"只讲事实"）；而且，如果被激怒了，她说话的方式听上去像是你每天都能见到的、招人喜爱的海军训练教官（Marine drill sergeant）。诺玛是位强硬的女性，而且，一眼就看得出来。

但是，令人讨厌的是，外表具有欺骗性。尽管这是一件最值得称颂的工作，《芝加哥论坛报》和诺玛面临的却是一场艰难的十字军东征。这些庸医的的确确是一群可怕的人；通过给病人提供错误的、不适格的、毫无作用的治疗，通过说服病人拒绝寻求合法的、对症的医学治疗，他们已经给许多病人造成了无法估量的伤害，甚至可能会导致灾难性的后果。至于那些误以为自己有病或者误以为自己没有病的人来说，这些庸医为了赚钱而恶意迎合这些人的恐惧和担心，并由此导致了额外的精神压力。

在已经取得较大成功的庸医中，不少人会借助某种佯称可以治病的仪器。这些仪器看上去像是一台大机器，装有各种灯具并能够发出某种足以激发希望和信心的声音。这些机器的结构通常都十分复杂，但是，启动以后，那些易于上当受骗的病人可以直接看到机器的运作效果。一般而言，这种仪器通常都装有一把可以调节的椅子——就像牙医或内科大夫诊室里的那种椅子一样——以便对病人进行检查甚至是动手术。椅子的右边通常装着一个大的灯光闪闪的仪表盘，表盘上是密密麻麻的刻度表，看上去就像保时捷汽车的仪表盘一样。此外，椅子上还会安装一盏耀眼的顶灯，以便能够看见被

---

① 《卡拉梅蒂·珍妮》是1953年上演的一部西部片。它基本上是以西部女英雄卡拉梅蒂·珍妮的生活经历改编而成了。该片演绎了卡拉梅蒂·珍妮与怀尔德·比尔·黑酷克（Wild Bill Hickok）之间的那段浪漫爱情。扮演珍妮的是当时的女影星多瑞丝·迪。多瑞丝·迪原名Doris Mary Anne von Kappelhoff，其出演的电影可浏览http：//www.dorisday.net/；其中，关于《卡拉梅蒂·珍妮》的介绍和音乐片段，请浏览http：//www.dorisday.net/calamity_jane.html。该片中的"秘密爱情"一曲曾获奥斯卡最佳原创歌曲奖。1963年，该片被改编为电视剧，卡罗尔·伯内特（Carol Burnett）饰演珍妮。

② 安妮·奥克利（1860年8月13日—1926年12月3日），美国神枪手和表演性射手。由于精湛的射击水平，她很快成为纽约布法罗市比尔西部剧表演（Buffalo Bill's Wild West show）的一员，并由此逐渐成长为美国第一位女性超级明星。

③ 原名凯特·"玛"·巴克（Kate "Ma" Barker，1873年10月8日—1935年1月16日），美国"人民公敌时期"（the "public enemy era"）的一名罪犯。当时，在美国中西部地区，犯罪团伙控制了当地的民众和言论。凯特因追随大盗波尼、克莱德和约翰·迪林杰（Bonnie and Clyde and John Dillinger）而恶名昭著。

④ 杰克·韦伯（1920年4月2日—1982年12月23日），原名John Randolph "Jack" Webb，美国著名演员、电视制片人、导演、作家。因在广播（1949年—1956年）和电视剧（1951年—1959年，1967年—1970年）《法网》中扮演乔·弗莱迪警官（Sergeant Joe Friday）而闻名遐迩。据说，"只讲事实，大妈"（"Just the fact，ma'am"）是弗莱迪的著名台词之一。但事实上，在早期的剧目中，弗莱迪的台词是："我们只要事实。"（"All we want are the facts."）

解剖对象——即那些“治疗的”对象——的各个部分。

“病人”坐到椅子上以后，将会沐浴在头顶灯光的照射之下。这种装置一旦开始工作，将会发出一种涡轮旋转的声音，听上去就像一台亟须修理的电梯马达在工作一样；之后，所谓的神奇医疗活动就要开始了。那些仪表的灯亮了以后，就像保时捷汽车的仪表盘；这时候，“治疗活动”就开始了。通常，该装置的每一个仪表盘都“对应着”一个重要的器官。如果这台机器属于高端技术，那么，它甚至会有治疗肺的仪表盘、治疗心脏的仪表盘、治疗胃的仪表盘、治疗胆囊的仪表盘，等等。对应的仪表盘打开以后，“治疗活动”就开始了；通常，这些仪表盘都会有 1/4、1/2、3/4 和 4/4 的标准刻度。病人往往需要根据治疗时间的长短、治疗的“强度”付费；在该机器真正发挥作用从而开始出现神奇疗效以前，病人往往需要接受几个疗程。一个疗程的费用并不便宜，而且，一般需要许多个疗程才能见效。

诺玛·李·勃朗宁总是装扮成病人亲身体验这些庸医的治疗——如果是一个正直的医生，面对她装出来的那些症状，可能会立即要求她卧床休息或者住院治疗。但是，这些庸医却会立即给出一个诊断结果，之后，往往会卖给她许多毫无用处的药品或药丸；如果这位医生有仪器的话，通常还会在处方上注明，除了服用这些昂贵的“药”，还需要接受仪器治疗。

诺玛假装自己是一名身染重病并乐于接受治疗的患者。只要能治好病——绝大多数情况下，她假装自己已经是心脏病晚期或者是患有严重的胃病，花多少钱都不成问题（这些费用当然是由《芝加哥论坛报》来承担）。这些庸医会爽快地给诺玛安排好住院事宜。于是，诺玛摇身一变成了一名有家底——通常又是最令人敬畏、令人称道的病人；这些庸医往往会真心实意地喜欢上她。其中，有一位庸医还郑重其事地要聘用诺玛当他的雇员。诺玛的确精于此道。过了一段时间以后，当某位庸医早上从门前或门廊处捡起当天的《芝加哥论坛报》时，会突然发现自己被曝光了，而且，使用的不是奉承的词语，而是诸如“卑鄙”、“漫天要价”、“麻木不仁”等相当不恭敬的措辞。此时，这位庸医对待诺玛的心态将会发生彻底转变。善于骗人的人，自己却被人骗了。

于是，我将会有一起需要为之辩护的诽谤案。案件的原告方（无论性别是男是女）看上去总是那么威严、那么善良，而且，是如此兢兢业业地效力于救死扶伤的使命。就像他们为赚钱欺骗病人一样，他们向陪审团展示的也是他们最伪善的一面。然而，就我的当事人女英雄诺玛而言，无论你花多长时间教导她，也无论用什么化妆品和服饰来美化她，她总是像一个满不在乎、铁石心肠、糟糕透顶的警官一样——这样的人其实并不招普通老百姓喜欢——坦率地说出整个事实的真相。

除了诺玛造成的压力，每个原告人的律师自然——虽然具体方式会因案而异——都会不屈不挠地提醒陪审团说，本案的被告是《芝加哥论坛报》——当时，论坛报每天都在态度傲慢地显摆说自己是“世界上最大的新闻类报纸”。而且，由于麦考密克上校态度强硬地坚持一些富有争议的社会政治观点，并往往因将这些观点发表在他自己的报纸上而闻名一时，所以，他本人及其论坛报经常招致芝加哥人的责难，其中也包括那种认为麦考密克上校及其论坛报富得流油的嫉妒心理。

而且，雪上加霜的是，绝大多数曾经接受过这些庸医治疗的患者，要么被治死了，要么根本找不到（庸医的医疗记录同样是一塌糊涂）。这些病人或者已经生命垂危，或者害怕自己的邻居或亲朋好友在报纸上看到自己的愚蠢之举。因此，能够提供帮助的患者少之又少。受此影响，做好交叉询问也就成了头等重要的大事。

庆幸的是，绝大多数库克县（Cook Country）的法官总是要求原告人第一个出庭作证；因此，我可以仰仗诉讼一开始的交叉询问赢得胜利。真是太棒了！我想让陪审团尽快知道，这位庸医已经给其他人造成了多么大的伤害，以便促使陪审团忽略以下不利因素：诺玛质朴、强硬的做事风格；论坛报上发表的曝光文章往往措辞尖锐（诺玛这么写完全是为了取悦麦考密克上校）；论坛报具有争议的编辑政策及其富有程度。通过交叉询问和总结陈词，我必须说服陪审团并让他们相信：为了赚钱，这位仪表堂堂、具有职业医师假象的原告人每天都在用某种骗人的设备或药品（或者双管齐下）对那些身染重病的患者实施所谓的治疗，这些治疗手段不仅毫无疗效，而且往往会危及患者的生命。

当如此不诚实的人出现在证人席上时，必然会形成这样一种巨大的诱惑（当事人喜欢律师这么做）：不遗余力地对他们展开攻势，并用义愤填膺的方式揭露其行为的可怕性、不负责任的特点以及对他人造成了多么大的伤害。对于代表民众对持斧杀人犯或恋童癖者提起公诉的联邦地区检察官而言，这无疑是一种非常有效的方法。但是，如果你代理的是一家富有的报纸，而对手又是一个看上去像是一名善作苹果派的“大妈”或招人喜爱的“老奶奶”，或者是一名慈祥的、老童子军式的英俊“老爹”或“老爷爷”，那么，用这种方法肯定不行。需要再次重申的是，我们通常根本找不到那些被蒙蔽或者被气得要死的患者。这是因为，在接受这些庸医治疗期间，这些可怜的被害人可能因没有寻求正规的医疗已经与世长辞了。如果可以轻而易举地找到这些凄惨的被害人，那些庸医根本也就不会提起诉讼了。

无论原告人的开庭陈述如何，我的开庭陈述总是非常简短，但我会告诉陪审团，我知道他们将会认真听取所有的证据，而且，在审理结束时，当他们休庭进行评议时，他们将会明白事实的真相是，论坛报发表的那些诺玛的报道都是真的。通常，我会将所有的赌注都押在我的交叉询问上。

我总是要求诺玛也到庭参加庭审，但是，会请论坛报报社里时髦的编辑给她挑选衣服并由当时本地最好的美容机构给她化化妆。有时候，我也会邀请杰出的克莱顿·柯克帕特理克①（Clayton Kirkpatrick）（现已故）“代表”论坛报向陪审团致词，并陪着我一起坐在辩护席上；同时也希望他回到办公室以后能做点不无裨益的补救工作。他气宇轩昂，充满关爱，正好可以弥补一下诺玛给人造成的不利印象。

在证人席上，原告接受主询问的时间通常都很短。这些庸医浑身上下散发着善良友爱的美德，他或她乐于帮助那些患病之人并将这视为他或她的责

---

① 克莱顿·柯克帕特理克（Clayton Kirkpatrick，1915年1月8日—2004年6月19日），美国著名记者。1969年至1979年间，任《芝加哥论坛报》编辑；在他的领导下，该报纸从只刊发共和党的丑闻转变成为一个几乎没有党派偏见并因此具有更大影响力的报纸。

任。如果是女性，她往往会不断地用蕾丝手帕擦拭眼睛并弄出一些泪水，以此证明诺玛的报道给她造成了多大的精神创伤和痛苦。所有这些庸医都会有一些不怎么样的医疗工作经历并持有几份函授学校颁发的“文凭”作为炫耀的资本。

之后，我将会对他或她进行交叉询问。

我总是会以谈话的方式展开交叉询问并促使他或她自己无意间吐露出真情，从而让陪审团惊骇于他们拙劣的医术以及造成的严重后果。我知道，如果我对他或她采取凌厉的攻势，陪审团可能会把我看作是一名代表了富人利益并有着铁石心肠的狂热律师；如果真的这样，我将需要花大量的时间才能赢得诉讼。因此，尽管我并不喜欢这些曾经实施严重罪恶的人，但是，我仍然会保持一种心平气和、公道大度的心态。我的交叉询问大体上是这样展开的：

问：你热爱人类，不是吗？

答：是的，先生。毫无疑问。

问：只要你能做得到，你总是希望做一些有益他人的事情，是这样吗？

答：绝对正确。

问：当然如此。而且，你尤其希望能够帮助那些患者，是这样吗？

答：是的，毫无疑问。

问：你希望能够治愈他们，是这样吗？

答：是这样，先生。

问：幸运的是，你有能力治愈他们，因为你受过良好的训练并富有这方面的经验，是这样吧？

答：是的。

（这时候，我将会向他们宣读他们所获得、近乎伪造的文凭证书——通常，双方律师会就该文凭证书缔结证据契约——我将会慢慢向前推进，以获得他们对他们所谓的医疗背景作出肯定的回答。我总是会聘请一位学术专家——通常情况下，这位专家会是某地方医学院的院长——以便在我方举证时，揭穿这些文凭证书的真相。如果这时候就文凭证书进行过多的交叉询问，将会给证人太多自吹自擂的机会，从而打乱交叉询问的节奏。因此，我的问题只是为了得到一个“是”或“不是”的答复。）

问：通过这些学习，你掌握了哪些帮助于你救死扶伤的知识？

（在绝大多数案件中，这些庸医会畅言一些关于诸如电子、中子、原子水等内容的怪诞理论。对于绝大多数陪审员来说，这些理论听上去并不具有医药价值，而且，不切实际、荒诞不经。通常，这些庸医在发给患者的手册里已经详细阐释了这些无稽之谈，而且，这些解释往往是玄之又玄的胡言乱语。这时候，我会通过将证人的回答严格限定在他们宣传手册所使用的表述上，从而控制证人的证言。这一点非常重要。）

问：好的，这些都是你们圈内人知道的东西，但是，你能否说得简单一点，以便让我和陪审员们也能够明白呢？

（这么提问的风险并不像看上去那么大。我发现，对于这一问题，他们的回答往往会非常糟糕，令人摸不着头脑，以至于陪审团会开始觉得他或她是一个吹牛大王、一个狂妄自大的骗子；他或她说的那些东西是愚昧无知的无稽之谈，而且，这些庸医和陪审员自己的家庭医生毫无共性可言。需要牢记的是，我绝对不能有明目张胆诋毁他们的言行或发问，这些要留在最后辩论时再说。根本毋庸别人帮忙，这些证人已经开始在自掘坟墓了。）

问：你的治疗活动是否需要使用医疗仪器呢？

答：是的。

问：你能否把这台医疗仪器带到法庭上来，向我们演示一下它是如何工作的呢？

答：不能。它属于易碎物品，而且非常笨重。

问：你还记得你是从哪儿买的吗？

答：当然记得。我是从一个当时已经不再执业的同事那儿花了一千美元买来的。据我所知，我这位同事已经亡故了。至少，我们现在已经失去联系了。

（这时候，证人会愚蠢地放松下来并开始变得乐于配合。我们之间的问答依旧像两个人在聊天。）

问：将它弄进你的诊室是不是同将它弄到法庭来一样困难呢？

答：当时，它已经被拆解成了小件，很容易搬动。

问：那么，是谁帮你重新组装起来的呢？

答：我们的管理员。

问：他是谁？

答：嗯，他是我们的勤杂工。嗯，是我们的门房。

问：那么，你是什么时候开始用它治病的呢？

答：哦，很快。有说明书。而且，我找了一些熟人，他们身体不好，试了一下之后，他们很快就好了。

（就这样，他无意间已经承认：操作这台仪器根本不需要培训和专门的技术，而且，连看大门的都能组装。据此，我就可以向陪审团评述该仪器的欺骗性了。）

问：你是否用仪器上的仪表盘给病人治病呢？

答：是的，这台仪器性能非常好。我曾经用治疗肺病的仪表盘以 4/4 档的强度治疗过一个男性，也曾经用治疗心脏病的仪表盘以 1/2 档的强度治疗过他老婆。

问：他们夫妇得的什么病？

答：我认为，那男的得的是肺癌。他是个老烟枪。他老婆是心脏病晚期。

问：他们现在还在你哪儿看病吗？

（我有违常规，问了一个我不知道答案的问题。但是，我认为，在这里这么问并没有问题。这是因为，只要他们有一个在原告这里接受治疗，那么，他们的健康状况可能已经非常糟糕；如果他们很健康，那么，他们可能会作为原告的证人即将出庭作证。）

答：那男的已经过世了。葬礼之后，他妻子再没有联系过。

（成功了！）

问：你用这台仪器治疗过多少病人呢？

答：我不太确定。或许有 50 个吧，也或许会更多。

问：你是否曾经给诺玛·李·勃朗宁看过病呢？

答：她来看过一两次心脏病。

问：她的心脏有问题吗？

答：她说她有，但现在已经被治好了。

问：你是否收取了她的医疗费？

答：当然，所有就诊的人都要付费。

问：谢谢你。

（足够了。再问就是画蛇添足了。而且，可能会让陪审团走神并失去耐心。）

经过交叉询问，这起案件已经急转直下了。这时候，需要诺玛走上证人，就以下内容提供证言：她多年以来一直从事新闻报道工作；她报道的情况完全属实，她从来没有得过心脏病，但是，却向这名庸医支付了二百五十多美元（或者是其他数额）的医疗费。通常，原告的律师会试图就以下问题对诺玛进行交叉询问：因为涉嫌诽谤，她已经受到过多少次起诉；但是，作为附带性问题（Collateral issue），此类问题总是会被法庭适当地予以驳回。我总是会就论坛报的发行量、它的净资产同对方律师签订证据契约，并同意法官使用诽谤案件的标准性法官指示（the boilerplate libel instructions）。就这样，当我聘请的医疗教育专家作证完毕后，我们将进入最后的法庭辩论。

根据交叉询问得到的信息，我完全有能力争辩说：由于原告的医疗骗术，患者毫无疑问无法尽可能早地接受正规治疗；原告是一个危险的骗子，他赚的是那些既可怜又无知的病人的钱；诺玛关于该“庸医”的尖刻措辞事实上是恰如其分的评论。

在我的发言即将结束时，我通常会问陪审团：别说是自己了，他们是否会愿意让原告人给他们的狗或猫治病？在有关庸医的诽谤案中，我从来没有败诉过。

我坚信，是温和的交叉询问，而不是凌厉的攻势，让我取得了这么辉煌的战果。在不冒犯原告的情况下，我依然让陪审团知道了那些重要的事实。事实上，某起案件的一位陪审员事后曾经对我说，我对原告太仁慈了，以至于他都生气了。我太仁慈了？这真是一个很高的评价，但是却放错了地方。无论如何，如果案件性质适宜，仁慈一点反而更容易奏效。

第3章

那些并不必然是一目了然的事实

罗伯特·F·科尔曼
(Robert R. Coleman)

鲍伯·科尔曼（Bob Coleman）的职业生涯始于担任伊利诺伊州检察长办公室的检察官并负责反垄断这样的大业务。此后，作为芝加哥最难应对的律师之一，已经为商业案件，尤其是那些涉嫌证券欺诈、法律或财务领域的渎职行为、反垄断以及消费欺诈等案件的原告人奋战了三十多年。他现在是罗伯特·F·科尔曼律师事务所（Robert R. Coleman and Associates）的负责人，该所由9名律师合伙人组成，是一家非常成功的、以处理复杂诉讼案件见长的律师事务所。罗伯特·F·科尔曼曾一度被提名担任伊利诺伊州的检察长。罗伯特·F·科尔曼毕业于德保罗大学法学院（DePaul University College of Law）。

从我念法学院的第一天起，我就被告诫说：在交叉询问中，不要问“画蛇添足式问题”（one-question-too-many）。我们大多数人都听过这样一则因亚伯拉罕·林肯而闻名的、有关某辩护律师在交叉询问中“失手”的旧闻：该律师通过交叉询问已经证明，控方唯一的证人并没有看见他的当事人在打架过程中咬掉了被害人的鼻子。但是，他忍不住又问了证人一句，为什么他这么肯定就是被告人干的？

“因为我看见他把鼻子吐出来了。”证人回答说。

我们或许已经听过不少这样的故事，其中有不少故事可能就是真的。而且，我们已经习惯于出庭律师的身份——从来不问画蛇添足的问题。我们能够敏锐地捕捉到脑海里的那个微弱声音，它会提醒我们什么时候应该就此打住。

但是，什么是功亏一篑式问题呢（the one-question-too-few）

但是，什么是功亏一篑式问题呢（the one-question-too-few）？在交叉询问中，我们是否知道何时才能问及所有细节呢？——这些只有细微差别的细节或许会在陪审团评议时引起争议并导致错杀无辜或放纵罪犯的后果。我现在讨论的不是那些一目了然的问题，如证明案件基本构成要件所必需的问题，或者，交叉询问提纲中值得一再强调的内容。我要谈论的是那些能够盯死某一点的小问题——对此，我们很多人可能会因为自以为陪审团已经知道了而一语带过。那么，当我们认为某个事实是一目了然的，那个告诉我们这个事实对他人来说并不必然是一目了然的微弱声音在哪儿呢？大约 25 年以前，在经历了 6 个星期的陪审团审判以后，我才艰难地学会了捕捉脑海里的这种声音。

某年夏天的一个夜晚，当霍默·汤姆金斯（化名）在佐治亚州自家的湖面上划着独木舟享受习习夜风时，他声称突然听到了上帝的召唤。“霍默”，万能的上帝对他说，“我想让你在这个湖的岸边建一座医院”。天亮以前，上帝已经向霍默讲述了医院的所有细节，甚至具体到了病床的数量。同时，上帝告诉霍默说，他的愿望是要建成一座现代化的癌症医疗中心，该中心要配备有最先进的放射性理疗设备。上帝还指示霍默说，要走到大众中间去，募集资金以完成这项事业。

“债务融资将是你的选择。”上帝建议说。

曾任牧师之职的霍默·汤姆金斯是一个虔诚的宗教信仰者，因此，他真把这当成回事儿了。他认为，这么做对于他所在的基督复临安息日会[①]（Seventh-Day Adventist Church）并没有坏处，但是，后者直截了当地命令他，不准再以该教会牧师的身份进行活动，因为他的教义和做法存在问题。在他妻子汉纳的帮助下，他们一起走访了许多可以帮助他们将这些想法变成现实的律师、保险公司、债券交易商、投资银行家。他们在当地找到了一位

---

① 基督复临安息日会（Seventh-Day Adventist Church）是一个不为正统基督教派承认的宗教派别。该组织源自19世纪中期美国的米勒耳派运动，正式成立于1863年，总部设于美国马里兰州。

安息日会以遵守犹太基督教传统历法一周第七天（即星期六）为安息日和预言耶稣基督即将再临日期为其特色。该教派的神学观点大体取自福音派（如三位一体和圣经无误等），但也有自己独特的教导（如死人无知觉和查案审判等）。另外，这个宗派还强调饮食和健康，宣扬宗教自由和强调保守原则和生活方式等。

基督复临安息日会现有教友人数1700万以上（欧美和白人信徒近年已变成少数），在超过200个国家和地区设有组织。除信徒聚会外，教会对外传道的主要方式是教育、医疗、文字印刷、广播和救灾。

愿意帮助他们的兼职房地产律师，该律师就在她家厨房的餐桌上帮他们起草了一份总金额计 2 千万美元的债券募集说明书；他们找到了一个保险公司以担保投资的市场化经营，找到一家位于俄亥俄州南部的国家银行作为该项目的契约托管人。霍默·汤姆金斯很快就筹集了 2 千万美元，这些钱绝大部分来自宗教社区和一些退休人员，他们往往愿意向这类保守且稳赚的项目投资。就在他们夫妇和他们的团队展开各项活动的期间，已经有人对他们提起了一起证券欺诈诉讼。

这家医院从成立之日起就注定了败局。对此，任何曾经见过合乎诚实信用要求的募集说明书的人都会有所预见。当时，佐治亚州中部地区的医院已经拥有过剩的病床床位。在他们的募集说明书中，并没有注明所在州的健康医疗委员会已经认定该医院建设不具可行性，并拒绝向其签发具有建设必要的证明。而且，基督复临安息日会的健康医疗系统——该系统医院在财政状况方面享有真金白银的社会信誉——与汤姆金斯的这个项目之间不存在任何牵连。

尽管如此，依据汤姆金斯个人与基督复临安息日会之间的皈依关系，该项目募集说明书的销售宣传依然以该教会所属医院自居。医院大楼是环形的，中心部位是癌症治疗区。该治疗区的基础设备是一台租赁来的、从国外引进且价格不菲的核医疗设备，但是该设备的治疗功效并尚未得到验证，而且，除非拆掉医院的一翼，否则，就不可能将它弄走。医院的管理层要求所有病人都必须坚持一种由汉纳创造的、怪诞的素食餐饮方案——汉纳既没有受过医学训练也没有受过营养学训练——受此影响，那些爱吃肉的病人纷纷转院，有能力的医生也另谋出路了。当然，汤姆金斯夫妇把他们的土地卖给了医院，大捞了一把。

医院开张不久就濒临破产了。一些大夫厌恶汉纳提供的人造肉食品，他们不愿让病人到这家医院来住院，因此，医院的床位根本住不满。同时，由于医院付不起租金，租赁公司已经开始要求收回那台核医疗设备。医院的管理也四面楚歌（一位对医院不满的职员将一群嘎嘎叫的鸭子放进了医院的走廊里，以表达她对主治医师的意见）。医院的经营成本也远远超出了计划。

医院进入破产接管状态后，发行的债券已无法支付并贬值到了 1 美元对几美分的程度。原始股的购买者更是赔了几百万之多。于是，他们找到了我。我组织了一个团队，到该项目契约托管人的总部所在地——俄亥俄州南部联邦司法辖区提起了诉讼。

1981 年冬，案件到了法庭审理阶段。当时，代顿地区（Dayton）的经济正处于萧条时期，因此，对于许多失去工作的人来说，能够得到一份陪审员的补贴也是一件不错的事情。所以，召集一群乐意参与本案审理的陪审团候选人并不困难。在最后确定的陪审团中，没有一个具有本科学历，有两三个陪审员甚至没有上过高中。但是，他们表现得非常专注和机敏，没有谁看上去是傻乎乎的。尽管如此，我们还是有点担心这些陪审员是否有能力理解这些用于支持原告方证券欺诈指控的、纷繁复杂的金融方面的证据；同时，我们毫无疑问还担心这些陪审员是否可能会接受汤姆金斯就骗取原告方数百万美元所作的朴素、直言不讳的解释。

庭审进入第五周后，霍默·汤姆金斯在汉纳陪伴下，亲自到庭应诉而没有聘请代理律师①，并准备走上证人席为自己辩护。就在汤姆金斯出庭作证的头一天夜里，我和我的团队就如何应对汤姆金斯自己展开的主询问（self-conducted direct examination）烦恼不已。我们担心，如果因为依据法律提出诸多技术性异议而不停打断汤普金斯充满激情的、家常化的个人独白，那么，别人会怎么看我们这一大桌子芝加哥律师。对于汤姆金斯可能会逃脱法律责任，我们并不是很担心——汤姆金斯的个人资产甚至不足以偿付我们赔偿请求的一小点儿，但是，我们担心，他的证言可能会有助于银行的抗辩，即银行也是无辜的受害者。经过一再考虑，我决定，就让汤姆金斯说吧，不要去打断他。我们希望，他会因此暴露出自吹自擂推销商的一面。

汤姆金斯终于结束了他那漫无目的的演讲，他引述圣经上的话，还挥舞着一沓文件，宣称这些都是对其感激涕零的患者写的感谢信。于是，我站起来，开始对他展开交叉询问。

"汤姆金斯先生，"我开始发问说，"我注意到，你在作证过程中根本没有提到那份债券募集说明书。但是，该募集说明书是本案的关键所在，不是吗?"

"如果你这么说也可以，科尔曼先生。"他回答说。

当我把原告方的一号物证递给他时，汤姆金斯有点坐立不安了。这时候，我听到陪审团成员也同时翻开了他们的物证卷宗。我有条不紊地指引着汤姆金斯，在募集说明书中指出了一长串我们认为不真实或者遗漏重要事实的表述。我尽己所能将复杂的经济分析转化为简单的表达——这些经济分析表明，这份募集说明书所提供的信息完全是一套编织好的谎言。在金融问题上，这份募集说明书的缺陷极其微妙，外行的陪审团成员可能很难弄明白。汤姆金斯肯定不会给我们提供任何帮助，他装出一脸无知的笑容，似乎在说所有这些经济学上的艰深语言已经超出了他那简单的、乡下人的头脑，并以此极力回避那些与其不利的经济问题。于是，我决定在交叉询问快结束时再向他询问那些更直截了当、不涉及技术性因素的要点。

> 那么，当我们认为某个事实是一目了然的，那个告诉我们这个事实对他人来说并不必然是一目了然的微弱声音在哪儿呢?

问：汤姆金斯先生，请你告诉我，该募集说明书的什么地方表明这家医院将来要建在你和汤姆金斯夫人所拥有的土地上?

答：我肯定不能这么写啊!

问：请告诉我，该募集说明书的什么地方表明基督复临安息日会的健康医疗系统拒绝承认这家医院?

答：募集说明书上没有写。

问：请告诉我，募集说明书上的什么地方表明佐治亚州不会向你签发有

① 在美国，无论是民事案件还是刑事案件，无论是原告方还是被告方，当事人都享有（不聘请代理律师）自己诉讼的权利（self-representation，Pro se or pro per）。而且，在美国，在一些州的司法系统和联邦司法系统中，自己诉讼所占的比例还有上升的趋势（参见 http://en.wikipedia.org/wiki/Pro_se_legal_representation_in_the_United_States）。其中，就刑事案件而言，美国联邦最高法院在 1975 年法拉特一案中（Faretta v. California，422 U.S. 806，813（1975））明确宣布，自行辩护是被告人的宪法权利之一。（参见［美］约书亚·德雷斯勒、艾伦·C·迈克尔斯：《美国刑事诉讼法精解》（第一卷），第 28 章第 5 节，614 页，北京，北京大学出版社，2009。）

关于本人诉讼与律师代理诉讼的利弊优缺，可参见［日］谷口安平：《律师和法、事实》，载［日］谷口安平：《程序的正义与诉讼》，王亚新、刘荣军译，74～96 页，北京，中国政法大学出版社，1996。

必要建设该医院的证明？

答：我们并不认为我们需要该州的证明。我们拥有上帝的指令，对于我和汉纳而言，这就足够了。

我心里想，事情出现转机了。我瞥了一眼陪审团成员，他们正在认真地阅读那份募集说明书，对于我提出的那些问题，有几个还频频点头。

问：我很高兴听到你提及这一点，汤姆金斯先生。请告诉我，该募集说明书的什么地方表明你萌生这一想法以及该医院的设计均来自于你与上帝的直接交流？

答：我当然不能这么说。这么说显得太不谦虚了。

差不多到时候了，我心里想；这时候，我头脑中的那个微弱声音已经向我发出了画蛇添足式问题的警告。

问：请告诉我，募集说明书的什么地方表明你就建设该医院所进行的各项可行性研究中曾发现这个计划根本不具有可行性和必要性？

答：好吧，科尔曼先生，这么做非常愚蠢。如果募集说明书里写有这样的内容，根本不会有人认购这些债券。

我终于逮住他了。我脑袋里的那个微弱声音朝我尖叫了起来，快住手！银行的代理律师发出了一声沮丧的呻吟，这证明确实到时候了。

"谢谢你，汤姆金斯先生。我没有其他问题了。"

银行的代理律师力图让汤姆金斯承认，银行的人对于募集说明书中的那些不实之处毫不知情，但是，汤姆金斯并不买他们的账。他详细描述了他们会同银行方对募集说明书草案中的表述和数字进行逐项审查的几次会谈。

陪审团休庭评议了两天。他们的最后裁决是，银行和保险公司应当向原告方支付一大笔损害赔偿金。但是，令我们惊诧的是，在所有诉讼请求上，陪审团都作出了有利于霍默和汉纳的判决。

审判结束后，法官邀请我们和陪审团成员谈一谈，而后者也很乐意听听我们的问题。我们谈了很长时间。我发现，陪审团成员完全理解那些金融方面的证据，并认定，金融方面的那些技术性遗漏尤其应当归责于银行方，因为他们觉得银行方原本应当知道得更清楚。但是，我还是忍不住问，为什么他们会放过霍默和汉纳？他们是否认可霍默那些乡村传道士的套路？他们是否相信霍默那一套其本人也是各大银行及其大牌律师的受害者的说辞？他们是否真的喜欢这家伙？

"好吧，科尔曼先生，我们也想作出不利于汤姆金斯的裁判。"陪审团主席回答说："但是，他们夫妇并没有在募集说明书上签字啊！"我抓起一份原告方一号物证的复印件一看，在这份文件的最后一页，除了银行行长紧凑但枝枝杈杈的签名、保险公司 CEO 花哨的签名外，在他们签名下面，就是医院院长和秘书长签字的地方——在那里，明明打印着霍默·汤姆金斯和汉纳·霍姆金斯的名字："/s/ Homer Tomkins" and "/s/ Hannah Tomkins"。

这时候，我突然回想起某份附誓证人证言中曾经提及，在募集说明书交付印刷的时候，汤姆金斯夫妇碰巧不在国内。尽管他们曾经阅读并认可了募集说明书的内容，但是，他们没有来得及亲笔签名。于是，我向陪审团成员解释说，"/s/"这个符号的法律含义是，那些打印出来的汤姆金斯夫妇的名字视同为他们本人的亲笔签字。

“哦!”陪审团主席惊诧地说:“但是,没有谁告诉我们这一点啊!”

这种小事儿!所有的律师都知道“/s/”这个符号的含义就是“经本人签署”(signed)。这是我们法律语言的ABC。所有的银行都知道,所有的商人、房地产经纪人、会计师也都明白。这是一种约定俗成的做法,我们经常碰到但是几乎从来不会犹豫一下。但是,我们所面对的陪审团成员是一些消防员和工人、家庭主妇和管道工人。他们有着与我们截然不同的日常生活——在为期六周的整个审判过程中,对于那些我严阵以待的事实,我出示了一卷又一卷的充满金融知识的证据,但是,却完全疏漏了这样一个关于普通签名惯例的小细节。

从那一天起,当我面对陪审团的时候,我就开始留意两种声音:一个是多年来已经司空见惯的声音,即,当我展开辩论要点时,它警告我什么时候应当就此打住;另一个声音则提醒我,细节决定成败!

第4章

“古老学校”与交叉询问

R·尤金·平切姆
(R. Eugene Pincham)

尤金·平切姆（Gene Pincham）通过当餐厅服务员和擦鞋工攒够了西北大学法学院的学费。1951年6月，他借钱从芝加哥坐公共汽车赶到伊利诺伊州斯普林菲尔德市，参加了在那里举行的律师任职宣誓典礼。在接下来的五十多年里，他成为一名杰出的刑辩律师，并历任库科县巡回法院法官、伊利诺伊州上诉法院法官。在此期间，平切姆先后参与过库科县委员会委员、库科县检察官、芝加哥市市长等职位的竞选，可惜都未能如愿。对于大多数充满争议的话题（尤其是种族问题），他从来不会选择逃避。例如，1989年，当哈罗德·华盛顿试图竞选芝加哥市长时——如果当选，他将成为该市第一位非裔美国人市长——已于1987年就任法官之职的平切姆不仅提到了那些因参与废奴运动而在纽约被绞死的白人废奴运动者和黑人，而且指出“住在麦迪逊大街以南的人，2月24日选举时如果不投票支持哈罗德·华盛顿，就应当像那些在纽约被绞死的人一样也被绞死才行”。他至今依然是芝加哥市伟大的出庭辩护律师之一。

如何进行交叉询问呢？就我五十多年的庭审经历而言，其遵循的原理并没有发生任何变化。

首先，你必须承认，法学院、你所获得的法学学位以及法律执业证书已经将你变成了一个傻蛋。因为这些经历让你自以为你是法庭里最最聪明的人——这正是你的法律执业证书和法律学位带给你的东西。

但是，问题在于：陪审员并非律师。陪审员并不具有律师执业证书。陪审员只不过是一群法律的门外汉——的确如此——但是，在法庭上，他们同样是最最聪明的人；法官亦然。我是法官，我知道这一切。

因此，在对证人进行交叉询问时，谨请牢记的头等大事是：要认识到，那些陪审员才是法庭上最聪明的人。陪审制已经存在了七百多年：陪审制产生的原因在于社会公众对职业法官的不信任，而迄今未变则是因为它是人类所能构想的最好制度之一。作为一名法官，我能够体会到这一点。

陪审员之所以能够坐在审判席上是因为，社会公众愿意仰赖这些人来分配正义。我们信任他们，信任他们的智力，信任他们的正直，信任他们的智慧。经验告诉我，任何律师都无法欺瞒陪审团——你无法做到这一点。因此，请把你自己想象成第 13 名陪审员。当你走进法庭进行交叉询问时，你必须像其他 12 名陪审员那样进行思考。

其次，作为律师，你是在证据规则的限制下，在法庭上当场再现并叙述一出戏剧，你无法剪辑、重拍。你是这出戏的导演，同时也是这出戏的制片人，事实上，你还是此次庭审的一名演员——你必须明白这一点。陪审员仰仗于你，他们指望你为他们提供信息。

千万不要过于狂妄自大，以至于不愿意进行自我批评。在我参与的每一起案件里，我都会进行自我批评：哪些地方我做得不好，哪些地方我做得还不错。千万不要过于狂妄自大，以至于自以为已经做得尽善尽美。没有完美的交叉询问，因为原本就不存在完美之事。同样，也没有完美的主询问。因此，你应当致力于减少自己的错误——将错误减少到最低限度——为此，在你回到辩护席位以后，你需要扪心自问：哪些地方我做得不好？哪些地方我做得还不错？

如果不预先在家里和我妻子一起演练一遍，我绝对不会到法庭上进行辩护或展开交叉询问。我妻子并非律师，但是，她有着丰富的生活常识。她原本是一位在田纳西河东岸农场里长大的乡村姑娘。我试着用我的辩护策略——包括交叉询问、主询问的所有细节去说服她。如果我的辩护理由都不能说服每天睡在我身边的妻子，我又怎么可能用它来说服那些对我一无所知的陪审员呢？所以，请和你的伴侣谈你的案子，和出租车司机谈你的案子，和门房谈你的案子，和商店的售货员谈你的案子。问他们：这么说你能接受吗？凌晨 3 点，当我和妻子谈论我的案子时，我会产生一种预感；妻子认为我预感到的是某一理由，但事实上我预感到的却是截然不同的理由，而且，根据她的反应，我能够感觉到我所说的那些理由是否会打动本案的陪审员。

> 因此，在对证人进行交叉询问时，谨请牢记的头等大事是：要认识到，那些陪审员才是法庭上最聪明的人。

当我为某一案件出庭辩护时，我会让妻子陪我出席庭审。我知道，那些顶尖律师们肯定不会这么做，但是，那时候我自己还并没有什么影响力。为什么我要这么做呢？这是因为，作为一名律师，你不可能注意到所有的细节。即使你拥有法律方面的学位，它也无法给你一种眼观六路的能力。我妻子会坐在法庭不显眼的地方，充当我的眼睛并关注我背后发生的事情。我可以告诉你们，有许多案件，我之所以能赢就是因为她注意到了或者告诉我了一些有关陪审团成员的、我没有注意到的细节。休庭的时候，当我们走出法庭后，她会指出我的缺陷。她不会对我说她有多爱我，因为这些我都知道。相反，她会告诉我为什么我会把事情弄得一团糟。

交叉询问是所有案件的关键。这也正是陪审员倾着身子开始认真听的时候；也正是陪审员听得入神的时候；也正是陪审员期待着想知道将要发生什么事情的时候。这时候，你说话的声音必须足够大、发音必须足够清楚，以便让陪审团成员能够听清楚你的问题。我知道这听上去有点可笑，但是，作为一个已经在这个行当里待了 51 年的人，我从未见过或听说过哪个陪审员会举手示意说她或他听不清楚——但是，你也知道，肯定会有陪审员无法听清律师的发问。因此，你说话的时候发音必须足够清楚，以保证陪审团成员能够听得清。而且，一定要留神所有陪审团成员，以确保他们可以毫不费力地听到你的发言。他们不会告诉你他们听不见——他们只会往椅子上一靠，心里说这家伙到底在说什么啊！如果他们听不到你的发言，他们肯定不会赞同你的意见。

不要想当然地认为陪审团知道你的案子。这是绝大多数律师的重大错误之一。你已经和你的案件生活了两年、三年，甚至是四年——你整理成箱的卷宗摞起来已经有法官的审判席那么高。你已经因此赚了不少钱；你睡觉的时候想的也是你的案件；你了解案件的里里外外、上上下下、前前后后；但是，陪审团成员却并非如此。你必须假定，他们对你的案件一无所知；而且，你必须保证——以你第 13 名陪审员的角色——其他陪审员也能够像你一样了解你的案件。因此，在向陪审团解释任何问题时，尤其是在交叉询问中，你应当慢慢来，不能着急。

一些司法辖区会要求你坐着进行交叉询问——我讨厌这样的司法辖区。此时，要敢于请求法官给你例外。法律是一种不断变化的制度。你可以说，“如果坐着进行发问，我会胃疼；事实上，坐着交叉询问，还会让我感到头疼”。如果法官特许你站着发问，你就可以站起来发问了。如果你所在的司法辖区允许你站着进行交叉询问，那么，一定要特别留心你站的位置。为什么呢？你当然不希望正在接受交叉询问的证人去看陪审团成员的反应。你希望证人看着谁呢？当然是你。选择你在法庭上站的位置，以至于证人不得不看着你，而无法去看陪审团。这样一来，如果证人去看陪审团，那么，他试图迎合陪审团的举动将会昭然若揭。一旦你发现他这么做了，你只需这样问他：“此前你是不是没有充足的时间去观察本案的陪审团呢？你现在看够了吗？”

站着发问时不要乱动。现今，对于这一问题存在着不同的见解。千万不要误以为我知道这方面的所有见解。我并不了解。站着不动的发问方式非常适合于我，不过，这种方式可能并不适合你。我不相信在发问时走来走去会有所帮助。为什么这么说呢？这是因为人们在智力上都比较懒散。人们需要的是简单的解决办法。当你在进行交叉询问时，陪审团在干什么呢？他们肯定在聆听你的问题。只有这样，他们才会明白你在说什么。然后，他们会留心听证人的回答。但是，如果你在法庭上走来走去，就等于在上述问答活动中添加了一种他们原本无须考虑的元素——你的走动。

我喜欢站在发言席后面。我之所以喜欢站在发言席后面是因为，讲台可以避免陪审团把注意力放在我身上。但是，在交叉询问过程中，我偶尔也会走到发言席前面——这可能是整个过程中最最重要的问题之一——我观察着陪审团，陪审团成员也可以看见我的全身。我利用发言席作为遮挡以引导陪审员注意我的面部表情，因为我希望他们聆听我嘴巴里正在讲的内容。因此请务必留心你在法庭上的位置，而且要站着别动。

你必须成为主导者。在高中时期的足球队里，我担任（美式足球的）跑卫（a running back），而且我也精于此道。教练坚持说，如果我不能赢得码数，就必须重跑一趟。其目的在于，一旦拿到了球，你就必须有百分之百的把握赢得码数；因为对于一个跑卫而言，在这个世界上，再没有什么事儿会比重跑一趟更糟糕的啦。如果是这样，对方就会知道你准备重跑一趟。而在美式足球中，跑卫的最大价值就在于他的出人意料之举。上述经验对于我的生活和法庭辩论有何启发呢？当对方律师打断我或者提出异议时，我将会奋起反击，并按原计划进行下去。因此，当你听到对方提出异议时，不要害怕，不要吓得巴不得钻到桌子底下去。我明白，当对方提出异议时，也就意味着我已经给对方造成了麻烦。我已经击中了他的痛处。为什么？因为他要提出异议了。所以，你需要按照你的原计划继续进行下去。但是，这么做时，你要表现出对对方的尊重。有时候，对方律师可能会给出异议的法律根据；有时候，他可能并不告诉你他的根据是什么。这时候，重点在于：千万不要让对方的异议或法院支持对方异议的裁定打乱你的交叉询问。

对证人进行交叉询问的目的不在于获取信息。在交叉询问中，你的目的不是获取信息，而是给法庭提供信息。因此，真正重要的是你的发问，而不是证人的回答。而你恰恰就是那个应当为法庭提供信息的人。所以，你的可信性至关重要。因此，在进行交叉询问时，你必须保持自己的尊严和诚实（be honorable and honest）。例如，在交叉询问中，我从来不会问证人以下问题："你几点到那儿的？"为什么？如果我问这样的问题，陪审团将会期待着证人给出特定的信息。而我想让陪审团期望我说出这一信息。因此，与问证人他是几点到那儿的相比，我宁愿这么问证人："你是12点整到那儿的，是不是？"我不会问证人当他到达犯罪现场时天是不是正在下雨。你不能这么问。你应该问他："当你到那儿时，天正在下雨，是不是？"

> 交叉询问是所有案件的关键。这也正是陪审员倾着身子开始认真听的时候；也正是陪审员听得入神的时候；也正是陪审员期待着想知道将要发生什么事情的时候。

老师是这样教我的：就律师而言，交叉询问的目的是向法庭提供信息，并迫使证人认可律师的话。"律师不能作证"（"Lawyers don't testify"）是废话一句——难道你会相信吗？这完全是法学院教你的理论。实践中，你最好能自己提供证言，而且，你最好能够以清晰、明确的方式提供证言。在交叉询问中，尤其是在刑事案件中，你不能这么问证人："当你看见那个人在街上拿着枪走过去的时候，他穿的是什么样的衣服？"你不能这么发问。因为证人的回答会毁了你。证人完全有可能回答说，那个人穿的是蓝裤子、蓝衬衣，打着蓝色领带，但没有戴帽子；秃顶，长得和我一模一样。

你可以向证人发问说，"他穿的是蓝裤子，是不是？"证人会说：

"是的。"

你在问他："他打的是蓝色的领带，是不是?"证人会说："是的。"

"他穿的是白衬衣，是不是?"

"是的。"

至此，会发生什么事情呢? 陪审团将会注视着你并期待着你，而不是证人，提供进一步的信息。证人只不过是在确认你的话罢了。

我会问证人："今天你曾经参加芝加哥律师协会的研讨班，是不是?"

"是的。"

"你是 9 点左右到的，是不是?"

"是的。"

"你当时穿的是西服，是不是?"

"是的。"

"研讨班是在 5 楼，是不是?"

"是的。"

"你口袋里有 5 万美元，是不是?"

对于这一问题，陪审团可能期待证人回答"不是"；但是，与此同时，他们也可能会认为，除非平切姆知道证人口袋里有 5 万美元，否则他不会问这样的问题。

所以说，交叉询问的目的是给法庭提供信息，并迫使证人认可你的话、同意你的说法。由此，陪审团将会指望你为他们提供证据信息。

在这个世界上，再没有什么事儿比遇到一个喜欢说"我不记得啦"的证人更令人欢呼雀跃了。证人认为，这么回答可以回避律师的问题。事实上，一旦证人陷入"我不记得啦"的窘境，你将会"宜将剩勇追穷寇"，将他彻底摧垮。证人说"我记不起来啦！记不起来啦！记不起来啦!"的次数越多，你就可以突然抛出这样一个问题："你的中间名字是 Joe 吗?"

> 在交叉询问中，你的目的不是获取信息，而是给法庭提供信息。因此，真正重要的是你的发问，而不是证人的回答。而你恰恰就是那个应当为法庭提供信息的人。所以，你的可信性至关重要。因此，在进行交叉询问时，你必须保持自己的尊严和诚实（be honorable and honest）。

你将会再次得到"我记不起来啦——我不知道"的回答。

老师教导我说，如果在交叉询问中，证人的回答不是"是的"、"不是"或"不知道"，那么，也就意味着你对证人的交叉询问是不适当的。当然，也会有例外。其中，例外之一就是，当证人的证言自相矛盾的时候。如果一个证人在法庭证人席上所作的证言与其此前书面陈述的内容相互矛盾，那么，对他进行交叉询问的感觉远比做爱还要好。而且，这样的交叉询问将会持续更长的时间。这是无与伦比的经历。你将会设下圈套对他进行捕杀。

"今天，在法庭上，你刚刚对陪审团讲了六项内容，是不是?"但是，你没有必要一下子就所有的问题展开交叉询问。"你告诉陪审团了第一点内容，是吗?"

"是的。"

"以及第二点内容，是吗?"

"是的。"

"你向陪审团陈述的第一点内容是真的，不是吗? 那么，第三点内容呢? 它也是真的吗?"

"是的。"

"第四点内容呢，它也是真的吗?"

"是的。"

"第六点内容呢，它也是真的吗?"

"是的。"

"你明白'真实'意味着什么，不是吗? 真实也就意味着它不是谎言，是吧? 谎言是不真实的，是不是? 那么，你此前是否曾经说过……"

这时候再详细探究他的先前陈述。"在某某日，你不是说第一点内容是不真实的吗? 你不是曾经说过第二点内容是不真实的吗? 你不是曾经说过第三点内容是不真实的吗?"此时，证人将会回答说"是的。是的。是的。"

你可以继续对他展开追问。"那么，现在请你告诉我前后两个陈述究竟哪一个是真的? 所以说，你在撒谎，不是吗? 现在，请你告诉陪审团，究竟何者是谎言? 什么时候的陈述是权宜之计，什么时候的陈述不是权宜之计? 请你告诉陪审团，他们怎么才能知道你是在撒谎还是在说实话?"

在这个世界上，再没有比对自相矛盾的证人进行交叉询问更舒服的事情了。千万不要放过这样的机会。

律师职业的精彩之处在于：法律制度的正常运转离不开律师，离不开辩护人。(The system works because of lawyers. It works because of advocacy.) 我深信这一道理并愿意说出来与大家分享。正是由于律师为了改变种种不正义、为了纠正错误恢复正途而作出的奋斗和努力，法律制度才得以正常运转。这种努力是一种持续不断的努力。律师群体有勇气站出来说，这么做不对，我们应当改变它。我认为，能够去法学院念书是一种荣幸、一种荣耀。我们的法律制度还不错。不过，你们可以让它变得更好；你们应当成为倡导者，你们应该站出来支持对的事情，反对错误之举，从而让制度运转起来。

第5章

26 街生涯的八条教训

山姆·亚当
(Sam Adam)

山姆·亚当（Sam Adam）担任刑事辩护律师的时间之长、取得的成就之大，令人难以置信。他主要在加利福尼亚州以及位于 26 街的库克郡刑事法院执业。他长于“常识”并被检察官及律师同行誉为“诡计多端”；无论当事人是声名显赫还是默默无闻，他都为他们提供了良好的法律服务。在过去这些年里，他差不多和每一位芝加哥市的顶尖律师都有过出庭辩护的合作。他毕业于威斯康星大学法学院（University of Wisconsin School of Law）。

以刑辩为生的精彩之处在于，可以与其他不错的出庭律师一起工作。除了职业满足感（the professional satisfaction）以及由此带来的乐趣外，出庭辩护还会赋予你汲取新知识并巩固已有经验的机会。

如果你让一个有水平的大夫给你看病（例如，找梅奥诊所的外科大夫进行身体检查），他们会先记下你的病史、关于病情的描述和各种感受，然后，会对你从头到脚进行可以想象到的各项检查，并根据检查结果形成一份完整的检查报告。外科大夫将人体视为一个完整的有机体，而不是各个零部件的简单汇集（a mere collection）。

对于有水平的律师来说，亦是如此。法庭审理是一个综合整体，而交叉询问，则像肝或脾之于人体一样，是该整体的重要组成部分之一。因此，交叉询问的第一条经验教训是：应当将法庭审理活动视为一个有机整体而不是各个证人的简单汇集。（Look at the trial itself as an entity rather than as a collection of witness.）切记，交叉询问的最终目的是为最后的总结陈词准备真材实料。在规划交叉询问之前，务必要了解案件的全部事实细节——尤其是对方关于案件事实的表述。为此，往往还需要亲临犯罪现场。一个经过认真准备的律师对于案件事实有着超乎寻常的了解，并会因此受益良多。

在联邦格雷罗德行动中（the federal Operation Greylord prosecutions），我曾经与迈克尔·莫内科（Michael Monico）并肩为其中的一起案件进行辩护。控方指控说，迈克尔的当事人——此人原是一名律师——曾经为了他代理的案件向法官行贿，但控方拒绝透露这些案件的名称或庭审时间。然而，迈克尔的准备相当充分：在交叉询问中，他借助法院的陈年卷宗——很显然，他对此了然于胸——向法庭表明，基于这样或那样的原因，在其当事人代理的这些案件中，他的当事人不可能会向那些受到腐败指控的法官行贿。在我的记忆里，再没有哪个律师的准备工作能够比迈克尔更为充分。他将最初看上去无可争议的控方事实转变成了有利于被告人的证据。迈克尔的当事人后来被无罪释放——对于迈克尔而言，这不过是屡有发生的事情。

一旦你对案件事实有了全面的了解，那么，第二条经验教训就要发挥作用了。即，形成自己的辩护思路。（Develop your theory of the case.）例如，你的当事人受到了错误辨认；案发当时，你的当事人在其他地方而不是在犯罪现场；证人在撒谎；你的当事人是警察圈套的牺牲品；他的行为属于正当防卫；他缺乏实施犯罪的动机；他的行为只构成某种较轻的犯罪。如果缺乏一以贯之的辩护思路，交叉询问往往会沦为主询问的重复——这样一来，其结果反而比放弃交叉询问还要糟糕。如果缺乏切实可行的辩护思路，你的交叉询问将会像没有水银柱的血压计一样难以奏效。

埃德·珍森（Ed Genson）辩护的一起案子，可能是我所知道的、在刑事案件中提出并运用辩护思路的最佳实例。埃德的当事人——当时，他个人正处于经济危机时期——受到的指控是：为了骗取人寿保险，在带儿子到密歇根湖泛舟游玩时，给了他当头一击，然后把他扔到了湖里。

这起案件激起了极大的社会关注。这是因为，在被路过船只救起后，这名小男孩爬上甲板后，说的第一句话就是："我难以相信我父亲会这样对我。”

首先，埃德选择由那些辛勤工作的劳动者担任陪审员。之后，通过交叉询问，他向法庭表明：由于身为父亲的当事人迫使儿子必须早早起床去送报纸，长期以来他儿子一直对他怀恨在心（为了维持这个家，这名父亲自己要做三份工作）。通过精巧的交叉询问，埃德发展形成了以下论点：这名小男孩事实上是一名被惯坏了的坏小子，他讨厌他的父亲，以至于当他从船上失足落水时，他自认为是他的父亲将他推了下去。

埃德用以下这段话结束了他的总结陈词：“在过去，和老爸一块工作是一件值得炫耀的事，但是，我猜，现在时代已经不同了。”对此，身处劳工阶层的那些陪审员无不点头表示同意。埃德就是遵循这样的辩护思路来研究案件事实、发展其辩护主旨的，并据此挑选那些可能认同这一思路的人担任陪审员、据此对关键证人和其他人展开交叉询问的。在这些因素的共同作用下，陪审团并没有花多长时间就作出了无罪判决。

有关交叉询问的第三个经验教训，在司法实践中常常被违反而不是被信守。

发问的时候，务必要认真聆听答案。（When you ask question，listen well to the answer.）在交叉询问中，许多律师往往会在发问后，思考他们下一个问题问什么，而不是认真地聆听证人的回答。然而，一个有经验的发问者知道，除了证人的实际答案，他们回答问题的方式往往也会透露出某些信息，而这些信息可能会对案件结果起决定性作用。

1968年，马丁·路德·金博士（Dr. Martin Luther King，Jr.）遇刺身亡后，芝加哥西区发生了纵火、抢劫骚乱。事后，有6名被告人受到了指控。控方的主要证人是一名芝加哥市的秘密警察；该警察声称，当这些被告人制作燃烧瓶并在多处建筑物中实施爆炸行为时，他就在犯罪现场。现已过世的约翰·克洛利（John Crowley）——他是当时其中一名被告人的辩护人——向该警察提出了一个看上去毫无威胁的问题：该警察所说的那些犯罪活动具体发生在哪里？该警察说是某两条街的十字路口。

> 克洛利本人就是在芝加哥西区长大的，但是，他并没有进一步追问任何问题，尽管他心里清楚这两条街根本没有交叉路口。

克洛利本人就是在芝加哥西区长大的，但是，他并没有进一步追问任何问题，尽管他心里清楚这两条街根本没有交叉路口。在辩方举证时，他传唤了一名芝加哥街道管理部门的工作人员作为证人，该证人出示的街道地图恰恰证明了克洛利熟知的信息。至少可以这么说，这位秘密警察的可靠性因此受到了重创。

还是在这起案件中，尤金·品查姆（Eugene Pincham）对某些“无关紧要的”证人，就一些看似毫无意义且与纵火、抢劫指控无关的事实展开交叉询问。这些证人毫无戒心地回答说，在纵火、抢劫行为发生之前——但就在路德·金博士死讯公布后的几分钟内——一大群愤怒的黑人涌向麦迪逊大街；此时，恰逢一名白人女性开车回家途经此地，他们将她从汽车里强行拖了出来。通过交叉询问，基尹（Gene）明确了以下事实：在这些黑人对那位白人女性造成伤害之前，他的委托人——一名备受尊敬的社区领袖——穿过层层人群，用自己的身体保护着这名女子，将她护送到了安全地带。至此，我深信不疑，即使这6名被告人真的放火烧毁了整个西部地区以及西部郊区的部分区域，这一全部由白人组成的陪审团也会宣告他们无罪。事实上，陪审团就是这么做的——他们就 36 项指控逐一作出了无罪裁决。那些优秀的交叉询问者会认真地聆听每一句回答，并伺机捕捉那些不期而遇的真金白银。

交叉询问的第四项经验教训是：

别怕试探性发问，当对方的回答于你的委托人无害时，尤应如此。(Don't be afraid to take a chance on a question, especially if the answer can't hurt your client.) 有时候，你可能会无计可施——你的辩护说辞不能奏效，胜诉的几率已经相当渺茫。此时，可能需要孤注一掷（the Hail Mary pass）才行。我曾亲眼目睹特瑞·格莱斯皮（Terry Gillespie）诉诸这种罕见但有时又不得不如此的发问策略并成功突围——这是一起我们并肩战斗的案件，他的当事人被指控持有毒品且预谋杀害一名警察。

特瑞的辩护思路是：其委托人的妻子是警方的一名线人，这些毒品是他妻子的；至于预谋杀害警察，只不过是因该警察与被告人红杏出墙的妻子有染，共同编造出来的虚假故事。该警察当然否认与被告人的妻子有染，但是，被告人的妻子却并不善于撒谎。通过环环相扣的发问，特瑞封堵了她的所有退路，之后，他丢出了这样一枚炸弹：

该警察当然否认与被告人的妻子有染，但是，被告人的妻子却并不善于撒谎。

"有时候，该警官不是会在你家里放一套替换的警服吗?"

被告人的妻子误以为奸情已经毕露，遂承认了这一事实。陪审团怀着厌恶的心理抛弃了她和她的警察情人，宣布特瑞的委托人无罪。

交叉询问的第五项经验教训是：

如果可能，要将控方证人变成辩方证人。(If possible, turn a prosecution witness into a defense witness.) 此类情形发生的几率比你想象的要高，而且，手法各式各样。但是，需要精心谋划才行。很显然，这种情形通常不会发生在被害人身上，但是，却有可能发生在居于中立地位的证人身上。一名优秀的交叉询问者总是会留意这样的机会。通常，此类情形需要事前谋划，但是，有时候却纯粹是水到渠成的事情。

例如，有六名黑石侠（the Blackstone Rangers）成员被指控：当一辆警车通过芝加哥南部地区某家酒店后面的黑暗小巷时，他们冲警车开枪并致车上的一名警察毙命。控方证人作证说，在那个生死攸关的晚上，他曾经亲眼目睹这些被告往那条小巷里运垃圾，以堵住警车的出口。

律师吉姆·蒙哥马利（Jim Montgomery）对该证人的交叉询问相当艰难，但是，最终还是让该证人系统地描述了他可能看到的每一个细节，而这些细节是只有在路灯下才可能看得见的细节。吉姆将一幅放大了现场图张贴在陪审团面前的画架上，让该证人在上面逐一标注路灯的位置。然后，他宣告发问完毕。

如果你不知道之后的事情——就像陪审团那样——你将会觉得，吉姆在通过强化证人的说辞摧毁辩方的攻势。最终，吉姆通过传唤爱迪生公司的一名员工证明：在案发当时，那条巷子里还没有装路灯，当然也不会有灯光；直至此时，辩方的辩护思路才浮出水面（该案发生于最高法院采纳证据开示规则之前）。控方再无还手之力，所有被告人最后被无罪释放。推迟揭开谜底的时间有时候会有带来更大的赢利。

在一起法官被控受贿的案件里，马克·马丁（Marc Martin）也成功地做到了这一点。控方传唤了一名卑鄙的律师和一些法庭职员（其中包括一名自认有腐败行为的法官）一个接一个地就被告法官及其所在的法庭情况作证。显而易见，为了缓和指控方自身的臭气，控方传唤特瑞·黑克（Terry Hake）作证——黑克是一名律师，他曾经担任 FBI 的卧底，而且，无论过去还是当时，他清正廉洁的绝佳口碑已具有偶像化的成分。

然而，黑克先生对于受审法官的情况一无所知，因此，他只能就库克郡巡回法院的一般状况作证。在这种情况下，人们往往更愿意放弃对证人进行交叉询问；但是，马克却通过交叉询问说服陪审团相信：如果他的当事人真的有罪的话，黑克先生凭借其丰富的专业素养，肯定会有所觉察。在整个格雷罗德行动中（the Operation Greylord investigation），仅有两名被告法官被判无罪，其中之一就是马克的当事人。

交叉询问的第六项经验教训是：

培养自己的风格。(Be yourself.) 要向每一个律师学习，但必须培养你自己的风格。我从来不同意某些律师的下述做法：他们极力传授某种庭辩技巧，好像背离这种技巧就是一种罪孽。“站着不要动；发问要准确；要让证人直视陪审团或者不能让证人看陪审团。”我曾经认识许多有天分的律师，因为要努力模仿别人而变得死板僵硬、毫无成就。

有两个律师名字都叫乔治；他们是“培养你自己的风格绝对必要”的最好例证。

在四十多多年的执业生涯中，我从来没有见过哪个律师能够比已故的乔治·比伯（George Bieber）更善于说服陪审团了。他可以完完全全、彻彻底底地主导法庭的进程。对此，他只有一种手段，那就是幽默。他是一个天性风趣之人，他张口就来的即兴之语像电脑一样快。（除了自己即兴创造之外，）比伯从来不会恪守某种特定的交叉询问方式。他的脸就像橡皮泥一样，可以传递他希望表达的任何情绪——试想一下罗德尼·丹泽菲尔德*[1]（Rodney Dangerfield）或杰克·格里森**[2]（Jackie Gleason）的样子，你就知道了。任何事情都可以成为笑料，控方的证人尤其如此。他可以让整个法庭充满持续不断的笑声（而且，甚至连那些被拿来作为笑柄的证人自己往往也会被逗笑）；从挑选陪审员开始直至陪审团作出最终裁决，陪审团更是笑声不断。在对严肃的控方证人进行交叉询问时，他会更富有成效地运用这一独特的武器。

尽管法官们会尽力克制自己，但是，他们往往也会笑起来。乔治·比伯知道，如果他能够把法官逗笑，那么，陪审团将会觉得他们当然也可以笑。他知道，一个笑声洋溢的陪审团几乎不会作出有罪裁决；他一再证明了这一点。

另外一个乔治名叫乔治·霍华德（George Howard）。他的特殊气质恰恰位于光谱的另外一侧：他总是正义凛然（Righteous indignation）。乔治·霍华德往往会针对那些他认为正在说谎的控方证人，用柔和的声音开始进行

---

* 美国 20 世纪 80 年代著名的喜剧演员，曾主演《不义之财》(Easy Money)、《小小球童》(Caddy Shack)、《重返学校》(Back to School)。——译者注

** 美国 20 世纪 50 年代著名喜剧演员，因在《蜜月族》(The Honeymooners) 中饰演拉尔夫 (Ralph Kramden) 而闻名。——译者注

发问。但是，随着问题的深入，他的声音将会一点点地提高——提高的幅度几乎难以察觉，或许只有十分之一分贝那么大吧。不过，很快他的声音听上去就会像末日审判一样庄严——或许天生如此，也或许是他自我训练的产物。

相当常见的是，因为不熟悉法庭的氛围，浑身发抖的证人将会觉得律师在攻击他本人，并会表现得就像实施过某种犯罪一样。受此影响，该证人通常会认为，只需顺着发问人的意思，就可以缩短自己受折磨的时间。这时候，乔治知道他已经征服这位证人了。之后，通过一个个指控性问题，乔治将会为该证人编就一张归罪大网。

曾经有法官警告乔治，交叉询问时不许再问诱导性问题，因为这些问题（及其答案）致使陪审团“把控方的指控而不是被告人作为审判对象”。

乔治·霍华德不会采用乔治·比伯的交叉询问风格，恰如后者不会采用前者的风格一样。但是，这两种彼此相反但个性化的询问方式，都具有致命的威力。

交叉询问的第七项经验教训是：

如果证人的证言与你的辩护思路相悖，千万不要以暗示的方式默认证人证言的真实性。（If the witness's testimony is contrary to your theory of the case, never by implication assume the truth of the witness's testimony.）例如，假设在主询问中，证人曾指认你的当事人就是抢劫行为人，那么，千万不要问证人：“当本案被告走进商店后，是直奔收银员而去吗?”也不要这样问：“因为天黑，你看不清本案被告的脸，是不是?”

更好的发问方式是：“那个你所谓的本案被告人（the person you say is the defendant），走进商店以后，是直奔收银员而去吗?”或者，“因为天黑，你看不清你声称就是本案被告的那个人（the person you claim is the defendant）的脸，是不是?”

通过一再重复“你认为”或“你声称”之类的定语，陪审团将会形成以下观念：只是证人这么说，事实未必如此。陪审团也会意识到：作为律师，你并不相信证人的话（而陪审团也知道，作为律师你对案件的内幕信息了如指掌）。这样一来，潜移默化，陪审团将会希望得出与你一样的结论。这种措辞上的简单变化将会对陪审团产生潜在的影响，并由此产生一种冲抵陪审团自以为证人提供了真实准确的证言的动力机制。

交叉询问的第八项经验教训是：

研究你所能看到的交叉询问笔录。（Study all the transcripts of cross-examination that you can find.）阅读你自己交叉询问的笔录尤其有帮助，因为这些笔录会让你洞悉自己的错误所在。而且，这些笔录比其他东西更能够教导你，在用更大问题攻击证人之前，如何才能堵上证人的所有退路。

第6章

准备、观察与聆听

罗伯特·W·塔如恩
(Robert W. Tarun)

鲍勃·塔如恩（Bob Tarun）以擅长精心准备与关注细节而闻名。斯坦福大学毕业，后就读于德保罗大学法学院（Law School at Depaul)。之后，于联邦司法部部长办公室开始了他的法律职业生涯，后成为芝加哥地区的一名联邦检察官，并由此收获了一大堆可圈可点的胜诉记录。继之，他转任律师，先后在鲁本与浦洛克特律所（Reuben & Proctor)、温斯顿与斯特朗律所（Winston & Strawn)、莱特姆与沃特金斯律所(Latham & Watkins）做合伙人，取得了极大成功。现在，他已加盟贝克与麦肯齐律所（Baker & McKenzie)，但于该律所芝加哥、旧金山办公室以外区域执业。为了案件，他到过美国各州的众多法庭，而且先后去过 35 个国家。在他的整个执业生涯中，他一直致力于青年律师的庭审技巧培训：在联邦司法部办公室和律所任职期间，他均负责教育培训项目。与文斯·康奈利（Vince Connelly）携手，他们共同组建了王森协会（the Wong Sun Society）——这是全国各地的白领犯罪辩护协会（the white collar defense far）一年一度的聚会，旨在分享辩护经历、培育职业荣誉。

交叉询问是出庭律师必须直面的最大挑战。因为交叉询问需要像科学一样进行准备，需要像艺术一样进行表演。尤其是，在庭审的两项重要目的中，交叉询问必须为其中之一服务：证明自己所主张的事实或辩护思路；或者削弱或否定对方所主张的事实或辩护思路。如果交叉询问对于上述任何目的都无济于事的话，那么，也就没有必要麻烦证人了。

人们会反复强调说：成功的交叉询问以彻底全面的准备活动为基础。这无疑是正确的。依靠蜻蜓点水的准备工作，律师几乎不会在法庭上取得任何成功。但是，出色的交叉询问需要的不仅仅是扎扎实实的准备工作，它还要求你必须全神贯注地观察法庭上正在上演的戏剧。交叉询问者必须全神贯注地看和听，只有这样才能让你的准备工作发挥最大的效用。

彻底全面的交叉询问始于询问提纲。针对每个证人，我会制作一个列明询问话题与次级话题的提纲，其中包括需要问的各种问题、将会用到的各种文书和物证、证人的先前陈述（包括相互印证的陈述和自相矛盾的陈述）、已做标记的该证人在大陪审团程序中所做的先前证言或附誓陈述（deposition），以及其他相关事项。我会对这些话题和问题进行组织、塑型、拆分、编辑、增补、舍弃、重新考虑、重新组织、细琢细磨。这些话题可能涵盖以下内容并对此进行适度地甄别、定位：是意见还是事实；是传闻还是实际认识；是假的还是真的，当然也包括是偏见还是动机。

我的交叉询问始于强有力的话题（如说谎动机），终于强有力的辩点（如重要的前后矛盾之处）。交叉询问的问题必须清晰、尖锐。必须采用任何陪审员都能理解的、简单易懂的英语。对于那些重要的提问，发问以前要再三推敲、再三斟酌。

在联邦司法系统，民事案件和刑事案件的审前证据开示制度存在着明显差异，这对交叉询问的准备工作产生了极大的影响。

在民事案件中，你通常可以在开庭审理前要求关键证人提供附誓陈述，并且有不少现成的附誓陈述副本和物证可以利用。因此，在要求证人提供附誓陈述之前，交叉询问的主题就应当整理得清清楚楚；因为在提供附誓陈述时，证人就已经开始选择某种事实版本了。在民事案件中，开庭的时候，你应该已经知道每个证人将会以何种方式影响到本案的法律责任或赔偿金额。在开庭之前，你应该已经对这些证人的言行举止、知悉的事实、记忆的内容、内心的偏见进行过检验和评价了——这一机会是极其珍贵的。

证人提供附誓陈述后，我会花点时间写下对关键证人的印象：对陪审团而言他们具有哪些吸引人的地方；他们强有力的一面以及他们的薄弱环节；他们对于关键问题的回答以及他们至关重要的言辞反应和面部反应。同样，我也会利用这一时机，为了庭审重新审视已拟定的证人询问提纲、对提纲进行重新组织、对准备发问的问题进一步进行打磨——此时，距离庭审往往还有数月甚至更长的时间。最后，我还要对那些有利于本方以及不利于对方的文书作出标注。

出色的交叉询问需要的不仅仅是扎扎实实的准备工作，它还要求你必须全神贯注地观察法庭上正在上演的戏剧。

在刑事案件中，由于审前证据开示受到诸多限制，交叉询问的工作更加令人望而生畏。律师没有权利要求刑事证人提供附誓陈述，而且与基本上处于控方控制之下的证人进行面谈也有很大的困难（is problematic at best）。在刑事审判中，通常直到证人出庭作证时，你才第一次见到控方的证人。一般情况下，你只有很少的时间去审查证人在大陪审团程序里所提供的证言以及证人对执法机关所作的陈述。此外，你很快就会发现，有关大陪审团证言与执法机关询问的制度安排原本就不是为你的当事人服务的，或者说，不是为了查明可能的辩护事项而设计的。因此，你的交叉询问通常需要着眼于证人遗漏的事项，或者证人不知道或没有告诉大陪审团或执法机关的那些事项。

即便不能事先获得控方证人的书面证言，你依然可以对主询问可能涉及的内容作出合理的判断，依然可以对交叉询问可能涉及的话题形成良好的预见。例如，该证人受到了刑事豁免；达成了有利于证人的辩诉交易；经济利益驱动。对于获取有关证人的弹劾资料，调查员可以提供巨大的帮助。刑事被告没有义务就任何事项作证，也不负有提出积极辩护的责任，因此，对控方证人进行交叉询问也就成了辩方证明本方辩护思路、削弱控方证明效果的唯一手段。

无论是民事案件还是刑事案件，最终的交叉询问提纲必须覆盖重要的话题和问题，交叉询问时可能用到的实物证据副本也必须有条理地整理成册，放在手边。因为对于扒着找文件或连交叉询问都没有准备好的律师，陪审员和法官是缺乏耐心的。相反，他们喜欢有备而来、井井有条且重点突出的律师。随着所有交叉询问提纲的完成，科学地准备交叉询问这一点也就到了尾声；此时，你需要将重点转向如何在法庭之上艺术地进行交叉询问。

交叉询问的传统规则大家已经耳熟能详。不要重复主询问的内容；不要用琐碎且不相关的问题搞乱证人的思维；不要和证人或陪审员抢着说话；不要发脾气；说话一定用升调。基于长期实践，我学到的一项经验教训是：无论是主询问还是交叉询问，都要仔细观察、认真聆听；而不是只会埋头做笔记。如果你已经拿到了证人的先前陈述或询问的备忘录，那么，你将会知道该证人此前说过什么，在法庭上可能会说哪些内容。在主询问过程中，你当然要顺手记下证人证言中值得注意的前后不一的地方。但是，仔细观察证人的表现、聆听证人的回答才是至关重要的关键。以下三个交叉询问的事例将说明这一点。

作为芝加哥地区的一名联邦检察官，在一起公共腐败案件中，我曾经亲眼目睹一位高级警官，面对他曾经接受城市街头小贩贿赂的指控，自信地选择站到证人席上为自己辩解。很显然，正是因为控方的主要证人遭受了严重质疑，被告人才决定亲自作证，以期借助自己位高权重的执法地位与之形成鲜明的对比。辩方的主询问问及该警官贫穷的成长历程及其教育背景；在询问过程中，当辩护律师发问时，该警官会看着辩护律师；之后，在回答问题时，则会转过头，面带礼貌的微笑——就像恰好该笑了似的——开始向陪审团讲述他在芝加哥市的成长历程。辩方在这一精心编排过的主询问过程中配合默契，并巧妙地讲述了一些颇为尴尬的事实；在此期间，我注意到，被告人的目光一直轻松愉快地在其辩护人与陪审团之间跳来跳去。

之前我都是站在法庭中间的发言席询问证人，以至于证人同时可以看见我和辩护律师。然而，当轮到我对该警官进行交叉询问时，我选择站在控方席位最靠近陪审团的那一端。根据传统的“法庭辩护见解”，这种做法有点超出寻常：因为看询问人是证人的自然倾向；我站得这么靠近陪审团席位等于让被告人可以轻而易举地看见陪审团，从而可以继续发展他与陪审团的和谐关系。在交叉询问中，我迅速切入以下问题对被告人进行质问：每次和街头小贩见面后，他去查看自己保管箱的具体时间。他的目光迅速从陪审团和我这里转向了他的辩护律师。与主询问相比，在交叉询问中，被告人一次次游离陪审团和我本人而瞥向其辩护律师的目光是如此显而易见，因此，事实裁判者绝对不会对此视而不见。通过密切观察被告人在主询问过程中的言行举止，促使我采取了这一大见成效的询问策略。

根据谢尔曼法的民事反垄断条款（the civil antimonopoly section of the Sherman Act），某通讯大企业在缅因州受到起诉并要求其赔偿3倍的经济损失。作为该通讯巨了的代理人，我和我的同事丹·韦伯需要面对一名自命不凡的分销商——该分销商以不容置疑的方式证明我们的当事人持有新英格兰市场97%的股份。在波特兰市度过一个寒冷的冬月之后，原告方请出了他的最后一名证人：这是一名证明必然损失的专家证人，旨在支持原告方提出的5千万的诉讼主张——陪审团并不清楚，根据反垄断法，这一诉讼主张原本可以翻3番。

该证人来自斯坦福大学，是一名杰出的经济学家，长相酷似电视剧里的马尔库斯·韦尔比（Marcus Welby），持有约翰·梅纳德·凯恩斯证书（the credentials of John Maynard Keynes）。他每小时收费638美元——既不是625美元也不是650美元。在就韦尔比学术水平的资格审查中——对此，陪审团没有参与——我对有着充足准备的韦尔比进行了认真观察，并借此证明，他的大部分专家证人工作是由研究生来完成的。该经济学家还承认，他关于损害赔偿数额的判断是在接手这项工作后8小时内形成的——与那些研究生完成他们的协助工作以及该证人账单上的工作时间相比，早了好几周的时间。在询问过程中，我注意到，这名教授时不时会偏离主题，转而论述他在宏观经济学方面的高见。我们明白，在陪审团面前，这名满头银发的学者看上去那么坚毅，令人望而生畏；而且，其证言将会为身为当地企业的原告人补充大量霍雷肖·阿尔杰苦难者式的证据。

通过研究该专家证人的专家意见及其赔偿金额的计算方式，我知道了他所使用的方法论以及5千万这一赔偿数字是怎么算出来的。当原告方律师重新开始主询问时，我决定认真聆听，看这位世界级经济学家是否会再次偏离主题。为了让该专家证人在陪审团面前能够慢慢进入角色，原告方律师首先问及我方当事人的垄断行为对于市场造成的一般影响。在回答过程中，这位教授自言自语地大声说：对于地方市场的影响可能会达到1亿5千万之巨。直至此时，他的报告材料从来没有提到过我方当事人行为对于宏观市场的影响或者1亿5千万这个数字。我悄声对丹说，我们应该提出审判无效的动议(Move for a mistrial)。因为在毫无心理准备的情况下，原告方触动了1亿5千万这个数字，而且这个数字将永远回响在陪审团的脑袋里；陪审团并不清楚他们可以根据原告方的赔偿请求判处3倍的赔偿，因此，他们可能会觉得5千万的赔偿太便宜我方当事人了。于是，在原告方举证11个小时之后，我们提出了审判无效的动议。在法官席旁，主审法官和原、被告律师聚在一起重新翻看了该专家证人的报告和附誓陈述，这些材料没有提及市场损失，也根本找不到大于5千万的数字。于是，主审法官——本案的主审法官是缅因州联邦司法辖区地方法院的首席大法官——裁定延期审理两天，以慎重考虑我们的申请。

48 小时后，原被告双方签署了一份极其有利于我方当事人的商业和解协议。认真聆听再次证明了其自身的价值。

在第三起案件中，通过对主要证人进行敏锐观察和聆听而受益则是直觉使然。在该案中，我所代理的当事人来自肯塔基州西利伯蒂市，他曾拥有全美最大的保单贴现业务，后因受人误解而遭致诉讼。保单贴现公司的兴起源于艾滋病的传播——保单贴现公司承诺以极低的贴现率为濒危的病人购买人身保险。保单贴现公司赌的是，被保险人最长只能活一年左右的时间，因此，他们会根据保单替病人支付人寿保险的保险金。在医药方面的进步使得保险统计概率变得于投资方不利以前，保单贴现公司会将这样的保单一批批转卖给市场投资者，从而获得巨额的收益。联邦起诉书提出的指控是，我方当事人以转售为目的、与代理商合谋用欺诈手段购置了价值 3 千 8 百万的保单——其中，指控合谋的代理商之一是佐治亚州保德斯普林斯市的杰弗瑞·富勒。

关于富勒的交叉询问提纲至关重要，我一遍遍地修改，前后有六次之多。与其他 14 名合谋的代理商不同，富勒在过去三年里从来没有受到过美国联邦当局的指控。因此，控方向他保证说，虽然他同样会受到指控，但是，法庭会知悉他积极配合的事实，并由法官最终决定他的量刑。我方雇用的调查员试图获取富勒的商业记录、先前的雇工记录和联邦税款的退税金额。在庭审的前一天夜里，这名佐治亚州注册的刺络医师虽然接收了我们的传票，却拒绝我们就辩护事项预先进行访谈。

三周后，富勒身穿制作精致的西服，面带与此匹配的神情，大踏步走进了法庭。他平静地讲述说，他曾经私下和我的当事人进行多次交易，以欺诈方式出售保单的佣金额可达 2 千 5 百万之巨。此外，他还指出，在我方当事人授意下，他本人曾经盗用非艾滋病患者的血样为艾滋病患者申领过一些高额的保单。在主询问中，富勒表现得极其殷勤，他不仅对主要保单进行了辨认，而且承认，他将会因邮件欺诈罪受到指控，并情愿为他所犯下的罪行付出应有的代价。

“该你了，辩方律师！”终于，检察官结束了他的主询问。

膨胀了！我当时心里想，就让他自我膨胀吧！

根据我心中牢记的讯问提纲和手头放着的文档，我首先证明，尽管富勒向司法当局作了倒换血样的自白，但是，他依然在讲授静脉切开术方面的课程，而且，佐治亚州核发的抽血许可证也并未被吊销。之后，我进一步调查他曾因撒谎被前雇主开除的事实，他对此亦供认不讳。继之，我转向他的所得税退税金额：在过去三年里，他的平均退税金额是每年 2 万美元。然而，在这三年时间里，他却添置了两处房产、一辆捷豹越野车、一辆凌志、一辆雪佛莱。我认为，富勒在佐治亚、得克萨斯、纽约和肯塔基四地从事保险欺诈的总额高达 3 亿美元，然而，对于这些犯罪行为迄今尚未受到任何指控。

是的，富勒表示同意。这些都是事实。

我指控他甚至曾经欺诈他的共同居住者。他也承认，这是真的。我指出，他从未见过我方当事人，除了那些欺诈获取的保单，他的证言没有任何补强证据。是的，他说。

当富勒迅速承认这些事实的时候，我细心地观察聆听，并注意到，对我们在这些问题上花费这么多的时间，他似乎表现得有点不耐烦。周五下午晚些时候，富勒作证结束；像他来的时候一样，他飞快地迈着四方步离开了法庭。根据长长的交叉询问提纲，我已经得到了我所希望得到的东西，甚至得到的比我所期待的还要多很多。但是，奇怪的是，如此战果却只用了很少的时间。

尽管在与法官进行庭上交流时，法官评论说，通过交叉询问，我已经彻底击垮了富勒，但是，我却觉得有点奇怪，因为富勒离开法庭时看上去像一个胜利者。肯定是什么地方出了问题。交叉询问肯定疏漏了某些事实。貌似恭顺但沾沾自喜的福特并没有告知全部真相。因为还有十几个证人需要应对，我不能过多思考富勒的问题。但是，我要求聘请的调查人员再检索一次关于富勒的法庭记录。

却一无所获。

然而，两周过后，那名调查人员吃惊地递给我一篇《亚特兰大宪政》上刊发的文章；据该文章称，佐治亚州富尔敦郡对富勒在为保险申请人抽血期间实施极端变态的性行为刚刚提出了七项指控。亚特兰大的官员显然认为，还有更多的人受到了侵害——他们证明，有 800 人曾经投诉过富勒。该名调查人员与佐治亚的地区检察官取得了联系；后者确认说，亚特兰大司法辖区的联邦检察官已经提出请求，请求他们在肯塔基州司法辖区联邦法院对富勒听证结束之前，延期审理这些根据亚特兰大州法律提出的指控。

我把这些事实告知了本案的初审法官；于是，根据布兰迪案（Brandy v. Maryland）确立的规则，初审法官决定向陪审团作出如下指示：富勒在本联邦法院提供证言后，仅仅过了三天时间就在佐治亚州受到了指控；因此，他们在对富勒的可信性进行评判时，可以考虑富勒被逮捕的事实。

直至此时，我终于可以向主审法官说，在陪审团眼里，富勒已经被彻底摧毁了。上述结局之所以能够发生，归因于在交叉询问过程中，我一直在观察富勒的身体语言，在聆听他断断续续作出的仓促承认。这是全面准备的产物，但认真的观察与聆听或许发挥了更重要的作用。

第7章

要深挖细节

查尔斯·B·斯科拉斯盖
(Charles B. Sklarsky)

洽克·斯科拉斯盖（Chunk SkLarsky）是詹纳与布洛克律所（Jenner & Block）的合伙人之一，兼该所白领犯罪刑事辩护部的联席主席——詹纳与布洛克律所具有为民事权利进行辩护的悠久历史，而且其辩护对象不分贫富。作为律所的一员，斯科拉斯盖既持有威斯康星大学的法学学位，又因先后担任州和联邦检察官而拥有丰富的街头生活经验。在同行中，因信奉“翻动所有的石子”（Leave no stone unturned）的辩护思路而被视为一名强硬的对手。

根据我的经历，影响交叉询问是否富有成效、是否取得成功的关键因素之一在于，就证人本人以及证人可能提供证言的相关事项展开深入细致的事实调查。

这让我回想起这样一则案件：在该案中，我为之辩护的对象是芝加哥市城郊某社区的市长，他被指控实施贿赂和其他多项犯罪。该市长的指控者之一是一名年轻人——据该市长所言，他曾经将这名年轻人纳入市政职员名单，以便在该市选举时该年轻人能够为其竞选活动服务。在大陪审团程序中，这位年轻人就他曾经与该市长之间的一次交谈提供证言说，在此次谈话中，该市长答应给他一个市政职位，作为交换条件，他答应帮助散发传单、制作各种标志和海报并出席支持该市长的煽情集会。

此次谈话的唯一见证人就是这位年轻人和这位市长，因此，证明这位年轻人的诚实程度以及具备准确回忆相关事实的能力对其证言具有至关重要的影响。在大陪审团程序中，该年轻人还作证说，该市长的竞选活动结束后不久，他就被解雇了，但是，在该市长的帮助下，他在该市住宅发展部门找到了一份新的工作。最后，他告诉大陪审团说，大约 6 个月后，他放弃了住宅发展部门的那份工作，因为为了寻求"更好的发展机会"，他准备去芝加哥做某医院的守门人。在审判程序中，这位年轻人的证言与此前大陪审团程序中的证言完全一样。

不知道为什么，在针对这位年轻人进行交叉询问的准备时，关于他工作的长途冒险，总觉得哪个地方有问题，尤其是他曾经主动对大陪审团讲，他离开住宅发展部门是为了寻求"更好的发展机会"。为了满足我好奇心，我通过申请传票调取了那位年轻人在住宅发展部门和芝加哥医院的人事记录和薪酬档案。拿到这些材料以后，我终于找到了进行交叉询问的宝库。

住宅发展部门的记录显示，这名年轻人事实上并不是为了寻求"更好的发展机会"而主动离职，相反，他是被住宅发展部门开除的——原因是，他在住宅发展部门当班期间曾经向另外一名职员兜售枪支。此外，医院的记录显示，这位年轻人在医院的薪酬是每小时 6 美元，与住宅发展部门每小时 10 美元相比，每小时少了 4 美元。

那么，我将如何在交叉询问中巧妙地利用这些信息呢？很显然，这名年轻人所谓的离开住宅发展部门是为了寻求"更好的发展机会"，是欺骗大陪审团的谎言。那么，在审判程序中他是否也会就此对小陪审团撒谎呢？我只能希望他这样做。

> 很显然，这名年轻人所谓的离开住宅发展部门是为了寻求"更好的发展机会"，是欺骗大陪审团的谎言。那么，在审判程序中他是否也会就此对小陪审团撒谎呢？我只能希望他这样做。

交叉询问开始后，通过询问，我简要地回顾了这位年轻人在住宅发展部门的职责以及他在那里工作了多长时间。然后，我让他确认了以下事实：他离开住宅发展部门之后，去某家医院工作了。之后，我漫不经心地问他，你之所以离开住宅发展部门是为了到该医院寻求"更好的发展机会"，是不是？他立马表示同意。然后，我开始运用事实真相对他展开对质。

问：事实不是这样吗［先生，］你之所以离开［住宅发展部门］……是因为你被解雇了；而你被解雇的原因是因为你曾经给其他雇员购买枪支并收取了他 200 美元。这么说准确吗？

答：不，事实并非如此。

问：那位雇员是在某小区的维修部里给你那 200 美元的，不是这样吗？

答：不是。

问：1997 年 12 月 16 日，［住宅发展部门］结束了你的雇佣关系，因为你违反了禁止在公司房产区域内兜售枪支的公司政策，而且，你并没有有效的枪支持有证明。这才是你为什么被［住宅发展部门］解雇的原因，不是这样吗？

答：是，是这样。

在我提出最后一个问题时，我让这名青年人——当然也包括陪审团——清楚地知道，我是在宣读这位年轻人人事记录中关于其被解雇的具体文字。这位年轻人的判断是正确的：他没有摇摆的余地；于是，在盯着我看了好一会儿后，最终承认说，事实上，因为销售枪支他当时已经被解雇了。获得上述承认后，我又回到"更好的发展机会"这一主题。

问：因为销售枪支你被解雇了，是吗？

答：是的。

问：并不存在"更好的发展机会"，是不是？

答：是的，不存在。

问：因此，当你告诉这些先生们和女士们说，你离开那里是为了寻求"更好的发展机会"，纯属谎言，不是吗？

答：是的。

问：在大陪审团程序中，就你的工作履历，你也是这么说的，是不是？

答：是的。

问：就像现在一样，在大陪审团程序中你也宣过誓，是吗？

答：是的。

问：就这件事儿，你对大陪审团也撒了谎，不是吗？

答：是的。

之后的交叉询问既涉及这位年轻人在向医院申请工作时的不诚实品性，也涉及他对于重要事实的记忆能力（如果不是记忆力问题，则说明他不诚实）。我指出，在他与那位市长进行谈话时，他既没有任何记录也没有进行录音；而且，此次谈话后，两年多时间里，他从来没有被问起过这次谈话的内容。于是，我用以下问题结束了这次交叉询问：

问：现如今，关于那次谈话中你和对方都说了些什么，我们只能依靠你四年前的记忆，是吧？

答：是的。

问：以及你的真诚？

答：是的。

果不其然，由于这位年轻人的证言几乎难以令人置信，陪审团最后认定，就雇佣这位年轻人有关的贿赂犯罪指控，这位市长是无罪的。在本案中，要不是我们找到了有可能找到的关于这位年轻人的所有材料，要想削弱他的可信性几乎是不可能的事情。有时候，这种调查真相的努力也有可能会一无所获，但是，至少在这位市长的案件中，彻底全面的准备工作得到了应有的回报。这位看上去平平常常甚至是值得信赖的年轻人，在陪审团眼里最终变成了一位——如果说不是完全不可靠的话——生性不诚信的货色。

即便不涉及证人的诚信问题，彻底全面的调查也可以起到重要的作用。在一起新近发生的案件里，我代理的是一名因邮件欺诈而受到指控的律师——该律师曾经代理某当事人向其保险公司提交过一份火灾保险申请；而该项指控即源自他就此为当事人草拟的一份和解协议。在达成和解协议之前，保险公司曾经拒绝了该项赔付请求，因为保险公司认为这场火灾是被保险人自己纵火引起的。

除了其他事项，这份有关保险赔付请求的和解协议规定，将由保险公司支付该项房产的分期贷款，而且，保险公司允许被保险人将分期贷款的权益指定给第三方。之后，被保险人将该分期贷款的权益指定到了他姐姐的名下；她姐姐先放弃了作为抵押人赎回该房产的权利，之后又在变卖抵押物的拍卖中买下了该房产；然后，被保险人的姐姐又将该房产转移给了被保险人。这一系列交易的法律效果是：市政府由此丧失了针对该房产所享有的、因拆毁房产而拥有的留置权——在保险公司拒绝赔付后，市政府自己出资拆毁了被烧毁的房产。但在法律上，房产的抵押贷款权优于这种留置权。

无论是为了证明“更好的发展机会”纯属谎言，还是为了降低专家证人的可信程度，我坚定不移地认为，为了获取交叉询问的胜利，你必须深挖细节，收集关于证人及其证言的所有材料。

数年之后，被保险人因纵火罪以及通过分期贷款的操作对市政府实施欺诈致使市政府丧失了因拆毁该房产所享有的留置权——其中，后者与当时有关保险赔付的和解协议密切相关——受到起诉并被判有罪。美国联邦第七巡回区上诉法院维持了纵火与欺诈的定罪判决，同时认为，当时负责草拟那份和解协议的律师（即我所代理的当事人）应当交由相关的律协部门作出处理。

第七巡回区上诉法院作出上述判决之后，没过几个月，司法欺诈部门（the Department of Justice Fraud Section）就获准对我方当事人提起公诉，指控他策划了欺诈市政府的行为。控方的指控主要依赖于一位律师的证言——该律师精通房地产业务，并认为，就保险赔付达成和解协议之后的一系列交易——包括使用“稻草人”的做法以及放弃抵押赎回权等活动——在法律上都是不适当的。

在交叉询问中，我所面临的挑战是如何降低该房地产律师专家证言的可信性——该律师持有各种优秀等级的证书，此前与我方当事人根本不认识，也不存在任何对我方当事人怀有偏见的明显理由。在我方当事人的协助下，我们开始查找各州有关利用虚假买卖及放弃抵押赎回权抗制留置权的所有判例——我方当事人受到的指控就是帮助策划了此类行为。根据查找的判例，我们发现：债权人，尤其是作为债权人的银行，其常规做法就是使用此类方法以抗制各种留置权，并由此获得对于特定财产的明确权利，以确保他们的贷款不受损失；而且，各地法院的常规做法是，承认债权人享有这么做的权利。在我们查阅过的成千上万份判决意见中，除了一起判例外，我们找不到这样的判例：即，财产所有人借助上述做法以明确其对自己财产所享有的权利。这起作为例外的判例发生于纽约州的大萧条时期；在该判例中，某公寓的所有人通过采用虚假买卖和放弃抵押赎回权的方式保护自己的房产免受特定留置权人的侵扰。纽约州上诉法院的判决意见以清楚明白的语言毫不含糊地宣布说，该案的财产所有人采用这些方法不构成欺诈，是适当的。

我们明白，控方的专家证人不会承认他自己错了、纽约州上诉法院才是对的；但是，我们相信，如果我们能够让他承认，作为一个理性的人对此可能会持有不同的见解，那么，我们就能够就此形成合理怀疑。因此，本案的交叉询问不是对质性的。控方的专家证人很快就同意了我们的以下说法：采用虚假买卖和放弃抵押赎回权债权人的做法是债权人明确其产权的常规做法；由此，在法律效果上，那些处于次级地位的留置权持有人将会丧失其留置权利。但是，控方的专家证人坚持认为，只有当债权人采取这种策略时，这种做法才是合法且适当的。他自己也承认，他曾经代理的某些债权人也进行过类似的操作。

之后，我让控方的专家证人确认了他的观点，即，如果这么做是为了财产所有人的利益，而不是债权人的利益，那么，这么做就是不合法或不适当的。

根据我们千辛万苦查阅到的判例法以及控方专家证人递交的正式书面报告，我自信地指出，在美国各州，从来没有判例曾经明确说财产所有人不能像债权人那样以同样的方式合法地使用这些策略。而且，在交叉询问中，控方的专家证人也承认，他根本不知道有这样的判例存在。

于是，我请他考虑这样一种假设的事实情形，然后，我以简单明了的语言表述了纽约州上诉法院那起判例的基本事实。控方的专家证人表示，他已经听明白了，然后，很快就作出判断说，由财产所有人进行的这些交易是违法的。于是，我引述纽约州上诉法院的判决意见，并询问他是否熟悉这起判例。果然不出所料，他根本没有听说过这起判例。

当他了解纽约州上诉法院的判决意见以后，他承认，我向他讲述的假设情形与纽约州这起判例的基本事实完全一样。而且，他也承认，该案的法庭意见与他的判断截然不同。更重要的是，他还表示同意我的如下主张：即，对于这一问题，具有理性思维的人们可能会持有不同的见解。

我的当事人，尽管受到了第七巡回区上诉法院的批评，最终却被宣告无罪。本案交叉询问的胜利立足于我们好几周的先例检索。无论是为了证明“更好的发展机会”纯属谎言，还是为了降低专家证人的可信程度，我坚定不移地认为，为了获取交叉询问的胜利，你必须深挖细节，收集关于证人及其证言的所有材料。通常情况下，你挖掘的资料足够多，你得到的回报也就会越大。

第8章

借助他人的力量让交叉询问变得富有成效

戈登·B·纳什
(Gordon B. Nash, JR.)

戈登·B·纳什（子），自德克林龙·比尔德与瑞斯合作律师事务所（Drinker Biddle & Reath）兼并芝加哥老牌律所——加德纳·卡顿与道格拉斯合作律师事务所（Gardner Carton & Douglas）之时起，他就一直是该律师事务所的合伙人之一。在律所事务中，他负责领导诉讼部的工作，并在该律所执行委员会任职。法庭是小纳什基因的一部分——与他同名的父亲，曾经是库克郡巡回区法院的一名法官；他的弟弟，麦克·纳什也是一名相当被看好的出庭律师。作为直言不讳的南方人，他以尊重常识的辩护方法而闻名；借助这种方法，在过去35年执业实践中，这种辩护方式为他在全市各个法庭赢得了巨大声誉。他毕业于尤纳斯大学芝加哥法学院；之后，作为一名联邦检察官，开始了他的执业生涯。

我们常常把伟大的出庭律师想象成：站在法庭里将证人批驳得体无完肤；聪明绝顶；巧于辞令。

或许如此。

但是，成功的交叉询问往往仰仗于一些看似普通的事实并加以有效地利用。交叉询问既不要求律师聪明绝顶也不要求律师巧于辞令。我们都还记得，是佩里·梅森忠实的助手在最后一刻送到法庭的东西挽救了梅森的当事人。当然，我们知道，这并不是一件轻而易举的事儿。但是，在准备交叉询问时，牢记这位助手的以下形象却是非常有帮助的事情：该助手发现了一些有用的材料并把它送到法庭以供律师交叉询问时使用。

富有成效的交叉询问依赖于他人的工作。根据经验，人们已经认识到，在质疑证人的可信性时，可以利用他人拥有的知识、信息或洞见。在此，我谨提供三个简单的例子；在这些例子中，我之所以能够富有成效地进行交叉询问是因为他人的才智而非个人的聪明。

在20世纪70年代，我曾经以出售处方药为由起诉过一名医师。这起指控的根据是联邦和州药品执法部门的线人——他们曾经从该医师那里购买过处方药——提供的证言，而且，他们的证言支持以下说法，即这些处方药并非用于合法的医疗目的。这些线人对该医师说，他们需要这种处方药，他们的理由是要用这些药“开晚会”、“让自己兴奋起来”或者“卖出去赚点零花钱”。

该医师在作证时为自己进行了辩护。他提供了一些医疗记录并声称，这些医疗记录就是那些所谓病人的档案。在这些医疗档案里，都有一份据称是由病人本人用姓名首字母签署的知情书。这份贴在档案里的保证书记载有如下文字：

下述病人保证，处方药应当用于其本人的医疗目的。

每一份档案都潦草地签署了病人姓名的首字母。

由于出现了这些保证书，我要求召集所有当时曾经去买过药的线人以便讨论这一新情况。开庭后的那天晚上，我们召开了会议。在会上，一名线人说，“原来这样啊！我明白这名医师为什么要去印刷贴纸店啦！”

这名线人解释说，当该医师以人保方式被保释后，他曾经尾随该医师，并看见他去了一家印刷贴纸店。当时，这名线人并不清楚该医师为什么要去那里。在再次开庭之前，我们拜访了那家商店并找到了店主——店主是一位老太太。她还记得被告人的样子，而且，她还保留着在她商店制作那些贴纸的收据。此外，收据上复印有这些保证书的样本。

在交叉询问中，我暗示这位医师说，这些贴纸上的标记看上去已经很旧了；并漫不经心地问他，这些贴纸是不是用了很长时间？他上钩了，并且回答说，从他行医以来，就一直使用这种贴纸，但是，事实上，由于时间太久了，有些贴纸都已经磨损了。

显然，我方的第一位反驳证人就是那名高效率的贴纸店老板：她带来了那张收据，而且很好地回忆了与该医师交易的全过程。那名凭直觉尾随被告人去过贴纸店的线人，让交叉询问变得更加容易。整个过程就是这么轻而易举，以至于后来在陪审团指示会议上，主审法官弗兰克·麦加尔对我说，他甚至不该因为今天的工作向联邦政府索取报酬，今天的工作太容易了，也太在交叉询问中，我暗示这位医师说，这些贴纸上的标记看上去已经很旧了；并漫不经心地问他，这些贴纸是不是用了很长时间？他上钩了。

有趣了。

依靠他人之力获胜的第二个例子是一起国际仲裁案。该案的独任仲裁员是一名瑞士律师，他极其谨慎地处理着这起相当复杂的纠纷。我方当事人是一名岩石粉碎设备的制造商；对方是著名的 CBG 公司——该公司是世界上最大的几家铝矿石生产商之一，非洲的几内亚政府是其公共共有人。

CBG 在几内亚建造了一个庞大的矿石开采项目。该项目包括一家矿址、含有铝矿石的巨型鹅卵石的运输设施、岩石粉碎设备、与岩石粉碎场相连接的传输装置，以及一个用以将处理好的铝矿石装船出海的现代化小港口。

原告方声称，作为岩石粉碎设备的供应商，我方当事人就巨型鹅卵石抛入粉碎设备时所产生的影响提供了不准确的信息。因此，CBG 声称，受此影响，据此建造的混凝土建筑无法达到规定的标准，而且，在巨大的冲击力下已经出现了裂缝；为了避免伤及相关设施里面以及在其周边工作的许多工人，采矿工作不得不停了下来。

我方当事人对此表示异议，并提出了专家证言证明，根本不存在结构性损害；而且，我方当事人提供的机械数据本质上是正确的。作为反驳，原告方传唤了一名所谓的专家。该专家作证说，这些巨型岩石的实际负荷是 X，而不是我方专家证人所说的 Y。受仲裁规程的限制，我方无权针对该证人要求证据开示。但是，我方专家证人——我对他怀有高度的信任——对我说，实际负荷是 X 的说法与实际情况相距甚远，我应该要求对方证人说明得出 X 这个数字的计算方式，这样一来我方专家就可以证明它错在哪里。

我不得不承认，物理学运算已经超出了我的能力，而且，我怀疑本案仲裁员也不会真正理解。尽管我真的不知道该问题的答案是什么，但是，我依然决定遵从我方专家的建议。我要求原告方的专家提供得出实际负荷是 X 的运算方法。该专家证人支支吾吾，难以作答。这让我变得更加坚定。原告方律师对此表示反对。于是，我请求仲裁庭指令该证人必须回答我的问题。（在法庭上我们就是这么做的，为什么在国际仲裁庭就不能呢？这是我当时的想法。）

那位瑞典律师——令人尊敬的仲裁员——考虑了一会儿我的请求，之后建议我们休庭去吃午饭。他说，饭后他将作出决定。果然，饭后他作出了决定。但是，他拒绝了我希望仲裁庭指令证人回答问题的请求。他解释说，尽管当事人将证人传唤来了，但是，证人本人不是仲裁案件的一方当事人，因此，作为私人纠纷的仲裁员，他无权指令证人必须回答问题。

但是，该仲裁员继续说，基于职责，他已经注意到了我所提出的关于该证言的反对意见。显而易见，该证人的可信性受到了极大贬损，就像已经烤煳的面包——对此，应该感谢的是我方专家。

还是在这起仲裁案件中，原告方提出了巨额的赔偿请求。事实上，在针对其保险公司的案件中，原告方根据以下理由已经赢得中断运营的诉讼请求：由于我方当事人提供了不正确的机械数据，相应的混凝土建筑无法达标。在此前的这起案件中，保险公司被判令根据 CBG 公司的实际损失予以赔付。

在仲裁案件中，该保险公司作为共同原告与 CBG 公司一起对我方当事人提出了赔偿请求，以期降低它所遭受的巨大损失——该保险公司主张，其赔付的金额已经超出了保单的上限。

我方计算损害赔偿的专家是一名足智多谋的退伍军人，曾任美国税务稽查署的税务稽查。他对绝大多数律师以及绝大多数赔偿请求均持有怀疑心理。拿到原告方专家制作完成的损害赔偿报告后，我发现，该报告关于商业损失的计算包含大量异想天开的内容。我把这份报告交给了我方专家以寻求他的帮助。第二天，他回来对我说，这份报告的大部分内容根本就是胡说八道。(他用了一个更加形象的字眼。)

他还问我，"难道你不知道早在原告方停止运营以前，国际市场上的铝矿石价格已经大幅度下跌了吗?"

这是一个简单明了的见解。铝矿石生产商必须找到一个能够让几内亚政府接受的理由才能停止运营——因为对于几内亚政府而言，其首要利益是让本国公民有活干、国家税收上扬。于是，铝矿石生产商们想出了这样一个办法：即，声称安装岩石粉碎设备的混凝土建筑不达标，不得不停止运营；而且，受此影响，整个采矿工作也不得不停下来。

就像你所能想象的那样，即便你不是一名伟大的交叉询问大师，也照样能够像大师一样使用这些信息。而且，当你这么做的时候，会显得你绝顶聪明。

这就是本文的基本观点。

借助他人的力量——他们的直觉、他们的知识、他们的洞察力，你将会变得更加富有成效，而且，战果也会让你的当事人满意。有效的交叉询问始于精心的准备，而精心的准备包含了寻求他人的帮助，以便能够发现那些看似普通却能扭转乾坤的证据。

第9章

飞一把

迈克尔·W·科菲尔德
(Michael W. Coffield)

很少有律师会像迈克·科菲尔德（Mike Coffield）那样爱生活、爱法庭上的征战情谊——他自诩为“大猎犬”。密歇根大学法学院毕业后，他开始加盟柯克兰与埃利斯合作律师事务所（Kirkland & Ellis），并逐步成长为该所的合伙人。后来，他和另外一名同事携手离开柯克兰律师事务所，组建了他们自己的综合性律师事务所，并将其发展成为一家拥有一百多名律师的大所。再次置身大型律师事务所的氛围开始令他感到焦躁不安。于是，20 世纪 90 年代后期，迈克创办了自己的个人律所。如果不是在泰文俱乐部讲述他的法庭故事，或者在指导他刚认识不久的年轻律师，那么，他就会出现在戴利中心、迪克森大厦或者其他任何可能有机会让他为其当事人的案件进行辩护的地方。

并不是总有准备交叉询问的时间。这种情形随时发生，就像我遇到的那样：某天，我正在科罗拉多州的阿斯彭滑雪，我的合伙人告诉我，他病得很厉害，而周一他原本要参加一个庭审——联邦法官不会为这个案件再开一次庭了。于是，我们周日坐飞机到家，周一早晨，我和我的年轻助手就前往法庭了。我们根本没有机会查阅任何附誓陈述。

我们的对手是一群来自我曾工作过的柯克兰律师事务所的出庭律师，有着极其丰富的出庭经验。他们传唤了一名来自某中等规模会计师事务所的审计员出庭作证。对于这起案件，我只有一个大概的了解；由于仓促接手案件，我根本来不及做必要的准备工作——查阅所有的相关档案、精心准备交叉询问的内容。不过，我确实给我方聘请的调查员打了个电话，要求他力所能及地收集任何有关这名审计员的信息——这是我所做的唯一准备工作。我始终相信，即使你不知道证人会说什么，但至少要弄清楚他是什么样的人。

于是，在接下来的一天半时间里，这名审计员几乎要害死我了。事情已经糟糕到了极点。你知道，我不是一个擅长数字的人。于是，我向我的助手求助，问他："你当时'律师会计学'学的怎样？"

"我的成绩是 C－。"他回答说。

"好吧！"我说，"我比你还好一点。我的成绩是 C＋。因此，我最好还是放过这个家伙吧！"

于是，当时我决定问得越少越好。或许，我可以彻底询问他的履历，纠缠他的所有分析步骤、他的假设、他的推定以及所有的数字。但是，我没有这么做。

我问了他 3 个问题就坐下了。事实上，我原本可以更快一些。以下是我的 3 个问题：

"你已经和我们谈了一天半的审计事务啦。那么，我问你，先生：你前后参加了几次注册会计师考试？"

"3 次。"

"第一次考试是哪科没过？"

"审计学。"

"第二次考试又是哪科没过呢？"

"审计学。"

于是，我就回到自己的座位坐下了。

案件结束之后，我们有机会和几位陪审员进行了面谈。其中一个陪审员说，就是因为你的那个问题和证人的回答，让原告方的指控完全失去了可信性。

因此，有时候，当你不得不飞一把的时候，你需要求助于这样一条老规则：短一点儿、甜一点儿，点到为止即可。

第10章

镇静地面对证人

乔治·N·莱顿
(George W. Leighton)

乔治·N·莱顿于1912年10月22日出生于马萨诸塞州新贝德福德市的一栋木质结构的三层经济适用房里。小学六年级辍学后，他到一艘油轮工作，远洋荷属安德列斯群岛(the Dutch West Indies)。通过自学，1940年他以麦格纳优秀毕业生的身份毕业于霍华德大学。1943年，他从哈佛法学院毕业以后，到了芝加哥。他曾任全美有色人种协会(NAACP)主席并积极参与民主党的政治活动。他办理过的很多民权案件现已成为了应当遵循的先例，也曾经帮助许多被错判的被告人获释。他曾经为数百起刑事案件进行过辩护，代理过近200起联邦或州上诉案件，也办理过各式各样的民事案件。1964年，他当选为库克郡法官；1970年他被遴选为伊利诺伊州上诉法院法官。1976年，他被卡特总统任命为美国地区法院法官——在这个职位上，他出色地工作直至1987年退休。之后，他作为芝加哥地区尼尔与勒罗伊合作律师事务所(Neal & Leroy)的一员，继续从事着法律业务和辩护工作。

并不是在每起案件中，你都有机会进行详尽的审前证据开示，并在交叉询问前要求证人提供附誓陈述。事实上，在刑事案件里，据以对证人进行交叉询问的材料通常只是最低限度的材料——大陪审团程序中证人证言的摘录，或者警察或 FBI 制作的简短报告。有时候，你甚至什么都没有；没有任何先前证言或其他报告可以用于交叉询问，而你却不得不绝对镇静地面对敌对的证人。

交叉询问人必须依靠自己的才智以便能够在绝大多数情形下赢得胜利。成功的交叉询问不仅仅要求思维敏捷，而且，要求询问人有能力并愿意追随自己的直觉。这种直觉会因为一次次的成功或失败得以磨砺和提高。但是，只有当你愿意承担一定概率的风险并信任这种直觉时，这种直觉才能够得到提高。

作为萨姆·詹卡纳——该人被视为芝加哥地区有组织犯罪团伙中最可怕的成员之一——的辩护人，我曾经和 FBI 主管 J·埃德加·胡佛（J. Edgar Hoover）过过招儿。胡佛是 20 世纪 60 年代的道德典范。1963 年，代表詹卡纳和他的三个女儿，我对胡佛和马林·约翰逊（Marlin Johnson）——后者是芝加哥地区负责 FBI 工作的特工头子——提起了诉讼，理由是无论詹卡纳去哪儿，都会有四个 FBI 特工尾随其后。从一大早开始，这四名特工就包围了詹卡纳位于橡树公园的住宅。詹卡纳出门买份报纸，这四名特工会亦步亦趋地跟着。詹卡纳去当地教堂做祈祷，这四名特工也会尾随其后。詹卡纳去妻子的陵墓凭吊，这四名特工也会尾随而至。

詹卡纳是一个特立独行的男子。但是，在答应接受委托之前，我要求他必须答应某些我认为有助于代理活动顺利进行的必要条件。例如，他在法庭上，总是喜欢用帽子遮住脸。我告诉他我不希望这样。好吧！他答应这次不会这样。

当然，另外一项条件是，我需要他预先支付我的所有费用。我知道，这笔费用会非常大。在没有与任何人协商的情况下，我当即决定，我准备雇用一个电影公司拍摄詹卡纳被四名特工盯梢的全过程。我就这么决定啦！但是，我当时根本不知道这些特工的任何身份信息。

案件开庭审理后，我向美国联邦地区法院法官理查德·B·奥斯丁（Richard B. Austin）播放了这份影视资料。他作了一下记录。然后，对我说，好的，传你的下一个证人吧。我希望能够证明尾随詹卡纳的那些人是 FBI 的特工。但是，我没有相应的证人。在我向法庭播放那份影视资料时，我注意到马林·约翰逊也在场。于是，我决定传唤他来作证。我说："奥斯丁法官，原告方的下一个证人是马林·W·约翰逊先生。"于是，约翰逊不得不走上证人席，宣誓后坐在了证人的位置上。

问：约翰逊先生，请你告诉奥斯丁法官你的全名？

答：马林·W·约翰逊。

问：你的职业是什么？

答：我是芝加哥地区 FBI 特工的负责人。

问：当我向奥斯丁法官播放那份影视资料时，你在法庭吗？

答：在。

成功的交叉询问不仅仅要求思维敏捷，而且，要求询问人有能力并愿意追随自己的直觉。这种直觉会因为一次次的成功或失败得以磨砺和提高。

问：你是否看到了影视资料里的那些人？

答：是的。

问：你是否看到了詹卡纳先生。

答：是的。

问：你是否还看到其他人？

答：是的。

问：在这些人中，有 FBI 特工吗？

答：我拒绝回答这一问题。

于是，奥斯丁法官问道："为什么？"

约翰逊回答说，"法官大人，我口袋里有一份美国联邦司法部长罗伯特·F·肯尼迪发来的电报，他指令我不得泄露 FBI 档案的任何内容。"

奥斯丁法官说："哦，请稍等一下，暂且打住。莱顿没有问你 FBI 档案的事情。他的问题是，你是否知道影视资料中那些人的身份。"

"我拒绝回答。"他对奥斯丁法官说。

"请稍等一下。"奥斯丁法官说，"就一小会儿。你是否明白，我不是莱顿？你明白我的意思吗？我是法官理查德·B·奥斯丁。我命令你必须回答这一问题。"

"我拒绝回答。"约翰逊说。

奥斯丁法官回应说："好吧！你拒绝回答。我判定你的行为构成了直接藐视法庭罪，科处 500 美元罚款。在你离开本法庭以前，必须全额缴纳这一罚款。"

这下好了，所有的报纸全来了，因为这是一件异乎寻常的事情。我和世界上最伟大的犯罪人一起走进法庭，起诉这些美德的典范人物；而且，这名世界上最伟大的犯罪人获得了法庭签发的针对 FBI 的禁止接触令（Injunctive relief）。不仅如此，FBI 的负责人还被法庭判以直接藐视法庭罪。在本案中，关于约翰逊的询问算不上真正意义上的交叉询问，但是，我们镇静地将他作为敌对证人进行了询问。

20 世纪 50 年代后期，我曾经代理过一位来自密西西比州、名叫罗伯特·李·戈尔兹比的黑人。该案发生于 1957 年或 1958 年劳动节的那个周末。当时，戈尔兹比开车带着他的妻子、母亲和几个孩子从密苏里州的圣路易斯市出发前往密西西比州的韦登地区度假。当天凌晨，他们已经进入韦登的地界；车上的女士们说她们需要去一下洗手间。于是，戈尔兹比驱车下了高速，驶入一家偏僻的乡间加油站。你知道，这时候往往会弄得尘土飞扬。加油站的老板看见一辆挂着密苏里州车牌的汽车开过来，车上坐的全是黑人，于是，他打开收银机，摸出手枪，持枪走了出来。当加油站老板朝戈尔兹比走过来时，戈尔兹比还没有下车。戈尔兹比看见加油站老板持枪走了过来，他也伸手掏出了自己的手枪。于是，一场枪战爆发了。枪战中，加油站老板的妻子被打死。

戈尔兹比被判有罪并被判处死刑。之后，我代表这名黑人向密西西比州牛津地区的联邦法院提出了联邦人身保护令申请，请求驳回死刑判决，理由是该案制度化地排除了黑人担任陪审员的机会。

我就这一事实展开了为期数月的调查。大家都还记得，卡罗尔郡历来是黑人多白人少。尽管在人数上黑人多于白人，但是，在本案中，法院在组成陪审团时却不曾为此传唤过一名黑人。怎么可能这样呢？于是，我请求法庭向韦登地区所有成员都是黑人的几个家庭签发了传票。他们只是黑人选民的一部分，但是，这已经足够了。他们了解这套排除黑人担任陪审员机会的体制。

要想去密西西比州的牛津地区，你通常必须从芝加哥飞到圣路易斯，再由圣路易斯转机到孟菲斯市；然后，在孟菲斯租一辆汽车，开车去牛津地区。在我动身的头一天，我接到了一名美国联邦执法警长（the United States Marshal）的电话，他拖着长腔用带有南方口音的英语告诉我说："莱顿先生，我是密西西比州牛津地区联邦执法警长。"

我说："是，先生。"

"莱顿先生，我只是想告诉你我们不能执行你的传票。"

我问："为什么呢？"

他回答说："莱顿先生，这就是你们这些来自像芝加哥这样的大城市人的问题。你看，如果我强制传唤这些黑人——我认识他们每一个人——他们就得到牛津地区就排除黑人担任陪审员机会这一事实提供于白人不利的证言。如果我真这么做了，等他们回家或准备回家的时候，他们已经无家可回啦！"

我告诉他："警长先生，你的说法非常令人信服。你知道，我完全可以给华盛顿打电话，投诉你拒绝执行依法签发的传票。但是，我并不想这么做，因为我完全理解你所说的那种处境。"

"好吧！"他说："我很高兴你能接受。祝你好运！"然后，他挂断了电话。

第二天，我乘飞机先到圣路易斯，再到孟菲斯，然后租了一辆汽车，赶到了法庭。当时来到法庭的还有卡罗尔郡的警察局局长、卡罗尔郡法院的法官、卡罗尔郡法院的书记员以及法院档案管理员（The Chancery Clerk）——就是这些人排除了黑人担任陪审员的机会。

于是，我面临着一个两难问题。我不知道他们会给出什么样的回答。但是，你又有什么办法呢？他们已经决定当天晚上就要对戈尔兹比执行死刑了。

因此，我镇静地将他们作为敌对证人逐一进行了询问。对于每一个人，我都会问——以法庭书记员为例——"先生，请说出你的姓名以便记录？就传唤卡罗尔郡居民履行陪审员义务而言，你的职责是什么？"

他回答说："哦，我负责向他们签发传票，他们接到传票后会来我这里报到。"

"当他们来报到时，你会怎么处理呢？"我问。

"哦，我会审视一番。"他说："如果他们看上去都不错，我就把他们纳入陪审团名单。"

"好的。"我说："你是否会注意他们的肤色呢？"

"哦，当然。"他说。

"你能辨认出他们的种族吗？"

"是的。"

"你是否曾经将黑人纳入陪审团名单，任何案件都行？"我问。

交叉询问是为了查明事实真相——剔除主询问中不真实、模糊不清、小小的谎言等内容。因此，成功的交叉询问应该能够探查这些内容，迫使证人缴械投降并通过发问让证人说出事实真相。

“哦，没有，没有。”他说。

这些就是他们的回答。他们在回答问题时都很诚实。我传唤该案的主审法官作证——我非常熟悉这位法官，而且，在南部地区，你需要以姓来称呼他——他的名字叫亨利·李·罗杰斯（Henry Lee Rogers）。

他曾经是本案整个司法机器的主导者。因此，我问他：“在传唤黑人担任陪审员方面，你的职责是什么？”

他说，“我负责发送传票并制作陪审员名单。”

我问，“当他们进入法庭时，你会观察他们吗？”

“会的。”

之后，我犯了一个小错误。我问他：“你是否见过有黑鬼担任陪审员的陪审团？”

“我不知道你说的‘黑鬼’是什么意思。”他说。

我说：“好吧，法官，让我们别纠缠技术性问题。”

你知道，罗伯特·李·戈尔兹比是一位皮肤乌黑的黑人。于是，我问，“你看一下我的当事人戈尔兹比先生。”

“看到了。”他说。

“你是否曾经见过某个具有这种肤色的人担任过陪审员？”

“哦，没有。”那位法官回答说。

最终，本案的死刑判决被撤销。这是交叉询问的功劳——对敌对证人的交叉询问赢得了胜利。

很多年以前——比埃克斯贝多案（Escobido v. Illinois）和米兰达案（Miranda v. Arizona）还要早得多——我曾经代理过一个案子。当时，我还是第三届沃尔德常规民主组织（the Third Ward Regular Democratic Organization）的主席。某次组织聚会的第二天晚上，一位身为选区联络官（a precinct captain）的女性找到我。她告诉我说，她的一个侄子从田纳西州的孟菲斯市来芝加哥玩；到芝加哥不久，就被逮捕了；逮捕后，警察对他一顿毒打，迫使他就某起根本不是他实施的杀人案作出了供述。她对我讲，孩子的家人回到孟菲斯后，非常担心他们的孩子，因此，请求她看是否能找人去看看他。她问我是否愿意去看看她的侄子，并告诉我她只有150美元。

我去斯塔特维尔教养中心会见了这位年轻人。回到芝加哥后，我查阅了库克郡刑事法庭书记官的卷宗。我的结论是，这位年轻人跟我说的是真话。于是，我替他递交了一份定罪后的救济申请（a post-conviction petition）。但是，就像那些悲惨的警察暴力案件通常面临的情形一样，遭受警察暴力的被害人没有办法对此加以证明——他们没有目击证人。在此类案件中，通常会有五六名警察，他们会抱成团儿，彼此的证言相互印证，以至于遭受暴力的被害人根本没有胜诉的机会。

但是，我依然递交了救济申请，理由是：他遭到了警察的毒打，而且，警察迫使他在冰冷刺骨的天气里走到警察局窗外的隔板上去。我主张上述事实，但是，我连一个证人也没有。听证会的日子到了，主审的是法官丹尼尔·A·克维利（Daniel A. Covelli）。

我永远也不会忘记那种心痛的感觉：我明知道那位年轻人遭到了毒打，却无法加以证明。但是，就在坐着等待案件开审的时候，我看见负责这起案件的首席探长——该人名叫乔治·史密斯（George Smith）——走了进来，他的臂下夹着一个黄色的档案袋。某些东西告诉我——我不知道究竟是什么东西，但是，已经有过多次类似感觉了——证明我方当事人曾经遭受毒打的证据就在那个袋子里。

当克维利法官叫到我的案件时，我说："法官大人，申请人希望传唤本案的首席探长乔治·史密斯作证。"

于是，史密斯夹着他的档案袋坐到了证人席上。于我，则需要再次面对一名敌对证人。我问他叫什么名字，然后问道："你是否参与了这起杀人案的调查工作？"

他说："是的。"

"你都做了哪些工作？"

他回答说："呃，我询问过一些证人。"

"有多少？"

"哦，有 12 个左右吧。"

"对他们的询问你做记录了吗？"

"哦，当然做了。"他回答说。

"你做了多少份证言笔录？"我问。

"哦，有四五份吧。"

我问："这些证言笔录在哪里呢？"

他回答说："就在这儿。"

我问："能让我看一眼吗？"

"没问题。"

他把那个档案袋递给了我。我打开档案袋，看见有三份证言别着回形针。这些证言的纸原本是黄色，但由于它们在那个档案袋里待了 17 年，现在已经变成了棕色，陈旧不堪，稍动即碎。在短短几分钟时间里，我浏览了一下这些陈述，我几乎不敢相信我的眼睛。

其中，有三个目击证人曾经告诉史密斯和他的部下是谁杀了那个人，以及这个人的杀人动机。被害人是一名白人，他与一位黑人的妻子——他们住在距市区较近的北部地区——共同经营着一家公司。某天，这位黑人回到家里，发现了那位白人，于是，用刀刺死了他。

这三名证人知道那位黑人的姓名、电话号码以及家庭住址。因此，我问史密斯探长："你当时是如何对待这三份陈述的？"

"哦，"他回答说："我把它们保存了起来。"

"你是否让检察官看过这些材料？"我问。

"哦，没有，没有，没有。"史密斯说，"稍等一下，且慢，你说什么？你刚才问的什么？你有这三份陈述——让我看一下。"

于是，我把这些陈述递给了他。克维利对史密斯说，"这三人是否都告诉过你那天案发的具体时间、都有谁在场？你是否把这些材料让检察官看过？"

"哦，没有，没有，没有。"史密斯说。

"我刚才是否听莱顿问过你，你是否从坐在那个位置上的人那里获得过他的供述？"

"是的，我获得过他的供述。"史密斯回答说。

克维利问，“你一方面保存了三份证言，同时又去获取那个人的供述?”

这时候大概是上午十点半。等到下午四点的时候，我的当事人已经被无罪释放了。

有时候，证人会说出一些出乎意料的内容，此时，即使是最伟大的交叉询问者也不得不当场重新调整询问的思路。我就碰到过这样的事情：事情发生在位于芝加哥市的联邦法院大楼里，询问人是前联邦检察官（a former United States Attorney）——芝加哥市最伟大的出庭律师之一。与其他律师一起，我和这位伟大的出庭律师并肩为几位被指控为某犯罪组织成员的先生们进行辩护。控方将伦尼·帕特里克——该人是一名杀人犯，而且，曾经实施过各种违法行为——作为他们的污点证人之一。我们这些辩护律师一致同意，由这位曾为美国检察官的律师对伦尼·帕特里克进行交叉询问。他是一位极其老练的交叉询问者，我们都信赖他能行。

因此，我们都坐在那里，等待着这场与伦尼·帕特里克的巅峰对决。终于轮到辩方交叉询问了，我们的前联邦检察官从辩护席上站起来，走到发言席，准备开始介绍自己。

这时候，帕特里克说道：“我认识你，我认识你！你曾经做过我的律师，就是因为你我被判了 14 年监禁刑！我认识你。对了，我的辩护人原本是位女律师，因为她有病，你才代替她出庭的。”

我们的出庭律师惊呆了，他回答说，“不对，帕特里克先生。你一定弄错了。”

“没有，我没有弄错。”帕特里克回应说，“我见过你……”

我后来想，如果这种事情发生在我身上，我宁愿钻到桌子底下去。我一直认为，这是帕特里克为了将我方的交叉询问者驱逐出局而精心演练出来的骗局，而且，这一骗局也的确达到了预期的目的。在该案中，所有的被告人都被判有罪。经历了几个月的庭审之后，陪审团几乎没有用多少时间就得出了结论。

你永远不知道接下来会发生什么事情。当然，交叉询问取决于律师个人。有时候，你需要倒向证人；有时候，你又需要让证人服从于你。

交叉询问是为了查明事实真相——剔除主询问中不真实、模糊不清、小小的谎言等内容。因此，成功的交叉询问应该能够探查这些内容，迫使证人缴械投降并通过发问让证人说出事实真相。一些律师精于此道。坐在证人席上，证人几乎会坦白说：我说的是谎言。这种“坦白”可能并不直接。它可能表现为因有罪而短暂地停顿、目光下视或者紧张地肌肉抽动。无论具体方式如何，它都会告诉人们：“我在撒谎。”因此，你必须有一个敏锐、机警的头脑，能够善于运用语言。同时，你还必须学会相信你的直觉。

第11章

要知道适可而止

小詹姆士·S·蒙大拿
(James S. Montana, Jr.)

吉姆·蒙大拿（Jim Montana）的职业生涯始于成为华尔街某大型律所的成员。作为芝加哥资深出庭律师的儿子，他很快选择了回到家乡继承父业，并迅速在当地法院具有一定的名气。他曾任联邦检察官、伊利诺伊司法辖区联邦行政法院（the Illinois Court of Claims）的首席大法官、前州长吉姆·埃德加的法律顾问。他善于处理联邦刑事案件、准行政管理诉讼（parallel regulatory proceedings）以及民事案件。他毕业于西北大学法学院，现为维德·普瑞斯律所（the Vedder Price firm）的合伙人之一。

交叉询问是一个强有力的工具。就是因为它太强有力了，有时候交叉询问人也会被它冲昏头脑，问出一个画蛇添足的问题。此时，如果你不能通过弹劾或其他方式给证人的回答迎头一击，这种情形将会变成致命打击。

这种情形发生于以下场合：某个证人对你的当事人具有极大的威胁，然而，主询问结束时，你却以为，这个证人不会对我们造成太大的伤害。如果你还认为，好的，让我精益求精，再问几个交叉询问问题吧！那就危险了。之后，在交叉询问中，证人给出了一个出乎意料的回答——这一回答极具杀伤力，你却无法予以回击。

有时候，这种情形可能会显得比较幽默。

芝加哥司法辖区联邦地方法院审理的卡利恩多案（United States v. Caliendo，et al.）就是一个真实的例子。

起诉书指控数名被告人因利用跨州交易手段实施卖淫行为而触犯了“有关诈骗与腐败行为的有组织犯罪法”[①]（RICO violations）。起诉书指控说，以康体会所为名，被告人事实上经营的却是一家卖淫场所，而且为了方便交易，允许以信用卡方式付账——这是一种跨州交易手段。被告方的辩解是——就像你能够猜得的那样——他们的康体会所真的只提供康体服务；事实上，他们明令禁止那些会员和雇员进行性交易。

该案的主要争点之一在于，在那家“康体会所”里是否存在卖淫活动。控方传唤了大量客户和雇员到庭，就其在“康体SPA”中的行为向陪审团作证，因此，这原本不是太大的问题。不过，无论怎么说，控方必须对此加以证明才行。

其中，控方的证人之一——我把他称为罗伯特先生——在毗邻该康体会所的成人书店工作。这家书店由我的当事人负责经营，罗伯特先生是为我的当事人工作的。在主询问中，罗伯特先生作证说，在过去很长一段时间里，他“相当经常”地出入那家康体会所；但是，他并没有作证说，他曾经在那家康体会所看见过任何性交行为或卖淫活动。

真的令人惊诧不已！我心里想。他难道是个瞎子！对于他的证言，我颇为满意并决定无须再对他进行交叉询问。

但是，为另外一名共同被告——他曾经在该书店工作过——进行辩护的律师，却认为不能轻易放过这位证人。以下是接下来的交叉询问内容：

问：就西部康体会所内发生的事情，你刚才说了你的所见所闻。你有时候会离开书店到西部康体会所的场馆来，是这样吗？

答：是的。

问：在你来西部康体会所场馆的那些时间里，你没有看见过任何具体情节，是不是这样呢？

检察官：反对。我的理由……噢，撤回反对，法官大人。

---

① 有关诈骗与腐败行为的有组织犯罪法（通常称为RICO法案或RICO）是一部美国联邦法律——针对不断发展壮大的犯罪组织成员实施的犯罪行为，该法规定了更为严厉的刑事处罚和民事诉讼救济。RICO规定于1970年《有组织犯罪控制法》第901节（a）（Pub. L. 91-452，84 Stat. 922，1970年10月15日颁布）。RICO作为第96章编入《美国法典》第18卷（18 U.S.C. § 1961 - 1968）。尽管该法旨在用于针对黑手党以及其他积极参与有组织犯罪之人的起诉活动，但它的适用范围现在已经变得更加广泛。

答：我曾经看见一个赤身裸体的男人，脖子上拴着一条牵狗用的皮绳。这算得上具体情节吗？

法官：这当然是相当具体的情节啦！

主审法官说完那句话后，弯下腰，将脸藏在法官席位下，以免整个法庭都能清楚地看到他脸上的笑容。

尽管法庭笔录没有记录，但是，主审法官、陪审团、检察官、辩护律师、共同被告人以及旁听们的笑声持续了好几分钟。主审法官说完那句话后，弯下腰，将脸藏在法官席位下，以免整个法庭都能清楚地看到他脸上的笑容。

值得注意的是，检察官最初提出了异议，不过很快就撤回了他的异议。我不清楚他当时是怎么想的。如果这是设计的圈套，他的第一反应该不会是提出异议。我想，他和我们一样，被证人的回答惊呆了。

我们无法借助先前的不一致陈述对证人进行弹劾，以期挽回败局。因为，对此根本不存在证人的先前陈述。

如果没有就这一问题进行交叉询问，在总结陈词的时候，我们可以令人信服地向陪审团指出，一个经常出入该康体会所的证人曾经作证说，他从来没有看见过性行为的迹象。但是，现在，由于交叉询问人不愿放过这位证人，致使一个栩栩如生且令人难忘的场景——一个脖子上拴着牵狗用的皮绳的裸体男人——牢牢地印在了陪审员的脑海里。

当你对此进行反思时，你会发现，其实他的问题本身——尽管他显得很小心谨慎——就非常糟糕："你没有看见过任何具体情节？"这一问题会让证人搜肠刮肚地想，是否有哪些具体场景可以说出来与陪审团分享。

当他突然想起一个脖子上拴着牵狗用的皮绳的裸体男人这一"具体"场景时，他马上给出了答案。甚至这么问"你从来没有看见过性交行为吗？"都会稳妥得多，因为，至少不会轻易允许证人向陪审团说出他记忆中那些捉摸不定的、令人难以下咽的场景。

这是一个引人发笑的例子——至少我们当时是这么认为的。但是，这也是一个关于画蛇添足问题将会招致何种危害的极好例证。如果你不小心，那个脖子上拴着牵狗用的皮绳的裸体男人也会让你哑口无言？

第12章

证人心理学

马克·W·马丁
(Marc W. Martin)

马克·W·马丁的父亲是著名律师比尔·马丁（Bill Martin），因此，在很小的时候他就开始接触司法制度了。念大学期间，他通过在位于加利福尼亚州 26 街的刑事法院大楼里当法庭书记官，亲自体验了司法制度的运行方式。他以麦格纳优秀毕业生的身份从洛约拉大学芝加哥法学院（Loyola University Chicago School of Law）毕业后，成为芝加哥刑辩协会一颗冉冉升起的新星。目前，他是一位个人独立执业的律师，主要办理联邦或州法院系统的初审案件和上诉案件。

作为律师，我们从事的绝大多数工作并不难。但是，交叉询问就截然不同了。就此而言，针对玛撒·斯图尔特的庭审是一个好的例证。

梅里尔·林奇的前经纪人彼得·贝克诺维奇的律师团队，用了星期四整整一天的时间来试图质疑控方主要证人所做的不利于贝克诺维奇与玛撒·斯图尔特的证言。但是，尽管有无数方法可以让这位名叫道格拉斯·法纳尔的证人陷入自相矛盾或公然撒谎的陷阱，但是，内科诺维奇的律师团队却不得不更多地思考，如何才能让那些有关斯图尔特的尴尬故事曝光。①

贝克诺维奇的律师毫无疑问都是经验丰富的老手儿。但是，他们竟然没有对斯图尔特的那位证人实施漂亮一击，只能说明一点：交叉询问可能是我们律师工作中最困难的部分。尽管进行有效交叉询问的基础工作可以在办公室里完成，但是，一般而言，交叉询问之所以难就难在律师无法就意料之外的情形提前做好准备。即使你在开庭之前已经询问过证人并且知道他或她在证人席上会怎么讲，但是，证人回答提问时的具体内容、证人的言行举止、证人与事实裁判者进行交流的能力，诸如此类的因素都是无法完全事先操控的。但是，在真正成功的交叉询问中，律师必须对每一个证人进行个别评估，考察他或她的背景、动机、与其他诉讼参与人的关系。我将这一工作称为“证人的心理学”。

通常法学院的学生和律师都会被教导进行交叉询问所使用的某些“规则”。例如，不要问你自己都不知道答案的问题；要通过问诱导性问题，使律师而不是证人成为真正意义上的证言提供者。尽管我会从这些教诲中受益良多，但是，这些所谓的规则就是用来违反的。

例如，20 世纪 90 年初期，芝加哥司法辖区的联邦法院曾经审理过一个案件系列——这些案件肇因于一次名为“盖姆贝特行动”（Operation GAMBAT）的政府调查活动。控方的主要线人——罗伯特·库尔利——是一名奢赌的律师，因此，奢赌律师成了此次行动的标志。库尔利在多起庭审中出庭作证。而且，在一个接一个案件中，库尔利让那些对他进行交叉询问的律师束手无策。

但是，在针对芝加哥前市政议员的审判中——他受到的指控是组织了一起州法院审理的杀人案件——托马斯·布林进行的交叉询问可谓这一现象的例外。经过此前多次被告人最终被判有罪的庭审的历练，库尔利在证人席上显得颇为自信，并时刻准备着回答律师所提出的问题。

作为辩方的第一个问题，布林问道：“库尔利先生，你当初为什么要选择做一名律师呢?”

分析起来，这一问题违反了交叉询问的多项规则：这是一个开放性问题、非诱导性问题；结果，这让库尔利信口雌黄地宣称他之所以选择律师其实是为了“真理、正义观和美国道路”。

不过，这一问题却让库尔利措手不及，因为该问题并不属于“你只不过是一只坏老鼠”风格的问题。库尔利的脸涨得通红，沉默了 30 秒左右——对他来说，这是相当长的一段时间。然后，他含糊不清地进行了回答。布林接下来的交叉询问沿袭了类似的风格。布林的问题都不是很凌厉，相反，他

① See Greg Farrell, *Case Reveals Embarrassing Stewart Stories*, USA Today, Money, P. 1 (February 6, 2004).

的问题都很宽松，而且往往是开放性问题。库尔利东拉西扯地进行了回答，从而让陪审团看到了库尔利的本来面目。

确立对证人的主导权意味着你必须力争形成一种询问的节奏。这是一件需要技巧的工作。形成询问的节奏会让你拥有“试一把”的机会。

最终，陪审团就有关前市政议员组织杀人案件的指控作出了无罪判决——该项指控与库尔利的证言密切相关——因此，与因严重贿赂犯罪被判有罪相比，这位前市政议员只在监狱里待了相当短的时间。

我们经常听到的另外一项“规则”是：不要问你自己都不知道答案的问题。但是，如果你不能进行证据开示或证据开示极不充分，同时证人又拒绝与你或你方调查员进行交谈，又该如何处理呢？在联邦刑事案件审判中，经常会遇到这样的情形。

对于埃德·珍森而言——他是商事案件领域最出色的交叉询问律师之一——即便没有进行证据开示或者证据开示极不充分，他依然会对证人进行详细的交叉询问。显然易见，由于缺乏证据开示，律师不得不就他本人都不知道答案的问题进行提问。

但是，珍森会连续用数小时去规划他的交叉询问。他会预测证人可能给出的各种答案，然后，针对每一种答案他会设计出一套交叉询问的脉络。因此，如果证人的回答是A，珍森就会沿着A方案进行询问；如果证人的回答是B，那么，珍森也会转向B方案进行提问。他会提前列好各种潜在的询问主题，而不是准备提问的具体问题。证人的回答几乎从不会超出珍森的预测。

为了能够在交叉询问中高人一筹，你可以与证人进行换位思考，并问问自己以下几个问题：证人是否具有出庭作证的经验？证人是否受过教育？证人是否会紧张？证人是否招陪审员喜欢？在明确证人的思考方式之后，必须设计一套应对思路。证人通常会采取某种立场：提供有利或不利于某方当事人的证言。或许，证人原来是被告人的朋友。此时，你或许应当考虑，先从有利于本方当事人的某些情节开始交叉询问，并避免与证人发生争执。通过一些不具对抗性的问题，让证人放松下来，不再对你心怀敌意。他或许会赞同你的某一观点，这时候，你或许能够让证人保持这种态势并慢慢转向重要的问题。

在我处理的一起联邦案件里，就发生过这样的事情。被告人与证人曾经是好朋友，我能感觉到，证人依然对我的当事人心存一定的敬意。在整个交叉询问过程中，我极力诉诸这些情感，并不显山露水地让该证人相信，我的当事人真的没有实施过邮件欺诈行为。最终，该证人给出了我所需要的答案——这是就邮件欺诈指控作出无罪裁判所必需的回答。证人之所以这么做，我相信是因为我在交叉询问中始终没有贬损过他。

但是，上述策略并不适用于所有证人。你偶尔也会遇到一些难以驾驭的证人。潘兹寇兄弟，即珀普斯和皮纳茨，是芝加哥市带有传奇色彩的盗贼。皮纳茨曾经作为控方的证人提供不利于被告人的证言——被告人是一群被指控企图在夜间盗窃赛马场的人。皮纳茨一一击败了那些对他进行交叉询问的律师。事实上，这位潘兹寇兄弟还让陪审团对某些情节笑个不停，其中包括复活节抢劫一名天主教神学院院长的事实。

轮到特瑞·吉里斯皮交叉询问了。只见他走近这位潘兹寇兄弟，用手指着对方大声指责起来。吉里斯皮对这位潘兹寇兄弟咆哮道：“你觉得抢劫一位神学院院长好玩儿吗？你觉得将一名牧师捆起来对修女们实施威胁好玩儿吗？在复活节实施这样的行为，难道你不感到恶心吗？”

本案的关键在于吉里斯皮确立了对于这名难以驾驭的证人的主导权；陪审团最终对我方当事人作出了无罪裁决。

确立对证人的主导权意味着你必须力争形成一种询问的节奏。这是一件需要技巧的工作。一方面，你不希望把问题说得太快，以免陪审员跟不上；另一方面，你也不希望给证人思考的时间，以免证人给出有损你方当事人的回答。形成询问的节奏会让你拥有“试一把”的机会。也就是说，问一个重要的问题，但对此你并没有先前陈述可以防止证人乱说。在交叉询问过程中，你自己知道你能否问这样的问题。

你必须对当时的氛围作出正确的判断——证人赞同你的观点；你已经牢牢确立了对证人的主导权，以至于你的感觉告诉你，证人不会主动给出有害你方的答案。作出这种判断的能力只能通过经验获得。

我曾经办理过这样一个案件：在该案中，一名秘密侦查员通过精心设置的骗局（a sting operation）[①] 抓住了我的当事人。在针对该秘密侦查员的交叉询问中，我慢慢形成了自己的询问节奏，并据此可以预测到证人的某些反应。最后，我问这位秘密侦查员，这是不是他给我的当事人设的“套”（a “shell game”）。不管你是否相信，他的回答是“是的”。最后，陪审团很快就作出了无罪判决。

进行此类冒险并非总能奏效。在另外一起案件里，我事先对证人进行了询问，而且相信他会提供我所希望的答案。但是，在审判中，情形发生了180度大逆转。这位证人出乎意料地给出了一些有损我方当事人的回答。我的交叉询问开始受到了重挫，而且我不敢相信我的表现还能正常。但是，陪审团最终判决我的当事人无罪。事后，我了解到，陪审团认为，这名证人是一个“狡猾的家伙”。如果我当时拥有更丰富经验，那么，在交叉询问过程中我就会意识到这一点。

作为最后一项建议，我听说一些年轻律师会亲临法庭观摩资深律师的交叉询问，其中一些刚刚从业的律师会选择一位资深律师并试图模仿这个律师的风格。这是一种错误的做法。在交叉询问时，你必须有你自己的风格。不要试图模仿其他律师。陪审员能感觉到，你是在尽力而为还是在东施效颦。不要装出一副了不起的样子，相反要学会与证人进行换位思考——理解并利用证人心理学——这将会让你的交叉询问取得极大的成功。

---

① A sting operation is defined as “a complicated confidence game planned and executed with great care (especially an operation implemented by undercover agents to apprehend criminals)” Stings are commonly used throughout the world by law enforcement and recently it has become very popular with news and media organizations including trashy tabloids as ways of getting sensational headlines. One of the big concerns surrounding these operations is whether or not they constitute entrapment.

第13章

交叉询问与陪审团的自我

彼得·C·约翰
(Peter C. John)

彼得·约翰（Peter John）是威廉姆斯、蒙哥马利与约翰联合律师事务所（the trial firm of Williams，Montgomery & John ）的合伙人之一。他曾就读于维拉诺瓦大学法学院并获法学学位。他曾经在多个富有声望的律师组织里担任领导职务，如国际出庭律师学会（the International Academy of Trial Lawyers）的主席。在过去近四十年时间里，他代理过全国各地的案件。他的执业范围主要集中于商事纠纷、产品责任案件以及律师执业不当的案件。他以严肃但和蔼可亲的法庭风格而闻名。他精于高尔夫差点（golf Handicap）计算，这证明“出庭律师除了庭审一无所长”的规则也存在例外。

多年以来，一个更为宽泛的概念塑造了我的交叉询问方法：我将它叫做“陪审团的自我”（Jury ego）。陪审团的自我与“律师的自我”的明显区别在于：在审判中，律师不需要得出最后的结论。律师的自我有时候甚至会对适当的说服活动造成妨碍。作为辩护人，我们慢慢变得自信，相信我们懂得什么是可以彻底说服陪审团的最好的询问、最好的论证。于是，我们告诉陪审团如何以我们的具体方式裁判案件及其裁判案件的原因。

我知道，在许多案件中，这种方法可能是一种错误。这一认识的核心成分形成于多年以前——案件判决后，通过与陪审员进行交谈，我逐渐认识到，陪审团的主要裁判活动往往不取决于我自认为非常好、非常具有说服力的那些交叉询问或论证理由。我逐渐认识到，法官和律师花了大量时间旨在让陪审员明白：得出结论是他们的职责；我们只不过是为他们得出结论而提供证据和论证理由的中转站。这就是陪审团的自我发挥作用的地方。在某些情形下，你越强有力地争辩某一立场，陪审团在主要裁判活动中使用这一立场的可能性就越小，因为他们的“陪审团的自我”要求他们根据他们自己关于证据的评价——而不是你的——找到相应的答案。我的解释是，陪审团之所以会这么做是因为，这是他们的结论，他们希望该结论是他们自己的结论，而不是简单地重复律师的论证理由。

在交叉询问过程中，牢记“引导但不提供现成答案”这一规则尤其重要。

让我用一些例子来说明我对陪审团的自我的理解。我曾经为一名被指控执业不当的律师进行辩护——原告方声称，因为该律师怠于提起人身伤害诉讼，致使她丧失了诉权。在庭审中，主要的争点在于：原告方是否具有适格能力，以及丧失诉权之前她是否具有提起诉讼的意愿。其中，有一项证据是该律师收到的一封信函。这封信是打印出来的，签有原告的名字，但是，事实上，这封信的签名是由原告方的儿子代签的。在该案交叉询问以及随后的法庭辩论过程中，我从未想过要争辩以下问题：如果原告本人能够自己签名——在本案庭审中，她声称自己可以——那么，他的儿子为什么还要替她在那封信上签字。

在该案中，我的辩护思路是，在那位母亲（即本案原告方）不知情的情况下——这位母亲当时也并不想继续提起诉讼——他儿子故意陷害我代理的律师。我陈述了我所能想到的所有论证理由，并告诉陪审团如何才能得出被告人不负法律责任的裁决。我们最终赢得了诉讼。当时我满怀自信，以为他们就是根据我精彩的论证作出这一裁决的。但是，通过与陪审团进行交谈，他们告诉我他们有两个理由。

其中，就第一个理由而言，我还算有些功劳，但是，至于第二个理由，我甚至根本没有想到。对于第一个理由，他们的基本解释是：“你为什么要对那位女士那么好，她就是一个骗子？”这一观念，我把它叫做“引导但不提供现成答案”（“Lead but don’t feed”）；至于第二个理由，陪审团的回答是：“如果她连自己的名字都不会写，她又怎么能说自己具有适格能力呢？”对于这一理由，我想都没想过。

受此影响，多年以来，我一直觉得，处理案件的最好方法是“引导但不提供现成答案”。几年后，这一认识开始变得更加明确：我被遴选为陪审员，全神贯注地坐着听了 5 天的庭审。当我们开始进行评议时，其他 11 名陪审员试图推选我担任陪审团团长。我对他们讲，我负有评议的职责，但是，如果他们愿意选举其他人担任陪审团团长，从而让我可以继续参与他们的评议，那么，我将感激不尽。他们同意了。

在评议过程中，有两件事情变得一清二楚。一是，陪审员会在律师的论证理由之外，尽力为他们的立场寻找自己的理论根据。二是，在为期 5 天的庭审过程中，双方律师都失去了他们自己的个性。这属于多余的证据，反而产生了副作用。

在交叉询问过程中，牢记“引导但不提供现成答案”这一规则尤其重要。我曾经就某专家证人的动机及其证言的内容对他进行交叉询问，目的是表明他缺乏专家证人应有的独立性。以下是这一交叉询问的部分内容：

问：你是否记得，1991 年，当谈到作为一名诉讼案件的职业证人时，你曾经对我们说，案件耗费了你 80%到 85%的时间？

答：不对，我……耗费时间的比例要低一些。有助于提高收入的时间比例才是 80%到 85%。

问：好吧！“有助于提高收入的时间”是多少？

答：80%到 85%。

问：好的。总钱数是多少？

答：总钱数？

问：是的。

答：我忘了我在附誓陈述里说的是多少，不过，在附近地区，应该是 20 万美元。

问：好吧。你曾经告诉我们说，你总共获得了 30 万美元的报酬。因此，就本案而言，80%到 85%应该是 25 万美元。

答：是的，先生。

问：作为这一活动的组成部分，在过去这些年里，你还在法律出版物上刊登过不少广告，是不是？

答：是的，先生。

问：事实上，在检查我们律师事务所芝加哥办公室的档案时，我发现了两份你寄给我的两位同事的招揽案件函。你从来没有为我们律所服务过，是不是先生？

答：没有，从来没有。

问：好的。我接受这一说法，此外，你是不是还通过招揽案件函的方式直接向其他律师兜售你的服务？被告方 20 号物证就是这样一份招揽案件函，该信函注明的时间是 1987 年 5 月 19 日。

答：是的。

问：令我感兴趣的是第一份信函，即被告方的 14 号物证。你是否愿意再看一眼？这是一本 1985 年 2 月出版的名叫“审判”的出版物。其中的广告页说，你能够就许多领域的内容提供专家证言，包括疏于给予警示、营养学等。广告页还说，“随时提供以下服务：询问前的准备”。“询问前的准备”是什么意思？

答：为律师起草询问对方的问题。

问：这么说，在案件准备过程中，通过帮助律师起草针对相对一方的询问问题，你将成为律师团队的一员？

答：是的，我负责告诉律师需要哪些材料，或者可以问什么样的问题。

问：好吧。你还提到了附誓陈述。在律师准备附誓陈述时，可能需要其他人和他一起完成审前的准备工作，你是不是也会提供帮助呢？

答：这不是我的常规工作。广告页是这么写的，在“询问前的准备”后面还有一句话：“就你的案件进行文献检索和报告评估。附誓陈述与法庭经验。”这句话的意思是，我曾经提供过附誓陈述，并且具有出庭作证的经验。

问：好的。在律师为即将开庭的案件准备附誓陈述时——就像我这样——你是否会帮助律师准备附誓陈述并协助他进行审查呢？

答：是的，我会。

相关的交叉询问还有很多，但是，你已经注意到，我从来不问他是否作为职业证人充当庭审律师团队的一员——这直接影响到他作为专家证人的独立性。这就是“引导但不提供现成答案。”

这就是陪审团自我发挥作用的地方。在某些情形下，你越强有力地争辩某一立场，陪审团在主要裁判活动中使用这一立场的可能性就越小，因为他们的“陪审团自我”要求他们根据他们自己关于证据的评价——而不是你的——找到相应的答案。

在另外一起案件中，原告方是一位眼科医师，他声称因为使用一种类固醇鼻腔喷剂致使他患上了白内障。对于他的指控，存在许多交叉询问的绝佳机会。首先是以下事实，即在做完白内障手术后一年时间里，作为一名眼科医师，通过给那些具有医疗保险的病人治病，他就赚了 90 万美元。其次，他曾经一次给自己开了三十多种药，其中某些药物与他的白内障疾病存在着潜在的因果联系。再次，使用类固醇鼻腔喷剂之前的检查结果表明，他的眼底当时已经出现了放线菌块。

放线菌块是白内障的前兆，但是，对方的专家证人在查阅医疗记录时却忽略了这一点。因此，我必须决定如何运用上述问题以及可能产生什么样的效果。根据“引导但不提供现成答案”的方法，你当然可以“三管齐下”，但是，后两项质疑显然更为重要。在庭前排除动议中，第二项质疑获准通过：在交叉询问中，该医师给自己诊断开药的事实只能用于说明以下问题：用了多少种药物、这些药是他自己开的处方、这些药的不良影响以及潜在的不利后果。我没有把交叉询问的焦点放在这些药物与白内障是否存在着潜在的因果联系上。我们想让陪审团根据这些事实自己得出这样的结论。此外，在交叉询问中，我并没有试图把上述内容整合在一起，而是想让陪审团根据该医师自己给自己看病开药的事实体会原告方是什么样的人。

当然，放线菌块是交叉询问中最重要的内容，因为它与白内障存在着因果关系，而且表明，在他年轻的时候就患有白内障，而不是中年后才得的。于是，在交叉询问中，我们借助医学文献结论性地证明，放线菌块是白内障的前兆。但是，我们将以下判断留给了陪审团，以便他们可以根据陪审团的自我得出这样的结论：在原告方使用类固醇喷剂之前，他就已经快有白内障了。

几年前，我曾经对某公司的法律总顾问就他拒绝承认曾经予以授权的某些行为进行交叉询问。我记录了他在法庭审理中所采取的不同立场。在交叉询问中，我们指出证言中前后不一的地方，听取他对这些变化的解释。但是，我咬住自己的嘴唇，最终也没有问：“究竟之前的话是谎言，还是现在的话是谎言？”

实在控制不住了，于是，我转过身问道：“对不起，先生，你刚才说的什么？”他回答说：“没什么。”

因此，根据我的“陪审团的自我”理论和“引导但不提供现成答案”规则，我试图体会并将这些理念应用于交叉询问之中。

在准备交叉询问时，弄清楚你希望避免证人的哪些言行，和你想从证人那里得到什么同等重要。我总是尽力将我希望避免的证人言行都写下来，列一个详细的单子，以保证在交叉询问过程中，当你走神的时候，也一直能够记得这些事情。以下是我列出的一般规则：

● 只选择一个点，即那个对于案件的构成要件具有真正影响的那个点。在一些小问题上展开冗长的交叉询问会让陪审团感到厌烦，并会削弱你交叉询问的力量。

● 在交叉询问中，不要将所有的不利证人都当作谎言提供者或伪证者。陪审团不会相信仅仅因为他们的证言对你方不利，就都是在撒谎。

● 如果在交叉询问中你有十个得分点，那么，为了取得最好效果，请分出轻重缓急，只用其中的前五个。

● 不要反复问你的问题，以免证人回过神儿来，给你一个最终的解释。

● 除非不管证人怎么回答都于本方有利，否则请不要问开放性问题。

● 通过发问，控制证人的证言，而不是证人的答案；对专家证人尤其如此。

● 除非你真诚地相信证言是假的或者确实受到了意外打击，否则请不要因为主询问而改变自己的个性特征。陪审团对于虚假的反应一目了然。

● 除非偏离本方的主旨可以直接削弱对方，否则请不要这么做，而且，即便需要如此也要在你已经把本方主旨问彻底后再做。

● 留一个有影响的问题放在交叉询问快要结束的时候，以便在结束前可以掀起一个高潮。

● 不要向陪审团提供现成的答案，只需引导他们得出某种结论就够了。

这些都是一般规则，因此，必然存在着例外。请留心这些例外。

第14章

合理安排你的询问顺序[①]

帕特里克·A·图特
(Patrick A. Tuite)

帕特·图特（Pat Tuite）成为芝加哥为数不多的顶尖刑事辩护律师已经很多年了。他毕业于伊利诺伊大学法学院（the University of Illinois College of Law），曾任检察官、库克郡州检察官办公室刑事部负责人。他的绝大部分执业生涯是在一些由庭审律师组成的小律师事务所里度过的。1994年，他加盟阿恩斯坦与利昂联合律师事务所（Arnstein & Lehr）——这是一家秩序井然、规模适中的综合性律师事务所。现今，在该所的等待大厅里，既有公司客户，也有不少受到刑事指控的政客、商人和普通大众——后者由帕特负责。在过去35年里，芝加哥市重要刑事案件的主要人物几乎都是由他进行辩护的。

---

① 编者按：本章内容最初发表于罗伯托·阿伦主编的《弹劾证人：交叉询问者的艺术》（*Impeachment of Witness: The Cross-Examiner's Art*, edited by Roterto Aron），收入本书时已征得托马斯·西部图书公司的许可，且未作实质性修改。

许多交叉询问的失败，或者说，没有取得他们原本应当取得的良好效果都归咎于交叉询问人缺乏选择时机的意识。颇为常见的情形是：律师本想快速制服对手，却因为没有给陪审团留有吸收、理解的时机而模糊了自己的主要问题，并因此陷入困顿。而有些时候，律师们会忘记以下事实：在安排交叉询问的问题顺序时，如果能将主要问题安排得靠前一点儿——尽管它与被安排在后面的问题截然不同——将会产生一种持续的影响效应，从而让那些安排在后面的问题变得更加有力。耐心、体察入微、抓住时机、合理安排顺序、通盘考虑并组织好安排在前面的问题以获取最大效果——一些律师将此称为“安排好你的桌子”。

在我自己的执业生涯中，与此相关的例证之一是在劳里案中（United States v. Laurie）对控方关键证人的交叉询问。在格里劳德行动中（Operation Greylord），FBI 的秘密侦查员装扮成腐败的律师，以影响联邦巡回法院（该法院坐落于芝加哥库克郡）正在办理的轻罪案件和交通案件为名，向各相关人员行贿。其中，有一位名叫特瑞·黑克的秘密侦查员，他身藏录音设备，给法院系统的许多公职人员送钱并请他们去影响法官，之后，他会找这些法官交谈以确定这些法官是否收了钱。

在特瑞·黑克试图接近并贿赂的法官中，有一位法官名叫约翰·劳里——他是芝加哥法院系统的一位年轻陪席法官。对此，他们策划的场景是：让一名 FBI 的秘密侦查员进入商店行窃并故意让人抓住他。被抓捕后，警察将会把他作为犯罪嫌疑人进行登记；此后，根据法院系统的规定，根据其犯罪类型，这起案件将指派给特定的法庭进行审理。进行犯罪登记后，他将“雇佣”另外一名秘密侦查员——即黑克——作为他的辩护律师。之后，黑克将会试图接近与该法院系统相关的司法行政长官、法警、警察、书记官，以及其他相关人员，向他们行贿并请他们帮忙向负责处理本案的法官说情。在涉及约翰·劳里法官的案件中，黑克试图接近的人员包括芝加哥警察局一位叫做约瑟夫·塔阮欧警官。黑克身藏录音机给了塔阮欧一些钱，并请他帮助在一起关于商店盗窃案中——也就是那起某秘密侦查员伪装小偷并身藏偷来的东西准备离开马歇尔·费尔德百货商店时被抓获的案件——游说劳里法官。案件移交审判后，黑克来到法官办公室单方会见了劳里法官。法庭上播放了当时的谈话录音。黑克作证说，他问劳里，如果本案由其审理，他是否可以得到一份无罪判决。据说，劳里当时的回答是“没问题”（Sure）。这一证言将会成为极具杀伤力的证言，因为该证言意味着，劳里法官在没有听取证据之前，就保证说本案将作无罪判决。

我们的辩论要点是，劳里法官当时的回答是“审一审，我们就知道了”（Put the case on. We'll see.）。这表明，在听取证据之前他并没有形成预断，而且，这也是一个没有受贿的法官所能给出的合理回应。在他们进行谈话当时，黑克用录音机进行了录音；而且，在离开法庭之后，黑克立即制作了一份报告（即 FBI 第 302 号报告），扼要整理了他与劳里法官之间的谈话内容。但是，在黑克制作这份报告时，他还没有来得及听磁带的录音内容，或者说，他甚至不知道录音机是否运转正常。在报告里，他写道：他曾经问劳里法官，他是否会得到一个无罪的判决；对此，劳里法官回答说，他会知道结果的（he would see）——这一说法与辩方的立场完全一致。同时，FBI 的一名书记官根据磁带整理了一份文字稿。这份关于劳里法官和黑克谈话内容的文字稿记述的谈话内容如下：

黑克：我会获得无罪判决吗？（Will I get an NG?）

劳里：我们会知道结果的。（We'll see.）

录音文字稿整理出来以后，黑克听了一遍磁带，并将磁带与录音文字稿进行了对比，然后又制作了一份 FBI 第 302 号报告。在报告里，他承认那份录音文字稿准确地反映了磁带的录音内容。

早在开庭日前夜——此时，距那次谈话已经有三年时间——黑克就宣称，他听过当时谈话的原始录音，就他是否会得到一份无罪判决这一问题，他听到劳里法官回答说“没问题”（Sure）。就像我曾经说过的那样，这一证言显然具有极强的杀伤力，但是，这种说法与黑克最初的报告以及黑克关于那份原始录音文字稿——该文字稿所用的文字是“我们会知道结果的（We'll see.）”的最初证明相互矛盾。

在针对劳里法官的审判过程中，当庭播放那份录音磁带时，有关劳里法官回答的那一段至关重要的内容，竟然听不清楚。在庭审之前，我们曾经在我们的办公室播放过数百次，而且，在陪审团不在场的情况下，法庭也曾经播放过至少 10 次之多；然而，在庭审过程中，竟然听不清劳里法官当时是怎么回答的了。于是，这成了一个至关重要的问题。以下是我对特瑞·黑克进行交叉询问的部分法庭记录，交叉询问是为了弹劾他改变了自己的证言。

我们首先试图证明，在这些人为设计的案件中，为了获得无罪判决，在州法院的审判过程中，黑克不仅自己会撒谎，而且会让他依法宣誓的“当事人”也撒谎。由于他不会不愿意作伪证，于是，我们假设说，他将会愿意对他的回答进行解释以说明他并没有提供伪证——因为他是为控方工作的，从违法的证言中他根本无利可图。

问：黑克先生，你将不说实话的人叫做什么呢？

答：说谎者。

问：那么，你又将宣誓后不说实话的人叫做什么呢？

答：伪证者。

问：作为一名律师，你知道什么是教唆伪证吗？

答：是的，我知道。

问：教唆伪证就是授意某人在宣誓后撒谎，不是这样吗？

答：是的，或者暗示对方撒谎之类的行为。

问：在本案调查过程中，在多数情形下，你对他人说的话都是谎言，不是吗？

答：在本案调查过程中？

问：是的。

答：不，我没有。

问：为了得到你期望得到的结果，难道你没有对许多人撒谎？

答：我不认为这些话是谎言，图特先生。因为我这么说不是为了我个人的利益，我是基于 FBI 秘密侦查员——美国联邦调查局执法官员——的职责做这些事情的。

> 耐心、体察入微、抓住时机、合理安排顺序、通盘考虑并组织好安排在前面的问题以获取最大效果——一些律师将此称为“安排好你的桌子”。

问：好的。谎言不是事实，是吧？

答：是的，谎言不是事实。

问：你刚才那句话的意思是，你有撒谎的理由，这不就是你那句话的意思吗？

答：我是说，作为一名秘密侦查员，我没有任何要从我扮演的角色中获取任何个人利益的理由。从这些行为中，我没有获取任何个人利益。我在执行美国联邦法律。这是一项秘密侦查活动。我是在做正确的事情。

问：好的，我们的问题是：为了做这个所谓正确的事情，你撒了谎，不是这样吗？

答：我不认为那是谎言。如果你想把它叫做谎言，那就随你。但是，在我看来，根据我的信念，在这次行动中我的言行不是谎言。

问：好的，当你带着一脸诚实，面对面地对那些人讲一些不真实的事情，你不认为那是在撒谎吗？

答：在格里劳德行动中，不，我不这么认为。

问：你一直把它称为——你现在把它称为事实吗？

答：不，它不是事实。就像秘密侦查员从某人那里买毒品一样。他是在履行一名秘密侦查员的职责。

问：你准备把这种行为称作……

答：他没有犯罪意图。

问：好的，我们现在谈的不是犯罪意图，黑克先生。我们现在谈论的是事实与虚构。你知道真实的东西与虚构之物之间的差别是什么吗？

答：是的，我当然知道，图特先生。

问：啊，你有……人们可能有各种不说真话的理由，我现在不说这些。我现在试图证明，在此次调查中，尤其是在麦克莱恩与威尔逊的案件里，你对许多人说的都是谎言。

答：我并不认为那些话是谎言。我那么说不是为了我个人的利益。我不具有犯罪的意图。我是一名 FBI 秘密侦查员。

我并不认为那些话是谎言。我那么说不是为了我个人的利益。我不具有犯罪的意图。我是一名 FBI 秘密侦查员。

问：好的，那么你是不是认为，只要是在为政府工作，你就可以撒谎呢？

答：为了政府而说谎也并不都对。如果你试图为了个人利益之类的原因欺骗别人，即使你是政府的职员，也是不对的。

问：好的，你是否认为，在你当庭作证的时候——就像现在——你也是在为政府工作呢？

答：我是在为美国人民工作，我深信不疑。

问：在你看来，这是一件正确的事情，不是吗？

答：是的。

问：这么说，如果你认为撒谎并不为过，那么，即使在证人席上，你也会这么做吗？

答：在证人席上，因为宣过誓，撒谎当然是不对的。是的，是不对的。

问：啊，好的。你不是曾经——比如说——让麦克莱恩先生，他的真正身份是 FBI 特工勒恩，在劳里法官面前宣誓后作证吗？

答：是的，他是当庭作过证。

问：而且，你知道他是在作伪证？

答：那不构成伪证，因为其行为不具有……根据伊利诺伊州法律，伪证罪要求必须具有犯罪意图。在麦克莱恩案中，我和罗伊·莱恩都没有实施伪证罪的犯罪意图。

问：好的，秘密侦查员莱恩在劳里法官面前宣誓后所作的证言是真话吗？是还是不是？

答：不，他没有说真话。

（在证明黑克具有撒谎和教导他人撒谎的才能之后，我开始转向他先前的不一致陈述。

当证人未经宣誓的陈述与当庭证言不一致时，就可以对他进行弹劾，这是一种最基本的弹劾方法。在本案中，之所以这么做，是因为黑克在与劳里法官进行那次谈话的当天，根据他们在劳里法官办公室面对面交谈的记忆，制作了一份报告记录了劳里法官当时的回答。这非常重要，因为制作这份报告时，黑克还没有听过磁带，而是他根据回忆当天制作完成的。）

问：当时，在你告诉他他的口袋里已经多了 130 美元现金之后，你对劳里法官说，“那么，我会获得一份无罪判决吗？”你是否曾经作证说，劳里法官当时的回答是“没问题”（Sure）？

答：是的。

问：好的！你是否曾经就那次谈话内容制作过一份报告？是当天还是次日？

答：我记得那份报告是在……我记得那份报告是在 4 天后，也就是 12 月 21 日制作完成的。

问：好的。请看，这里写的是“1—4”。它的意思是 1 月 4 日，也就是你们进行那次谈话的日子？

答：哦，是的。我制作报告的时间是……我不记得制作这份报告的具体日期了。不过，我确定是在谈话后数日内制作完成的。

问：好吧。让我告诉你，事实是，或者说应该是什么。根据我的理解，在制作这份报告时，你是根据你的记忆而不是录音磁带？

答：是的，是根据我的记忆。

问：我向你出示辩护方的第 15 号物证，请你辨认；我问你，这是不是你当时制作的那份报告？如果是，请你告诉我们 FBI 的各位先生们和女士们，我们的陪审团，你制作这份报告的日期。

答：是我制作的……这就是那份报告，我是在 1982 年 1 月 4 日制作完成的，也就是谈话当天。

问：谈话当天，根据与劳里法官就那件事进行磋商的记忆，是这样吗？

答：是的，是这样。

问：在这份报告里，有一段话是关于你对劳里法官说了什么以及他是如何回答的——当你问他你是否能够得到一份无罪判决时，他对你的回答。报告里有这段话吗？

答：有。

问：你是否愿意告诉……你是否愿意向陪审团朗读一下报告的那段话呢？

答：这段话是："墨菲对劳里说，只要能拿到无罪判决，他不介意案件是否继续审理。劳里说，他会知道结果的。"（he would see.）

问：你刚才提到的那个"墨菲"，就是你在这份报告里所用的化名"利昂·墨菲"吗？

答：那是我的代号，是的。

问：那是你的代号。但是，那是……你请求可以得到一份无罪判决，劳里法官回答说他会知道结果的。你的报告是这样写得吗？

答：是的，是这样写的。

问：在这份报告里，是否有任何文字以任何方式表明劳里法官的回答是"没问题"（Sure）？

答：这一段文字里没有，没有。

问：这份报告的其他地方呢？请你看一下整个报告。

答：没有，都没有。

问：你不会向你的 FBI 同事撒谎，是不是？

答：不会。那只不过是在回忆他是怎么说的。

问：好的。但那是你当天的回忆，是吗？

答：是的，是当天的。

（之后，我们让黑克看了看那份磁带的文字整理稿——这是 FBI 的一位打字员边听录音边打出来的。黑克还制作了一份报告声明这份文字整理稿的内容准确无误。这份文字整理稿也说明了当黑克问劳里法官在即将开审的那起案件里，他是否会得到一份无罪判决时，劳里法官的回答是"我们会知道结果的"。（We'll see.）

我们用这份报告弹劾黑克在主询问里的以下证言：即，当他问法官是否会获得一份无罪判决时，劳里法官回答说"没问题"；以及当庭播放的磁带里曾经有"没问题"这三个字眼。）

问：事实上，后来你曾经审阅过这份谈话录音整理，不是吗？

答：是的。

问：就那段对话，经你审阅的这份录音整理稿的记录是：当你问："那么，我会获得一份无罪判决吗？（And then will I get an NG?）——这份录音整理稿记录的回答是："我们会知道结果的。"（We'll see.）不是这样吗？

答：是的。

问：之后，你是否制作过一份报告声称——我把它标注为辩方的第 16 号物证——这份录音整理稿准确地反映了那次谈话的内容？

答：1982 年 4 月 5 日，我曾经写过一份这样的报告。

问：是在听过磁带的录音之后——你当时听了录音，是不是？

答：对比的是复制的磁带与这份录音整理稿——是录音整理的初稿，是……是这份录音整理稿。

问：在你的问题之后，这份录音整理初稿的记录是"我们会知道结果的"。（We'll see.）——不是这样吗？

答：这份报告的记录是："1982 年 4 月 5 日，项目拓展专家利昂·墨菲"，也就是我，"重新听了 FBI 的整个录音。该录音记录了 1982 年 1 月 4 日墨菲与法官约翰·劳里之间进行的那次谈话，并对录音与 FBI 第一号的录这份录音整理稿上记录的字眼是“我们会知道结果的”。（We'll see.）——不是吗？

音整理稿是否一致进行了对比。”负责制作该报告的 DPS——也就是我，一位项目拓展专家（Project development specialist）“认为，该录音整理稿准确地反映了磁带上记录的相关信息”。

问：这份录音整理稿上记录的字眼是“我们会知道结果的”。（We'll see.）——不是吗？

答：录音整理稿上说的是“我们会知道结果的”。是这样。

问：当时你没有做任何改动，是吗？

答：没有，因为我听到的是……我记得我听磁带上说的是“我们会知道结果的”。（We'll see.）

问：是的。

答：我在录音整理稿上写的是我记得我曾经在磁带上听到的内容。

问：这就是为什么直到 1 月 4 日你还记得这些内容的原因；劳里法官的回答是他会知道结果的，不是这样吗？

答：与他交谈之后，我记得他是这么说的。

（如果先前陈述是宣誓后作出的，那么，使用不一致的陈述可以对证人进行更强有力的弹劾。这时候，你有两份宣誓后所作的证言，且证言的内容截然相反（diametrically)。事实上，联邦伪证罪的相关规定是：如果两份陈述都是在宣誓后作出的，且内容截然相反，那么，控诉方无须证明究竟哪一个证言是虚假的，因为其中之一显然是假的。

事实上，宣誓后作出的与先前不一致的证言不仅仅可以用作弹劾证据，而且，陪审团可以将其用作实质证据（substantive evidence)。

事发几个月后，在针对交通法院书记官的庭审中——该书记官收受了黑克的钱，之后又将这些钱转给了劳里法官——该书记官的律师对黑克进行了交叉询问。在询问中，黑克作证说，劳里法官的回答是“我们会知道结果的”，并作证说，磁带的录音整理稿也是这么写的。关于这一宣誓后所作的先前陈述，我的交叉询问过程如下：

问：事实上，今年 3 月 8 日，就在这幢大楼里，你曾经就那次谈话的事情作过证，不是吗？

答：是的。

问：你是否记得当时对方律师曾经问过一些这样的问题以及你自己的回答？康恩案（康恩也就是那位交通法院的书记官）证言笔录的第 337 页至 338 页：

问：在第 188 页开头几行，你问“那么，我会获得一份无罪判决吗？”(And then will I get an NG?）你还记你说过的这句话吗？

答：记得。

问：劳里法官是不是回答说，“我们会知道结果的”（We'll see.)？

答：是的，他是这么说的。

问：这难道不是你 3 个月前就在这幢大楼里所作的证言吗？

答：是的，是我的证言。

问：这些是宣誓后作出的证言，不是吗？

答：是的，是在宣誓后作出的。

问：你是不是还进一步承认说这说明 FBI 方面也有点拿不准，是吗？

答：是的。

问：你当时是这么说的？

答：我想是的。

问：对方紧接着的问题是不是："好的，'我们会知道结果的'（We'll see.），是不是意味着有点不确定呢？"你的回答是："是的。"

答：是的，我记得是这样。

问：你还记得吗？

答：记得。

问：当你离开法庭时……那天，当你离开法院，转而准备麦克莱恩一案时，对于劳里法官将会裁判你的当事人无罪，你已经没有了那种不确定的感觉，是吗？

答：是的，因为他回答说"没问题"。（Sure.）

问：哦，稍等一下。你说……制作报告那天你说劳里法官的回答是"我们会知道结果的。"

答：是的。

问：对你来说，"我们会知道结果的"意味着什么呢？

答："我们会知道结果的"？

问：是的。

答：这意味着我们会知道结果的，可能是这个意思吧。

问：它不包含任何不确定性，是吗？

答：不对，它意味着……好吧，让我们看看事实的经过。

问：让我们看看事情的经过。让我们看看这些证言是怎么被问出来的，是不是？

答：是的。

因为黑克证言的前后变化以及对他的当庭弹劾，陪审团裁判劳里法官无罪。不得不说的是，格里劳德行动持续了相当长的一段时间，而在这些由联邦检察官在芝加哥提起的一系列案件中，这是唯一起被裁判无罪的案件。

第15章

牢记交叉询问的目的

小沃尔特·琼斯
(Walter Jones, Jr.)

在三十多年的执业生涯中，小沃尔特·琼斯曾经成功地起诉或辩护过各式各样的被告人，其中包括不少政治家、政府官员、政治上的恐怖主义分子。他曾经代理过芝加哥市和其他市政当局。自伊利诺伊大学法学院毕业后（University of Illinois College of Law），琼斯开始成为芝加哥皮尤、琼斯、约翰逊与匡特联合律师事务所的一员。在芝加哥司法辖区的联邦检察官办公室任职期间，他曾经起诉过（为波多黎各争取独立的）民族解放武装力量（FALN）的11名成员——这是一个为了赢取波多黎各独立而在纽约和芝加哥市放置炸弹的恐怖主义组织。他处理的民事案件范围包括违反诈骗操纵与贿赂组织法的行为（RICO）、欺诈、专利、产品责任、雇佣关系、市政法令是否合宪、人身伤害等。

如果用国际象棋的术语进行类比，交叉询问或许是法庭审理的弹药库中最具杀伤力的武器。浪费交叉询问，几乎等同于毫无疑问地牺牲国际象棋里的皇后。

多年以来，我的经验是，绝大多数律师在进行交叉询问时会忘记自己的真正目的。在他们看来，交叉询问仅仅是个舞台。借助交叉询问活动，他们得以有机会展示他们的声音多么富有魅力，卖弄卖弄眼神就能在陪审团中引起共鸣或者把陪审团逗乐儿。最终，此类表演或许可以用莎士比亚歌剧《麦克白》中的一段话来形容："人生乃愚人讲的故事，充满了喧哗和骚动，却一无所指。"（It is a tale told by an idiot，full of sound and fury signifying nothing.）

富有成效的交叉询问源自明确设定的目标。这一目标为律师提供了一些看得见摸得着的东西，并可以在总结陈词时服务于本方当事人的利益。有形证据（tangible evidence）不应混同于显而易见的证据（uncovering evidence）——后者可以把你的对手击得粉碎。只有在电影《佩里·梅森》（Perry Mason）里，证人才会一上来就崩溃，并开始供述他曾经犯下的所有犯罪行为。我所谓的有形证据由那些粗糙的零零碎碎组成，在总结陈词中，这些东西将会为勾画你的主题提供一种基本框架。

一些律师之所以能够实现这一目标是因为他们的风格。就像国际象棋的开局，有成千上万的方法都可以将对方的国王置于死地。

我本人信奉具有凌厉攻势的开局方式。我相信，无论证人准备得多么充分，在作证的前十分钟他都是最脆弱的。如果一开始就给证人贴上了某种标签，那么，他就再也无法安宁，而且会一直寻找得以脱身的机会。

例如，如果我知道某证人此前的表现，无论是在宣誓书面证言中还是在证人席上不是那么真诚，那么，我可能会这么开始我的交叉询问："先生，对你来说，宣誓后说谎并不是什么新鲜事儿，是吗？"

或者，如果我知道控诉方曾经向这位表示配合的重罪行为人提供了大量奖赏，我可能会问这位证人："你与控方之间的交易对你颇有好处，是不是？（同时拉长声音强调'颇有好处'）"

这两类问题不可避免会将证人置于防御性地位，并会强烈地否定交叉询问人的指控。而且，由此不可避免的后果是，证人越是表示反对，就越会引火烧身。（like fighting with a tar baby.）

作为例证，我曾经就有利于证人的控辩交易交叉询问过一名控方的主要证人——该证人名叫拉布兰科（这是他的化名）。该证人否认他所接受的交易是一种例外。于是，我迅速让他学习了一下量刑指南，并指出，为什么他很快就可以拥抱他的小孙子而被告人一旦被定罪却要在联邦监狱待20年的原因所在。据我所知，证人拉布兰科先生曾经是一位公众人物，每天他都会举行一次所谓的"拉布兰科之日"的庆祝活动。

于是，在交叉询问结束的时候，我问他：既然他在与控方的交易中占了大便宜，那么，现在每一天是否对他来说都是"拉布兰科之日"呢？

为了让交叉询问能够发挥作用，交叉询问必须集中火力。交叉询问人不断转移话题是我最讨厌的事儿之一。我本人的做法是，针对交叉询问的各个路径拟定提纲，并提醒自己，千万不要让证人把我弄得偏离轨道。只有这样，陪审团才能获得一个清晰的思路。

最后，我信奉在结束交叉询问时重拳出击，或者，至少至少，要提高自己的嗓门。在此过程中，幽默感是必不可少的。

我曾经辩护过一个银行抢劫案。在本案中，控方漂洋过海将一名美国海军传唤回来作证。这位证人身穿整洁的蓝色制服，相貌堂堂；而控方则不失时机地一再提醒陪审团这位证人的服役地点以及其工作性质对于这个国家的意义。

幸运的是，这位证人关于诱发此次抢劫的那些事情记得并不是非常准确。事实上，他的记忆相当糟糕。在问完最后一个实质性问题后，我对证人离开证人席没有表示异议，而是等到他快要离开证人席的时候，又问了他一个问题："先生，你所说的海军，是指美国海军吗？"

整个法庭一下子炸开了锅，直到我的当事人被宣告无罪，喧闹才慢慢平息下来。

第16章

人生短暂，值得冒险

克里斯·盖尔 (Chris Gair)

克里斯·盖尔犹如一名优秀的斗士——这种捍卫独立的精神可能是在其担任已故的伊利诺伊州最高法院大法官西摩·西蒙（Seymour Simon）的书记官时培养起来的。于芝加哥大学法学院毕业以后，他首先作为联邦检察官建立了良好的执业记录，并一直做到有组织犯罪专项小组（the Organized Crime Strike Force）的副组长。离开公职后，作为合伙人之一，加盟到专门代理原告业务的弗里曼、弗里曼与萨尔兹曼联合律师事务所（Freeman，Freeman & Salzman）——这是一个取得惊人成功的行业。后来，他最终转向詹纳与布洛克联合律师事务所（Jenner & Block），现在是该律所的合伙人之一。他既处理反垄断案件和其他商业案件，也办理白领犯罪案件；他喜欢为受迫害者的权利而战，就像他作为里格利俱乐部（Wrigley Field rooftop）对抗芝加哥论坛公司（the Tribune Company）及其党羽一样。

关于交叉询问的古老谚语说："不要问你不知道答案的问题。"那些自诩自己是"大律所的诉讼者"——这些人也会经常对你吹嘘说"我从来没有输过案件"——的律师通常都会认同这一说法并将其视为世人皆知的、具有基础地位的传统观点。当然，他们之所以这么说的主要原因在于，他们从来没有办过一起案件；或者，至少没有办过一起胜负未卜的案件。

遵从上述谚语必遭惨败。人生短暂且不确定；交叉询问不是心理脆弱或易于昏厥之人的游戏。对于那些几乎从来没有上过战场的勇士的言论，没有理由要表示敬意。许多律师恪守上述交叉询问传统规则，但是，他们之所以这么做不是因为这么做有利于当事人的利益，而是出于他们自己的利益的考虑，不要觉得不好意思、不要害怕遭受批评，更重要的是，不要做任何牺牲当事人利益的事情。

这一说法根本不符合逻辑：交叉询问人不能问自己不知道答案（或者不存在现成弹劾手段）的问题。不存在让人接受以下判断的先验理由：交叉询问人不知道答案的问题更有可能引出于己不利的回答，而不是于己有利的答案。相反，任何事情都取决于具体的情境，包括证人本性——在主询问与交叉询问过程中，你已经对他进行了认真观察；拟欲提出的问题是什么；发问的方式；如果证人的回答明显是假的，陪审团可能会如何对待证人的这一回答；你的案件是否迫切需要证据的支持。如果在进入最后一局时，你还落后10分，那么，试图通过牺牲一个跑垒手跑到二垒也就没有多大意义了。

在米里亚姆·桑托斯案中，控方的主要证人是被告人的副手，名叫约翰·亨利。亨利作证说，根据桑托斯的指令，他曾经告诉那些证券经纪人——他们与市财务主管有着商业上往来关系，如果他们不捐助她的竞选活动，将会中断他们与市财务办公室商业上的往来。

在开庭前一周，我从其中一个经纪人那里获悉，他曾经亲手交给亨利1万元现金，而且，他没有理由相信亨利会把这些钱用于桑托斯的选举而不是留作己用。这里大有文章可做；尤其是，在向FBI提供的不计其数的情报中，亨利从来没有提到过这笔费用。

我和我的伙伴克里·鲁本斯坦（Corey Rubenstein）所面临的问题是：在交叉询问中，我们是否应当通过追问这方面的问题摧毁亨利呢——一方面，我们明知我们无法对此加以证明；另一方面，我们也知道，一旦获得亨利的自认，将会对控方的指控造成重重一击。我们没有立即作出决定，我们也没有必要这时候就作出决定。

人生短暂且不确定；交叉询问不是心理脆弱或易于昏厥之人的游戏。这一说法根本不符合逻辑：交叉询问人不能问自己不知道答案（或者不存在现成弹劾手段）的问题。

在长达数小时的交叉询问过程中，我们发现，亨利似乎在严格遵守与控方达成的什么条件，因此，总是尽可能直截了当地回答问题；即使对于那些他原本没有必要予以承认的细微之处，他也会作出承认。我们决定尝试一下，结果收获颇丰。亨利承认他曾经从那位经纪人那里拿过1万美元，而且，他从来没有向FBI提过这件事儿。更有价值的是他给出的理由——他"不认为FBI会对这件事儿感兴趣"。

主审法官——他并不是那种不允许进行凌厉辩护的法官——命令休庭，以便控方可以准备对亨利进行再次主询问。（亨利说："我也忘了告诉控诉方，我把这1万美元交给桑托斯了。"）

但是，实质性的负面影响已经形成。尽管主审法官作出了大量我们认为是错误的、有利于控方的裁定，但是，对于针对桑托斯的五项敲诈勒索罪指控，陪审团裁定其中四项指控无罪。（支持最后一项指控的证据是一份有关桑托斯谈话内容的磁带；在这次谈话中，桑托斯用人们所能想象到的华丽词语，向经纪人描述了捐赠其竞选活动的重要意义。）

在一起有关处方药的反垄断案件中，我的律师事务所为之辩护的是26家被诉制药厂中（其中有5家进入了审判程序）最小的那一家。原告主张说，这26家制药厂共谋，拒绝就他们生产的药物给零售药店任何折扣。在对原告方证人进行交叉询问时，在不清楚证人会如何回答的情况下，我向两三名原告方的证人都问了以下问题：你是否曾经听说过我的当事人的森林制药实验室（Forest Laboratories）。这一冒险是值得的。如果他们听说过，那又怎么样呢？如果他们没有听说过，那么，将会形成这样一种印象，即，他们的证言与我的当事人根本就不相干——我方当事人的辩解是：事实并非如此，他们事实上给零售药店有一定的折扣。

事实上，这些证人都说，他们从来没有听说过森林制药实验室，这一回答让整个法庭笑成一片。最后，其他被告人的律师也向原告方证人问了如下问题，即"你听说过森林制药实验室吗?"，其中当一名证人承认说他没有听说过时，法官查尔斯·可可拉斯（Jude Charles Kocoras）显然被逗乐儿了，他大声喊道："盖尔先生，你听到没有，他说他从来就没听说过森林制药实验室。"

在对哈里森·麦凯恩（Harrison McCain）——他是麦凯恩食品公司的主席，该公司是一家有着几十亿美元资产的加拿大食品生产商——的交叉询问中，冒险发问也取得了预期效果。该食品公司曾经购买一家芝加哥橙汁生产商的橙汁，但是，基于以下勉强的理由，拒绝支付最后一笔货款：供货方为了扩大利润，往橙汁里勾兑了糖。在交叉询问中，麦凯恩傲慢十足；在快询问结束的时候，我问他是否曾经说过这样一句话："我确实曾经犯过错误，但那是在小学六年级的时候。"（这句话援引自杂志《麦克林斯》（Macleans）上的一篇文章，但是，如果麦凯恩矢口否认，我并没有证明他曾经说过这句话的证据。）

律师执业是一门艺术，而非科学。因此，任何企图墨守成规的律师，都注定了只能成为平庸之辈。

尽管我并不知道麦凯恩是否说过这句话，但我想，他或者矢口否认（如此，将会与他可能给陪审团留下的傲慢印象相抵牾），或者供认不讳（如此，也就肯定了我的提问）。令我喜出望外的是，他竟然给了我双重惊喜：一开始，他回答说："我怎么可能那么说呢?"；之后，当我提及《麦克林斯》杂志后，他又承认说，"有一次，我可能说过这句话……但我希望大家不要据此评价我"。

但是，我并没有暗示说，冒险发问就一定会取得成功——恰恰相反。即使是精心策划的冒险发问，也会让你丢尽颜面。在针对格斯·阿历克斯（Gus Alex）的指控中（他是一名炸弹投放者，在长达半个多世纪里一直以此进行敲诈勒索），辩方的立场是：敲诈被害人的行为是伦尼·帕特里克（Lenny Patrick）——我们的污点证人（flipper）——自行实施的，与阿历克斯无关。怀着证明某家餐厅老板从来未见过阿历克斯的激情，辩方律师卡尔·沃尔什（Carl Walsh）问道："你根本不认识阿历克斯先生，是吗?"

对此，证人回答说："格斯·阿历克斯……谁不认识格斯·阿历克斯。"

对于辩方来说，这并不是一个理想的答案，因为他们试图将阿历克斯描绘成一个与有组织犯罪毫无关系的老人。

我曾经亲眼目睹两个传奇式的刑事辩护律师，因在交叉询问中对奥菲特的执行人（Outfit enforcer）吉米·拉·瓦利进行冒险提问而反遭其害。吉米是一个一生无所畏惧的街头恶棍，至少，在马特·莱登告诉他他可能会由某位受人尊敬而非量刑时高时低的法官负责量刑之前，他从来没有害怕过任何事情。于是，他表示愿意与控方合作，并在五六起重大有组织犯罪案件中担任控方的证人。

在其中一起案件中，著名的明星式人物（现已过世）朱利叶斯·路修斯·埃切尔斯（Julius Lucius Echeles），作为尼克·吉欧（Nick Gio）——他曾经是拉·瓦利（La Valley）的一名追随者——的辩护人，为其受雇纵火案进行辩护，并对拉·瓦利进行了交叉询问。对于青春年少的吉欧，埃切尔斯的辩护立场是：他十几岁的时候失去了父亲，迫于拉·瓦利的淫威，他加入了犯罪组织，并在不情愿的情况下，被拉·瓦利拖下了水。

埃切尔斯在交叉询问中已经让拉·瓦利承认：吉欧在年幼的时候就失去了父亲，很快，吉欧与他结识，吉欧对他颇为敬重。因此，在提出以下致命性问题之前，埃切尔斯的辩护可谓势如破竹：

问：这位年轻人找到你向你寻求人生的指导，这不是事实吗？

答：我想，他当时是这么说的："我想入伙。你能帮我吗？"

在针对罗克·恩弗勒斯（Rocco Infelise）、塞尔瓦托·迪劳伦蒂斯（Salvatore DeLaurentis）以及法瑞欧拉街头团伙（the Ferriola street crew）的指控中，拉·瓦利还曾经与布鲁斯·卡特勒（Bruce Cutler）交过手——卡特勒曾经担任过约翰·戈蒂（John Gotti）的代理人。根据审前的证据开示，卡特勒已经让拉·瓦利承认了近五千起有关欺骗、背信弃义的行为和各式各样的违法行为——这些行为包括企图在橡树公园电影院里实施爆炸活动（用FBI的话讲）、"指示喽啰"殴打他人、在高尔夫比赛中实施欺诈活动等。之后，卡特勒问道：

问：在你的一生中，你一直都在从事撒谎、欺骗、盗窃的活动，是不是？

答：（他指着恩弗勒斯和迪劳伦蒂斯说）那是我们一生中一直从事的活动。

因上述考虑不周的发问，卡勒斯毫无疑问被刺了一下，但是，就其交叉询问而言，影响并不大，而且，对于为期数月的庭审也不会产生任何影响。但是，卡勒斯的冒险发问从根本上削弱了他的辩护立场，而此前，他一直在富有成效地论证着自己的立场。他是否应该冒险发问呢？答案可能是否定的。这并不是因为一般而言冒险发问纯属下策，而是因为他所面对的这位证人已经证明他在证人席上表现得异常老练。

小时候，我曾经拜读过一些伟大的庭审律师——如李·贝利（F. Lee Bailey）、路易斯·奈泽（Louis Nizer）等——带有自我粉饰性质的传记。这些传记给我的直观印象是：尽管在交叉询问中其他律师有可能会迈出致命性的一步，那些伟大的律师却不会犯下此等错误。但是，我却不得不承认，我会佯装不具备这种先见之明，而且事实上，我曾经痛苦地举起过冒险发问的炸药包。

例如，在杰勒德案中（United States v. Gerard），我试图通过冒险发问来减损一位主要证人的信誉，结果却搬起石头砸了自己的脚。而且，以下事实让这一失败变得更为糟糕：主审法官鲁本·卡斯蒂洛（Ruben Castillo）——这是我极其尊敬的法官之一，和检察官——对于他，我原本可以轻轻松松地坐享渔翁之利（我是匆忙之中接手本案的），对我的挫败看得一清二楚。

在本案中，我为之辩护的是一名律师——该律师被指控对一位年迈体弱的当事人实施了欺诈行为，因为在处理该当事人医疗事故案件过程中，他收取的报酬是制定法规定胜诉酬金的两倍。我的辩护思路是：我方当事人的小儿子——他是该律所的合伙人之一——是一个真正的坏蛋，而且，是他陷害了他的父亲。我方当事人已经离异；从他另外一个儿子那里，我可以获得一些证据证明他的小儿子对他心怀敌意，并由此贬损其小儿子给人的印象。借助一位颇有名望的证人心理学专家证人的帮助，我猜测，这小家伙应该不敢承认这一点，这样一来，我将会获得一个“怎么回答都对我方有利的答案”：或者据此证明他对他父亲还有敌，或者证明他在证人席上说谎。但结果证明我错了！

问：你曾经告诉你哥哥，你希望你父亲突然中风然后死在监狱里（to see your father have a stroke and die toothless in jail），这是不是真的？

答：这么说并不准确。我当时的原话是，我希望他能够全身而退并健康到老。（to see him stroke out and rot toothless in hell）

法庭上，可以听到有人倒吸一口凉气；我会断然否定那是我发出来的。为了埋葬证人而冒险发问，但是，证人的坦率回答却几乎要了我的命。这可是我进行交叉询问的头几个问题之一啊！

或许这并不是六年级以来我犯下的唯一错误，但是，心中的羞愧（或者其他什么东西）却让我无法用更多的时间来思考我方辩护思路的不充分性。

但是，的确存在一些不合乎交叉询问规则的事例——对此，并没有什么规则可循。一名优秀的出庭律师会在精确计算发问的风险之后，提出一个他自己也不知道答案的问题。成千上万的法庭判决表明，有时候这么做是富有创造性的选择，但是，有时候这么做却会让你自食其果。

律师执业是一门艺术，而非科学。因此，任何企图墨守成规的律师，都注定了只能成为平庸之辈。

第17章

置之死地而后生

詹姆士·R·菲格利洛 (James R. Figliulo)

吉米·菲格利洛（Jim Figliulo）是一名将幽默、智慧、激情与“惹人烦的”竞赛精神融为一身的出庭律师。吉米出生于芝加哥南部地区，就读于亚利桑那大学法学院（Law School at the University of Arizona），在重返芝加哥之前，曾经在亚利桑那州图桑地区（Tucson）执业多年。1980年，吉米投奔现在已故的、芝加哥地区带有传奇色彩的伟大出庭律师汤姆·福伦（Tom Foran），并在福伦的律师事务所执业了16年。1996年，吉米和他的几位同僚组建了菲格利洛、西尔弗曼联合律师事务所（Figliulo & Silverman, P.C.）——作为一家专司出庭业务的律所，该律所的业务范围主要集中于复杂的商业案件以及与房地产有关的诉讼。

尽管并不是每起案件都会是大案要案，但是，每起开庭审理的案件却都十分重要。每一次庭审都值得你兢兢业业地准备，深思熟虑地发言。交叉询问，无论其表现形式如何，都提供了一种实现特定目的的策略化手段。有时候，你试图通过交叉询问从原本怀有敌意的证人那里获取有益的信息；有时候，你仅仅试图借此获取证人的中立证言，或者让他说出于对方不利的证言或证据；有时候，你只是想获得一点点儿信息，以便有助于推进剩下的案件。

但是，有时候，你将会拥有对案件结果产生实质性影响的良机。一旦出现这样的机会，千万不要浪费它，不要只是为了卖弄而动用机会。相反，你应当深入研究什么样的策略才能产生最大化的效果；精心地进行谋划，认真地贯彻实施，诉诸你的良好判断，把握时机，自信地展示你的才华。

抓住机会，然后，珍惜这份回忆。

许多年以前，我曾经在庭审中拥有这样一次良机：风险非常大，不过，其结果是让经历了 65 天的庭审陷入了困局。

这次审判发生在芝加哥。当事人双方是麦当劳公司以及它当时在法国的独家代理商雷蒙德·达雁（Raymond Dayan）。事情发生在巴黎。证人是达雁公司市场部主管——我将把她叫做埃娃 ·A。其中，至关重要的那份证据是数千张照片中偶然拍摄的一张照片。

这事情儿应该从 20 世纪 70 年代初叶、坐落在威斯康星州日内瓦湖畔的一家酒吧说起——当时，这家酒吧名叫花花公子俱乐部。就在这儿，雷·克罗克——麦当劳传奇的缔造者，与雷蒙德·达雁——雷·克罗克秘书办公室里的一名室内装修师达成了一笔交易。雷·克罗克希望能够回购某些位于芝加哥北部地区的麦当劳销售区，但是，当时的特许经营权人拒绝出售。于是，达雁对雷·克罗克说，他可以获取这些麦当劳销售区的专属经营权，但条件是，麦当劳公司要授予他在法国巴黎对麦当劳的专属经营权。这份交易被随手写在了酒吧的餐巾纸上。

达雁兑现承诺后，要求麦当劳公司授予他在巴黎地区经营麦当劳的专属经营权。经过磋商，双方最终无法达成一致意见。为了实现那份在餐巾纸上达成的协议，达雁对麦当劳提起了诉讼。20 世纪 70 年代初，双方在法庭上达成和解，麦当劳同意授予达雁一项极其特殊的经营发展许可权（an extremely unusual master development license agreement，the “MLA”）；据此，达雁在巴黎地区享有开设麦当劳餐厅的排他性权利，而且，他可以享有相关房产的所有权；对此，他只需支付为数不多的专利费即可。值得一提的是，根据这一协议，达雁需要在若干年内开设一定数量的麦当劳餐厅，而且，这些麦当劳餐厅的品质、服务以及卫生情况（“QSC”）都必须符合麦当劳公司的标准；此外，由此产生的相关费用以及麦当劳公司提供必要支持的费用，均由达雁承担。伊利诺伊州库克郡的衡平法院对于上述专属经营权协议的执行享有管辖权。

审判常常会简化成这样一个问题，即判断谁好谁坏。在大卫杀死巨人歌利亚的故事里，人们往往不会一开始就把歌利亚当作好人。但是，直到故事的接近尾声，法庭似乎还是无法确定究竟孰对孰错。不过，有可能可以证明那个个子不大的家伙才是坏人。

达雁很快就在巴黎开设了 17 家收益可观的麦当劳餐厅，其中有两家小店坐落在世界闻名的香榭丽舍大街——其中一家餐厅的取名并不温馨，叫做“墙洞”（the “hole-in-the wall”）。他甚至还在一家成人电影院的大堂里开了一家这样的餐厅：曾一度，这家电影院放映一部名叫“我们的所作所为都是为了你”（We do it all for you）的电影，刚好和麦当劳的广告词如出一辙。达雁通过这些餐厅赚了上亿美元，但是，在麦当劳公司看来，达雁的这些餐厅经营糟糕，已经严重影响了麦当劳的全球形象。

20世纪70年代后期，麦当劳公司对达雁经营的法国麦当劳餐厅进行了检查，他们发现，这些店并没有遵守麦当劳的标准。于是，麦当劳公司给达雁发了一份正式通知，责令他至迟在60日内对他经营的麦当劳餐厅进行清洁，并完善经营上的缺陷。

同年9月上旬，60日期限届满以后，麦当劳公司再次对达雁的那些麦当劳餐厅进行了检查。检查人员拍摄了几百张照片并收集了其他方面的证据，以支持麦当劳公司的以下立场：达雁经营的麦当劳餐厅没有遵循麦当劳公司的品质、服务、卫生标准（McDonald's standards of QSC）；与达雁达成的经营许可协议应当予以终止。

达雁在伊利诺伊州库克郡提起了诉讼，请求法院责令麦当劳公司继续其授权协议并赔偿因中断协议造成的损失。法院指定大法官理查德·卡瑞（Judge Richard Curry）——他是一名非常优秀的法官——担任衡平法庭的法官。该法庭负责就以下事项作出裁决：达雁在经营那些麦当劳餐厅时是否因严重违反麦当劳公司的品质、服务、卫生标准（McDonald's standards of QSC）而实质性地违反了最初的经营发展许可权协议（the MLA）；或者，麦当劳公司试图终止达雁的许可权协议是否出于恶意，其目的是收回已经变得非常有利可图的市场？

达雁抗辩说，麦当劳公司关于其违反相关标准的主张并不具有实质性（immaterial），而且完全是夸大其词；他们提出的那些证据是捏造出来的。质言之，本案的最终处理取决于以下操作性问题：即，达雁的那些麦当劳餐厅是否干净、服务是否快捷且彬彬有礼、是否对配送的食材进行适当的处理加工？

达雁就其指控举证结束后，麦当劳公司提出动议，请求法庭作出直接裁定（a directed finding）。法庭驳回了麦当劳公司的动议并裁决说：达雁事实上已经就恶意中断协议提供了表见证明（a prima facie case of bad faith），而且对麦当劳这家美国大型公司的最高层是否在实施阴谋诡计提出了严重质疑。作为麦当劳公司的代理人，我们的工作是显而易见的。我们必须改变法庭的第一印象并证明以下事实：达雁的那些麦当劳餐厅确实又脏又乱——在很大程度上，这将取决于我们法庭上的努力。如果达雁胜诉的话，麦当劳公司不仅要承受这些麦当劳餐厅对其质量标准的侮辱以及由此对其国际形象造成的负面影响，而且，还要应对达雁因这些麦当劳餐厅停业而提出的数百万美元的赔偿请求。

在接下来的几个月里，我们提出了无数证人和大量的实物证据。其中，我们最强有力的证据之一是麦当劳公司的检查人员在他们最后一次检查时拍摄的上千张照片。这些照片表明，这些麦当劳餐厅又脏又乱，某些店面甚至到了令人恶心的程度。要不是有这些照片为证，本案的结局将不得不诉诸各位证人的可信性问题以及可能引起激烈分歧的事实问题。

在经历了差不多65天庭审之后，作为其反驳证据，达雁传唤了一名证人，并由该证人向法庭出示了数百张自称真实的照片，以反驳麦当劳公司的照片证据，并证明他的那些麦当劳餐厅既干净又整洁。无论是庭前还是在法庭上，达雁都声称：他原本藏有一些由其代理人拍摄的照片，这些照片可以证明这些麦当劳餐厅既干净又整洁，但是，由于其巴黎办公室失火，这些照片都被烧毁或弄丢了。就在案件进入达雁提出反证阶段的时候，达雁宣称他从仓库里找到了几箱东西，其中包括那些遗失的照片。达雁的证人是其市场部主管埃娃·A。在该案之前的程序中，埃娃已经提供过证言，而且，在交叉询问中，曾经偏离主题说了不少毫无关系的内容。这次，她充满自信地站在证人席上，一脸果敢的表情。

在主询问中，埃娃作证说，这些照片的拍摄时间是 8 月下旬或 9 月初，大约在麦当劳公司实施检查并进行拍照 2 周之前。达雁的这些照片证明，他的那些麦当劳餐厅干净整洁、店店皆然。然而，与达雁的照片截然相反，麦当劳公司的那些照片则表明，这些餐厅又脏又乱。如果达雁的这些照片真的是在 8 月下旬或 9 月初拍摄的——也即，是在麦当劳公司实施检查 2 周之前拍摄的——那么，麦当劳公司那些照片的可信性将会受到质疑，该案的结局也将存在变数。

肯定哪个地方出了问题。我们知道，麦当劳公司的检查人员是在 9 月 8 号、9 号、10 号三天实施的检查。我们也知道，麦当劳公司的照片并非伪造出来的，是证明达雁那些麦当劳餐厅糟糕状况的强有力物证；因此，达雁的那些照片不可能是 8 月末或 9 月初拍摄的。

在埃娃出庭作证的前两天，我们发现了一份证据，该证据可以证明达雁的那些照片至少有一张不是在 8 月下旬或 9 月初拍摄的。我们需要充分利用这份照片以便发挥最大的杀伤力。对我们来说，证明只有一张照片不可能是在 8 月下旬或 9 月初拍摄的，几乎没有什么意义。摧毁一张照片的合法性，或者说仅仅让一个证人下不来台，这绝对不是我们的目标。我们需要摧毁达雁所有照片的合法性，而且希望削弱达雁整个指控的可信性。这一证据将在经历了为期数日激烈对抗、胜负依然未卜的庭审最后阶段提交法庭。

审判常常会简化成这样一个问题，即判断谁好谁坏。在大卫杀死巨人歌利亚的故事里①，人们往往不会一开始就把歌利亚当作好人。但是，直到故事的接近尾声，法庭似乎还是无法确定究竟孰对孰错。不过，有可能可以证明那个个子不大的家伙才是坏人。

我需要机智且富有成效地把握这一良机。我的第一方案相对比较简单，即我可以在对证人进行诚信审查程序中（a voir dire examination）使用这一证据，而不是一直等到传统的交叉询问阶段。当一项实物证据或证人证言准备作为证据提交法庭时，需要对证人进行诚信性审查。voir dire 是一个法语词汇，其意思是“说真话”（to speak truly）——这一术语非常确切地表述了我打算如何利用这一程序。在诚信审查程序中，对方当事人可以中断对证人诚信的审查活动，并基于对证据可采性的前提性问题进行质疑这一有限目的，对证人进行发问。我决定在诚信性审查过程中就对证人展开交叉询问，而不是等到传统的交叉询问阶段。如果等到交叉询问时再用，对方的那些照

① 参见《圣经·撒母耳记（上）》第 17 章。

因为允许证人（一而再，再而三地）重述主询问时的内容，违反了交叉询问的另外一条规则。我表现得灰心丧气，几乎到了可怜兮兮的程度。但是，我有自己的规划和一份味道鲜美、无可辩驳的证据。

片可能已经在法庭上出示完毕，而且，其间也可能会发生某些事情，以削弱我手里这份证据的重要性。

在达雁方律师温和的主询问中，埃娃重述了这些照片的拍摄过程，她说这些照片是在她和一名法国法院的官员在场的情况下拍摄的；每张照片都准确地反映了8月下旬或9月初，也即麦当劳公司实施检查2周前，被拍摄地点的真实场景。当达雁方律师站起来准备向法庭出示这些照片时，我请求法庭准许我就这些照片的可靠性进行诚信性审查。

达雁方律师转身回到自己的席位，面带自鸣得意的微笑对我说："你问吧！"

我围绕以下问题展开了盘问：埃娃关于这些照片拍摄日期的记忆是否准确，以及她为什么可以如此肯定地说，这些照片是在8月下旬或9月初两到四天的时间里一张接一张连续拍摄完成的。我有意让整个询问过程显得反复、枯燥，而且毫无成效得令人懊恼。这次，埃娃不再偏离主题，而是自始至终地坚持自己的说法。即，这些照片是在8、9月份的两到四天时间里，也即麦当劳公司实施检查2周以前，一张接一张地拍摄完成的。

后来，当达雁方律师试图恢复证人信誉时，该案的主审法官用以下语言概括了我接下来所作所为：

> 菲格利洛先生进行了交叉询问。菲格利洛先生试图让埃娃小姐说明她记忆的准确程度以及她为什么会记得拍摄的时间是8月下旬或9月初。她回答说，她记得那是8月或9月的事情。她说，她知道那位法警（即那位法国法庭的官员）将要和她一起亲临拍摄现场，而且，那天是她第一次见到这位法警。菲格利洛先生试图通过指明以下事实打开埃娃女士的记忆：即据菲格利洛先生所言，埃娃在上一次作证时曾说过，9月份的时候她正在芝加哥参加一个市场营销的会议，因此，这些照片拍摄的真实时间不可能是9月份。但是，埃娃女士态度坚定地说，她确实来芝加哥参加过一个市场营销会议，但是，她回忆说，那次在芝加哥召开的市场营销会议刚巧发生这些照片拍摄之后——这些照片拍摄的时间是8、9月份两到四天的时间。在问及埃娃的庭前附誓证言时，据菲格利洛先生所言，她此前曾经作证说，在那位法警对那些麦当劳餐厅检查完毕之前，她从来没有去过任何餐厅。之后，她作证说，她从来没有说过，1978年9月份的时候她不在巴黎，相反她肯定地说她当时就在巴黎。最后，在就第126号照片进行询问后——这是一张关于拉扎尔大街麦当劳餐厅的照片，照片背面有那个法警盖的印戳，埃娃小姐对律师反复纠缠这一问题表现得有点愤慨，但十分肯定地说，她确信这些照片是在两到四天的时间里拍摄完成的，这些照片是在几天内拍摄的，当时几个小时以后我就看到了这些照片。

这时候，已经快到午饭休庭时间了，但法庭上却充满了紧张的气氛。对方的律师站起来表示反对，并带有挑衅意味地说，我的询问过于重复，而且证人的回答清楚明白、直截了当，因此，关于诚信性的审查程序应当到此为止。主审法官严厉地看了看我，加重了语气问道："律师先生，你究竟在干什么？"

我停顿了一下，直视着主审法官回答说："法官大人，只需要给我几分钟的时间，我向你保证，我将会证明这些照片不可能是在她所说的那段时间里拍摄完成的。"

主审法官盯着我看，眼里掠过一丝期待，而后难为我说："律师先生，但愿你能这样。"

我转向证人，又问了一遍以下问题："你是否绝对确信，所有这些照片都是在8月底、9月初的时候一张接一张地拍摄完成的?"

她愤慨地回答说"是的"。

之后，我从她提交的那些照片中随机挑选了两三张，再加上有意挑选的那张，逐一向她进行了展示，同时又向她提出了上述问题，她的回答还是老样子，即这些照片，以及所提交的那些照片，每一张都是在8月下旬或9月上旬的时候，在两到四天的时间里一张接一张地拍摄完成的。

之后，我就此打住。

"没有问题啦!"

我转身走向法官席，反对将达雁方提出的这些照片采纳作为法庭证据。理由是，它们可能不是8月底或9月初的时候——也即在麦当劳公司进行检查之前拍摄的。我从麦当劳公司那一堆照片中挑出了一张照片，将它与刚才从达雁方那一堆照片中挑出的、向证人出示的那张照片进行了对比。

这两张照片显示的是同一家麦当劳餐厅的外景，而且，这两张照片都照到了麦当劳餐厅正后面的那棵树。但是，这两张照片上的那棵树却存在着一处看似寻常却又引人注目的差异：我方照片上的那棵树——这张照片拍于9月中旬——就像你所能想象到的那样，长满了叶子。然而，在达雁方提供的那张关于同一家餐厅、同一棵树的照片上——尽管他们声称这张照片拍于8月下旬或9月初，也即比麦当劳公司检查早2周时间——那棵树却光秃秃的，没有一片叶子。

我将这两张照片提交法庭，并指出，除非在我所熟悉的自然法则之外还存在着其他自然法则，否则，达雁方提供的那些照片不可能是在麦当劳公司检查之前拍摄的；由于达雁方提供的这些照片，包括这张异常的照片在内，是一张接一张拍摄出来的，因此，这些照片中没有一张是在麦当劳公司实施检查之前拍摄的。

主审法官目不转睛地对这两张照片研究了一番。达雁方的律师开始显得躁动不安，并站起身说："法官大人，我们不知道怎么会这样；我们打算撤回这位证人以及这些照片。我们准备回法国去弄清楚这究竟是怎么回事，然后向贵法院进行汇报。"

大法官卡瑞带有怒意的回答既令人胆战心惊又让人兴奋不已：

"那还有什么意义呢，律师先生?我对此感到极端的厌恶，因此不允许这些东西作为证据提交法庭。"

然后，他站起来，离开了法庭。

几天后，达雁方的律师重新来到法院，试图就这一问题作出解释并挽救这些证据的命运，但是，这一解释显得苍白无力而且为时已晚。恰如该法庭指出的那样：

埃娃女士是作为原告方的证人传唤到庭的。这是她第二次甚至是第三次站在本案的证人席上。她对于我们正在审理的案件并非一无所知。她对于巴黎地区麦当劳餐厅的运营状况也并非毫不知情。她也肯定不是本庭证人席的陌生来客。就像我指出的那样，我还没有来得及读我的评论；不过，无论法庭记录表明在庭审结束时我说了什么，我可以保证，这段法庭记录根本无法充分反映我当时心中的愤怒。我可以坦率地说，只需想一想 2 月 19 号发生的事情，都会让我再次怒火中烧。直到那一刻，我一直相信，在本案的审判活动中，双方律师、本法庭以及诉讼当事人本人都是真诚的。尽管本程序属于对抗式庭审，但是，其基本目的是查明事实，是实现正义并探求真相。就此而言，律师扮演着双重角色。对于以最有利于本方当事人的方式展示本方当事人的事实（to present their client's facts in the light most favorable to their client），律师发挥着至关重要的作用。此外，他们还肩负着第二项同等重要的功能：尽可能从各个方面协助法院分配正义（to assist the Court in every way possible in dispensing justice）。这位证人——埃娃女士为了确定某一事实，从巴黎飞到芝加哥，将显然虚假的事实粉饰为真。埃娃的证言纯属谎言，彻头彻尾的谎言。这是经过精心排练的谎言，精心谋划的目的是欺骗本庭。除此之外，再找不到其他合理的解释。倒向其他任何结论都只能证明我是个笨蛋。无论本法庭有什么错误，本法庭——我本人绝对不是笨蛋。

该案很快就结案了。法院在所有问题上都作出了有利于麦当劳公司的判决。而且，法院特别指出，达雁方的证据是伪造的，同时，作为对达雁故意提起虚假诉讼的制裁，法庭责令达雁支付麦当劳公司的所有律师费用。达雁提起上诉，但再次以失败而告终。伊利诺伊州上诉法院维持了本案的实体判决以及关于律师费用的制裁。

关于埃娃的询问是一次富有成效同时又是“毫无成效”的交叉询问。我无法根据先前的不一致陈述或附誓证言对她进行弹劾。我无法动摇她所说的内容。因为允许证人（一而再，再而三地）重述主询问时的内容，违反了交叉询问的另外一条规则。我表现得灰心丧气，几乎到了可怜兮兮的程度。

但是，我有自己的规划和一份味道鲜美、无可辩驳的证据。在策略上，我需要该证人把所有这些照片牢牢地捆绑在一起。因此，尽管“在 8 月下旬或 9 月初的时候，在两到四天时间里一张接一张”这句咒语令人厌烦，但是却也令人难忘。

有时候，交叉询问结束之后，其戏剧化效果或影响才会展现出来。

我并没有用那张可以证明其撒谎的证据质问埃娃。我们的目标不是打垮埃娃，而是要摧毁达雁的指控。一旦证明那张证据是假的，达雁也就输掉了整个案件。这样一来，所有的可信性问题都会做有利于我方的解释，正义方发生了转换，麦当劳公司变成了好人，而达雁则变成了坏蛋。

尽管本案的重要证据为数甚巨，但是，对于证人诚信性审查这一简单活动以及那张树上没有树叶的照片的重要作用，怎么说也不算为过。

套用乔伊斯·基尔默（Joyce Kilmer）的诗句，可谓：“我想，永不会经过那次诚信性调查/可爱得如同一株树。”①

我一直牢记这次经历带给我的经验教训，并将这一经验运用于各式各样的场合。

让证据自己说话！

百闻不如一见。

诚信性调查能够富有成效地替代正式的交叉询问。

诉讼的目标是赢得案件，而不仅仅让某个证人显得很坏；交叉询问是实现目的的手段，而非目的本身。

锁定证人自己的立场，然后攻击这一立场。

有时候，交叉询问结束之后，其戏剧化效果或影响才会展现出来。

瓦解了某一项证据，就等于摧毁了整个证据锁链，甚至是摧毁了整个案件的可信性。

如果你意识到对方准备出示的证据所支持的特定陈述可能有问题，那么，请认真研究这些证据的细节，从各个角度审视这些证据，或许某个地方会露出马脚来。

某些时候，可以让自己看上去似乎已经被打败或受到了挫折。这么做有时候会帮助你彰显证据的重要，而不是突出交叉询问律师的作用。

有时候，一个优秀的交叉询问律师应当像电影导演，而不是演员。

在准备交叉询问时，请从证人的个人经历中寻找他的弱点，然后，寻找可以质疑其可信性的证据。有时候，这样的证据可能是附誓陈述中不一致的陈述；有时候，可能是埋在案卷堆里某项自认；有时候也可能是其他证人的证言；有时候则可能是一棵没有叶子的树。无论这样的证据究竟是什么，一定要花时间思考一下，采用何种方法才能最有效地展示本方案件的事实真相。

---

① 原诗题为《树》（Trees）：I THINK that I shall never see/A poem lovely as a tree. //A tree whose hungry mouth is prest/Against the sweet earth's flowing breast；//A tree that looks at God all day，/And lifts her leafy arms to pray；//A tree that may in summer wear/A nest of robins in her hair；//Upon whose bosom snow has lain；/Who intimately lives with rain. //Poems are made by fools like me，/But only God can make a tree. 郭沫若的译文是：我想，永不会看到一首诗，/可爱得如同一株树。//一株树，他的饥渴的嘴/吮吸着大地的甘乳。//一株树，他整日望着天/高擎着叶臂，祈祷无语。//一株树，夏天在他的发间，/会有知更鸟砌巢居住。//一株树，白雪躺在他胸上，/他和雨是亲密的伴侣。//诗是我辈愚人所吟，/树只有上帝才能赋。

第18章

交叉询问的语言：k词语的运用

小唐纳德·G·肯普夫
(Donald G. Kempf, Jr.)

尽管在研究生期间表现一般，之后又做过一段海军上尉，但是，自其凭借自己的口才顺利进入哈佛大学法学院之日起，唐·肯普夫（Don Kempf）可能就已经意识到自己将来一定会成为一名初审律师。他一直不断续写着令人印象深刻的履历：先是法学院的学生，之后长期在科克兰与埃利斯联合律师事务所（Kirkland & Ellis）供职并取得卓著的业绩。他是该律师事务所管理委员会的委员之一，已成功办理了许多复杂的商业案件——这些案件大多涉及反垄断问题。自科克兰律师事务所退休以后，他依然保持全力以赴的作风，并担任摩根·斯坦利蓝筹投资银行的总顾问（the general counsel of blue chip investiment Bank Morgan Stanley）。在这一职位上，他继续在法庭上勇敢地为客户利益而战。现如今，他身兼法律教授、仲裁人、调解人、特别客户代理人等职。

在尼尔·西蒙（Neil Simon）的《阳光少年》中，一位八十多岁的杂耍演员对他的侄子说，他多年来演艺事业的成功可归因于他对“k词语”的使用。

“词语中含有‘k’音节的话，将会十分有趣”。“反之，就很无趣”，他解释说。“我告诉你哪些词总能招来阵阵笑声”，他继续说，“Chicken（小鸡）是有趣的，Pickle（泡菜）是有趣的，Cupcake（杯形蛋糕）是有趣的，Tomato（西红柿）和Roast Beef（烤牛肉）就很无趣，但Cookie（饼干）是有趣的，Cucumber（黄瓜）是有趣的，Car keys（汽车钥匙）、Cleveland（克利夫兰）也很有趣，Maryland（马里兰州）就很无趣。Casey Stengel（凯西·斯腾格尔）是个有趣的名字，Robert Taylor（罗伯特·泰勒）就没那么有趣。Cockroaches（蟑螂）”，他总结说，“很有趣——只是在你说出它们时，而不是在你抓到它们时”。

对于出庭律师而言，上述事实传达出一条非常明确的信息：想要最有效地表达交叉询问的核心论点，运用一种令人印象深刻的语言——你的单词和短语不仅要能准确抓住论点的要旨，还应当能吸引陪审员的注意。显然，如果陪审员压根没有听到你的论点的话，他们就不会理解其意义何在。无论如何，我们生活在一个只言片语的世界。你不仅需要花时间来简化你的主要论点，还需要关注怎样用一种最有可能使人印象深刻的方式来进行表达。因此，交叉询问的语言非常关键。

我所谈论的不是响彻麦迪逊大街的哪种大肆推销所用的语言，而是有效表达的问题。用简洁和自成一体的风格进行表达，这就是“k词语”（或关键词）。

1978年，我代表国际收割机公司参加了位于布鲁克林联邦法院的诉讼。这次诉讼是由一家曾做过收割机卡车的代理且代理权已被终止的经销商提起的。

这家经销商的总裁坚称，国际收割机公司供给的卡车数量不能满足他们的销售。也即，他上当受骗了。我用以下方式对其进行了询问：

问：你听说过供求法则吗？

答：是的。

问：有时候市场疲软，会出现库存过剩的情况吗？

答：是的。

问：有时候市场紧俏，卖卡车会不会就像卖热蛋糕一样容易？

答：是的。

问：你只是想要你的公平份额——不多，也不少？

答：是的。

问：你知道分配意味着什么吗？

答：是的。

问：现在，需求量很大，事实是你只得到了你想要的一半，这只不过是公平分配的结果，对吗？

答：不对。

问：好吧，在我们谈话的时候，卡车实际上就像鸡的牙齿一样稀缺（scarce as hen's teeth），对不对？

答：我以前从来没听过这种表达方法，我不知道你在说什么。鸡根本没对于出庭律师而言，上述事实传达出一条非常明确的信息：想要最有效地表达交叉询问的核心论点，运用一种令人印象深刻的语言——你的单词和短语不仅要能准确抓住论点的要旨，还应当能吸引陪审员的注意。

有牙齿。鸡的牙齿和卡车是两码事。

在那天之前，我也从未在法庭上使用过或听说过“像鸡的牙齿一样稀缺”这种说法。这是一个奇怪的短语，但肯定的是，陪审团很可能对此印象深刻。

证人回答完毕之后，我慢慢地踱步到陪审团面前问道：证人在作证时，是否就以下问题给出了如下答案。

问：卡车是不是非常地稀缺？

答：卡车就像鸡的牙齿一样稀缺。

就是这样。证人使用了同样的奇怪短语——卡车“像鸡的牙齿一样稀缺”。这是一个他承认自己以前从未听说过的短语。美妙之处在于，这些奇怪的、令人印象深刻的词语是由证人自己说出来的，而不是我。你不会总是那么幸运——能够抓住一个令人记忆犹新的、由证人首先提出的单词或短语。我不知道他为什么没有对此进行准备，但有时候你确实会有意外收获。

同样地，在那次庭审中，我还对这家经销商的首席执行官兼董事长就账本和记录造假的问题进行了交叉询问——这是特许代理权被终止的根本原因。根据一份库存审计报告显示，27 辆车不翼而飞。经销商此前宣称，这 27 辆车中，其中一些正在清洗中，还有一些分别停放在车身修理厂和喷漆厂，剩余的在外做试驾——这都是一些借口。实际情况是，这 27 辆车全被卖了，经销商把钱揣进了自己的腰包。起初，我还不能很确切地证明这一点。

于是，我开始收集证据。我发现了一本收支账簿，上面显示这些车全都被卖了。后来，我还找到了一些与之相匹配的作废的支票和存款单。他们并不知道我得到了这些记录。我找到车身修理厂的负责人，他答应出庭作证，证明自己对于其中一些车停放在其修理厂的事情说了谎。

在庭审结束前，我从首席执行官处共获得了两份口供笔录（deposition）和三份附誓证言（affidavit）。在这些证言中，他信誓旦旦地表示自己并没有把车卖掉。我让他重申他所说的都是事实，并保证不会改变证词。然后，我呈上了那本收支账簿。

问：这本账上显示，这辆车在 9 月 17 日被卖了。

答：这说明不了任何问题。

问：这是一份汽车牌照的申请记录。

答：我想把牌照先准备好，这样当顾客到店时就不必等了。

问：还有没有其他什么东西可以拿出来看看？

答：我不知道。

问：来看看银行存款单和作废的支票如何？

当问到这一点时，原告代理人提出反对，原因是这些文件没有被作为证据使用。于是，我将它们都作为一组实物证据提交。原告代理人基于“关联性”（link-up）原因对此表示认可。这时，我是不是又从对方处找到了一个更好的词语呢？

于是，我让证人翻看了那本收支账簿记录，并将其与作废的支票和银行存款单一一匹配。每当我问完一系列关于个人交易情况的问题时，总会这样问一句：“我们是否已经建立了关联性（link-up）呢？”

这就是伟大的 k 词语。

第19章

对说谎者进行交叉询问

丹·K·韦伯
(Dan K. Webb)

丹·韦伯（Dan webb）是温斯顿与斯特朗联合律师事务所（Winston & Strawn）主任；在担任主任之前，他已经从事诉讼事务多年。韦伯小时候生长于伊利诺伊州布什内尔县的乡下，其最高学历是就读于洛约拉大学芝加哥法学院（Loyola University Chicago School）并获得学位——这是一个夜大项目。在民事和刑事案件中，他都严于律己，力争提供美国执业律师所能提供的一流服务。他因严格遵守职业道德而闻名，并通过不懈努力，利用其专业技能为其委托人赢得了诸多胜利，同时也为他自己赢得了广泛的赞誉。他曾经担任美国联邦法院伊利诺伊州北部辖区的检察官；任职期间，他曾经先后起诉过许多贪污腐化的政客、法官、警察和律师。在伊朗军售事件（the Iran-Contra affair）的波因德克斯特上将案中（the Admiral Poindexter case），作为特别检察官对前总统里根的交叉询问，或许算得上他职业生涯中最著名的交叉询问事件了。

对于我们初审律师而言，交叉询问可能是最令人兴奋的事情。对说谎者实施交叉询问——某种程度上而言，我们可以推定某人说了谎——经常是交叉询问中最有意思、最富有戏剧性的部分。

显然，没有任何标准能够确定某人是否说谎。我们不能在某人头上绕一条带子，看它变成红色了，然后说“啊哈——我可以交叉询问那个家伙，因为很明显他说了谎”。因此，显而易见的是，许多判断的得出，实际上是去分析你要不要站在陪审团面前，称呼某人为说谎者。

问题是：当你看到一个证人作出不利于你的委托人的、破坏性的证言时，作为辩护人，你是否会对自己这样说：第一，我有没有能够向陪审团证明——事实裁决者——这家伙可能说谎的材料？第二，站起来对该人进行交叉询问，证明他说了谎，是否符合我方委托人的利益？

在你决定构建一种彻底摧毁对方的交叉询问策略以前，你必须进行上述分析。如果你打算这么做，那么，你就是在拿自己辩护律师的名声冒险。事实上是这种情况，你站起来，不管是 20 分钟或是 3 个小时，你将以某种方式向事实裁决者——通常是一个陪审团——证明证人确实故意撒了谎。

如果你不需要这么做或者压根不能这么做的话，你就不应该做这件事。毕竟，法庭上的失败是件可怕的事情。底线是，需要冒着极大的风险，走出去向陪审团证明，某人只不过是没有给他们错误的信息，或者证人只是没有出错，但他其实是一个彻头彻尾的骗子。因此，在进行分析时，如果你无法肯定地回答上述两个问题，那么，你甚至都不应该考虑去尝试做这件事。

我曾处理过一个得克萨斯的案子。当时，我面对的是一位医学专家，他要为某些科学研究的成果作证。我非常确信，这名证人对于研究的实际内容撒了谎。我相信他的撒谎是故意的，因为他对我的委托人抱有极大的偏见。然而，尽管向陪审团证明这位医学专家撒谎将会完全符合我委托人的利益，但我绝不能这么做——没有任何选择的余地——因为科学研究太过于复杂。

我意识到，这不会是一次干净利落（clean）、简明扼要（crisp）的交叉询问。因此，我决定放弃。之所以这么做，是因为我意识到，即使我“啃”了一到两个小时，到最后，也只能以早早地梗着脖子在法庭上对陪审团说这家伙是个骗子的方式而收场，但实际上，他们没准喜欢他，还可能最终裁决——无论我作出何种攻击——我是败诉方。

因此，你必须得作出判断。你得问问自己：我有没有实现这一目的的证据材料？

要作出回答，我经常会问自己两个问题。这两个问题都不是很复杂。

第一个问题是：决定是否实施交叉询问的前提是，我能否证明一个明确的、陪审团可以理解的说谎动机。如果我不能证明这个动机，我绝不会开始交叉询问——绝不，绝不，绝不。

我必须向陪审团证明，至少这个人有理由撒谎，才能开始交叉询问。当然，这并不是说，该人一定会撒谎。然而，在我们生活的每一天，我们都不得不接受这样一个严酷的现实：我们每天生活中所遇到的大部分人，有时会出于自身利益而撒谎。对比我们都可以理解。因此，我必须具有一套被我称之为交叉询问的“偏见”策略（bias line of cross-examination），以备不时之需。

第二个问题是：我是否至少拥有一套干净利落的、实质性的交叉询问策略，以便我能够证明证人可能确实说了谎？我需要这两个问题。如果我站起来，就证人对我的委托人抱有严重偏见的问题进行交叉询问，而不紧跟着运用一些干净利落、清晰明确的策略，以使陪审团最后相信——证人不仅是具有说谎的动机，我认为韦伯（本文作者）是对的。证人可能确实在那一点上撒了谎——那我就有麻烦了。

如果你没有那些干净利落（clean）、清晰明确（clear）、简明扼要（crisp）的策略能够证明证人说了谎，那么，你就不能交叉询问。这就是我在得克萨斯对那位医学专家进行交叉询问时所遇到的麻烦。我有偏见，我对这位医生和我所代表的制药公司之间怀有各种偏见。但我不具备一个干净利落、清晰明确、简明扼要、扎实可靠、能给人致命一击的交叉询问策略，以使陪审团最终裁决其说谎。因此，我没有实施交叉询问。

如果你不能同时具备这两点，那么，我认为，你就不应该站起来进行交叉询问，并试图把证人描绘成一个骗子。但是，假设你已经决定交叉询问，那么，如何去构建一种具有破坏性模式的交叉询问呢？在这种交叉询问中，你要向陪审团证明这家伙是个骗子，并摧毁绝大部分他所说的重要的事情。

我相信，从心理学角度来讲，一名证人如果连续地受到攻击（battered）、敲打（beaten up）、痛击(hammered)，便会逐渐在证人席上变得不堪一击。我之所以以偏见法开始，是因为我相信，尽快将弱点暴露更容易摧毁证人的自信，而且我也需要借此建立自信。

现在，你必须考虑你的以及证人的行为举止和态度。你需要想一想，当你实施这种交叉询问时，应该以何种方式出现在陪审团面前。因为，你站在舞台上，你可以去做任何你想要做的事情，一切取决于你想如何展现自己。

我经常以偏见式交叉询问作为开始。如果我想证明证人是个骗子，我绝不会拖到最后。之所以如此，是因为我想向陪审团昭示我的目的。我想让陪审团和我一起待上几个小时，或者庭审进行到的任何时间。因此，偏见式交叉询问传递出一种信息：我以这种交叉询问方式开始，直到我交叉询问完 5 分钟或 20 分钟之后，观众会这样想：哦，这个证人似乎是怀有某种对韦伯先生的委托人不利的说谎动机。

证人可能没有说谎，但我需要向陪审团表明，他们可能由于偏见的动机而歪曲了证言。如果不这么做，那我相信下一个交叉询问策略——我试图证明证人确实说了谎——显然不会被法官或陪审团认为是有效的。

基本上，我都力争握着证人的手说，“让我先来告诉你，你的动机是什么，然后我会向大家表明你实际上想要表达的内容”。我还非常直白地以这种交叉询问法开始，因为，当证人在直接询问中连续 2 个小时或 4 个小时地攻击我的委托人后，我真的想以强势的姿态开始交叉询问。偏见法通常就很容易做到。偏见就在那里，因为无论原因为何，人们总有各种理由说谎。偏见式交叉询问，是一种比较容易证明的交叉询问法。这种方法不用花费太长时间，而且显然足以能够有效地吸引陪审团的注意。

此外，坦白地讲，以此种交叉询问法开始的另一个原因是，以我对故意说谎的证人交叉询问的经验来看，我的最终目标是要摧毁证人的自信。我相信，从心理学角度来讲，一名证人如果受到连续地攻击（battered）、敲打（beaten up）、痛击（hammered），便会逐渐在证人席上变得不堪一击。我之所以以偏见法开始，是因为我相信，尽快将弱点暴露更容易摧毁证人的自信，而且我也需要借此建立自信。无论你实施过多少次交叉询问，每次当你起身这样做的时候，只有两件事可能发生——或者成功或者失败，失败的感觉非常糟糕。我想以“我能成功”的感觉开始，因此，我便以这种方法开始交叉询问。

但如果过快地进行这种交叉询问，那就犯了一个最严重的错误。我认为，这种交叉询问法好似一杯醇香味美的波旁威士忌酒。你必须得放慢节奏、小口啜饮，细细品味、慢慢品尝，让陪审团和你一起待上一段时间。这需要你坐下来，预先考虑该怎样运用我所称谓的“填充/漏斗问题”（filler question）。

我知道我要进行到什么程度，我也明白我得抓住一个核心要点进行询问。例如，在一件刑事案中，证人获得了豁免权。显然，我要想出一套交叉询问策略向陪审团表明：证人想要脱身，获得豁免权，以保全自己，牺牲我的委托人。现在，如果我站起来说，“顺便说一句，今天，查尔斯·科可拉（Charles Kocoras）法官签发了这条豁免令，这些是条款”，这将是十分荒谬的。我不打算这么做。我要放慢节奏。

我要想办法这样问：“证人先生，你在早晨醒来时是否曾有那么一瞬间，你对自己说，我的委托人坐牢总比你自己坐牢强得多?”

无论证人有何反应都不要紧。他可以想怎么说就怎么说，我不关心答案。

“好吧，虽然你说你并不曾有过那种想法，但是且让我继续进行下去。随着时间的推移，我认为，至少你已经开始在白天时偶尔考虑一下，自己是否将会面临十年的牢狱之灾。这当然不是你希望看到的。”

我把以上这种方式称之为“挤牙膏式的发问方式”（milking it）。我问了些漏斗式问题，我不关心答案究竟是什么。我只不过是不关心答案。但是我试图让陪审团开始注意到，免受牢狱之灾对于一个人的生活是多么的重要，而他能躲过坐牢的唯一办法就是让我的委托人去坐牢。我想让陪审团考虑到这一点。如果我遭到了几次反对，也无须介怀。最后，我要认真地对待豁免令。当进行到这一部分时我打算把它“挤”出来，但我需要一点一点地使其成立，我不想操之过急。我看到很多年轻律师都迫不及待地使用这种交叉询问法，这是错误的。

一旦当我建立起这种偏见式交叉询问法，我需要注意一下我将询问的几大要点。例如，如果交叉询问持续 3 个小时，那么要点大概有 8 个、9 个或 10 个。我喜欢找出一小串问题，我将其称之为“快速攻击”（quick-hitter）。我指的是偏见法以外的实质性论据。现在，我要介绍我的第二个交叉询问法。我一直在寻找一个干净利落（clean）、清晰明确（clear）、简明扼要（crisp）的问题链，既能实施快速攻击，也不会占用太长时间去建立。我不需要做大量的基础性提问，先前不一致的陈述就可以轻松地实现。一份有纰漏的文件（document），能够将证人在直接询问中的证言彻底推翻。

我试图极力攻击并摧毁的某一个核心要点，可能需要一段时间才能形成。这将会花费 30 分钟时间。在准备交叉询问的过程中，我会认识到，不能将其列为第二个要点，因为我想要首先制造出说谎的动机，然后，作为第二步，再举一个恰当的、简要的例子：证人今天在证人席上说的是 X，宣誓作证时说的是 Y，或者在文件中说的是 Y。你要试图引导陪审团这样想：韦伯是对的；证人可能故意向我们撒了谎。

我在准备交叉询问的其他部分时，运用了一种非常简单的方法。我一般将要点依次从强到弱排列，除非我想把一个强有力的要点留到最后。我经常将一个万无一失的要点放在最后。不可避免的是，我会临时在法庭上改变事先准备好的交叉询问。有好几次，当我认为我有 7 个要点时，交叉询问将会持续 3 个小时，我就是这么做的。或者，可能我认为我有三种交叉询问策略，这一询问只会进行 15 分钟。无论如何，我在开始交叉询问前都是有计划的。事实是，如果我用了四五种策略后发现效果不错，我自己感觉也不错，那么我就不会再冒险用其他策略了。因此，我总会以一种自我感觉最好的方法开始交叉询问，然后一次一个，一次一个，一次一个地直到用完这些方法。一直以来，我认为我应该有一种方法留到最后。因此，无论我决定删除哪种方法，我都会一直保留这种方法到最后。我可能删除或保留一些相对较弱的交叉询问法。我所指的"相对较弱"，是一些我认为值得去尝试的交叉询问法，然而一旦当我站起来，考虑再三，询问了一会之后，我可能会决定不再运用它们。这就是我的处理方式。我会对它们进行排序。

任何时候，当我听到一名律师在法庭上大吵大闹时，我知道他一定会失败。原因是，因为我知道陪审团将认定其失败，这就是我所关注的全部。

你应当如何准备交叉询问呢？我会先拿出一张白纸，逐条列明交叉询问策略。我把要询问这名证人的关键点写出来，逐条审视、揣摩，在每个要点旁边注上编号，然后开始扩充内容。我认为偏见法应当位列首位，然后这个是第二点，那个是第三点，我把它们记下来。但我不确定实际操作时还会不会这样做，因此，我在准备时基本上都会将这些交叉询问策略分成若干单元或模块，以便随时调整。每一次，我都是这么做的。我把它们写出来。我必须得边看边想，如何从一个问题过渡到另一个问题。只有写出来，我才能很好地去思考。我只是坐着想——不，我不想用那种方式交叉询问。我想把这份文件提到这里，把那份与之相矛盾的证词挪到这里。最终，我会形成一个精心谋划揣度的交叉询问策略，对此我认为，如果我按这种方式询问，将会布下更多的陷阱，这会更具有说服力，而且不会让人觉得匪夷所思。我不是一定得用这份文件，那份文件已经够了，我会用它来代替。我没法只在心里这样想。我必须将其落在纸面上，逐个架设问题，作出注释，形成一份文本或文件。我用一种可流动性的方式架设问题，以便在完成时，可以针对每种询问策略准备彼此独立的模块。因此，当我身处法庭，如果决定凭感觉开始询问，那么，至少在问到某一要点时，我还明白我在做什么。

交叉询问不像直接询问那样是在讲述一个故事。交叉询问经常会被打断，而且理应被打断。因此，那些模块就被存进了笔记本中，我可以来回挪动它们。可能在我听到证人的直接证言之后，决定将交叉询问的第四个问题提前到第三问题，那么，我只需将其调换即可。它们虽然独立于彼此，但都列在纸面上，经过精心揣度与谋划。现在，直接询问中可能会出现一些你以前未曾想到的事情，那么，你就必须得调换一下，作出一些改变。你构建交叉询问的语序——决定将哪个问题作为交叉询问的第一个、第二个、第三个、第四个、第五个问题，这从整体上决定了你能否成功。因为，如果你的方法正确，你将会获得动力，并最终成功，而如果方法错误，你将会失败。

交叉询问中的行为举止及态度，是关键性的考量要素。如果你已经认定证人是个撒谎者和无赖，故意在某些方面对你的委托人说了谎，那么，显然，我认为一种略带攻击性的行为是可以接受的。但是，我所说的"攻击性”是指坚定、自信和果敢。任何时候，当我听到一名律师在法庭上大吵大闹时，我知道他一定会失败。因为我知道陪审团将认定其失败，这就是我关注的全部。而且，我还知道，你不应该那么做。但是，我也明白，如果你要对说谎者实施交叉询问，大部分时候你还需要经常展现出一些情感，但不要太过火——你需要把握好度。有时候我会低下头。“稍等一下”，我会这样说，并低下头。“我只是想了解一些事情。就在刚才，你还告诉我是这样……”是的，我想让陪审团知道，我参与到了案件其中，并非只是在台上照本宣科。我想让陪审团知道，我确信这个人说了谎。

然而，你必须小心谨慎。我相信，律师当中普遍存在这样一种倾向，即认为：由于证人的说谎，他们必须要表现出一个半小时的愤怒，或者必须得不断地提高语调。这是极其错误的。交叉询问必须是坚定、自信和果敢的，但绝不是极端的。偶尔表示一下愤怒，这是一种你身临其境、强烈感知的情感，这是可以的，毕竟这是关于你委托人的事情。但绝不能，绝不能在交叉询问中大吵大闹，做得太过分。

有时候，你必须采用一种截然相反的方式。显然，交叉询问中的行为举止，会随着每个证人的不同而有所变化。你必须考虑你所交叉询问的对象。有好几次，当我开始对某人交叉询问时，虽然我必须得向陪审团表明该人故意撒了谎，但由于证人的个体情况，我又必须采用一种较为和缓的方式。我曾为佛罗里达的一个烟草公司做过辩护。其中的一个原告，是一个我逐渐开始产生好感的家伙，虽然我是他的敌人。他指控烟草公司致使其罹患癌症。这种癌症迫使其割掉了咽喉，多年来，他只能依靠导管进食而勉强活着。在这种情况下，他仍坚持在长达一年半的时间中出庭作证。他非常友善，且富有同情心，这种人格品质给陪审团留下了深刻的印象。因此，我知道陪审团喜欢这家伙，我也喜欢这家伙。当他站在证人席上开始作证时，他做了大量显而易见、虚假的、于我的委托人不利的陈述。我无法改变这一事实，但同时我也明白，显然，我不能就这么站起来将他拉下去。对我而言，这没有任何意义。我把他描绘成了一个在他的直接证词中说谎的人，但我是慢慢这样做的，非常谨慎，而且，我还运用了一种交叉询问策略，很像一名老师。“这么说，这是你所陈述的情况，那么，让我们来看看这份文件上是怎么说的。这两件事情根本不是一回事，没错吧?”我相信——我自己绝对相信——对此人显示出任何一点的不屑，都将会招致陪审团的反对。

> 由于我的判断失误，那晚，我坐下来重新构建、整备了整个询问过程。这也使得好几个年轻律师进来告诉我，我的判断出现了失误。

但是关于你应该如何对待每一位证人的决策，却并非轻易能够作出。没有任何确凿的、简便的规则可以遵循。1984 年，当我还在芝加哥担任伊利诺伊北部地区联邦检察官时，我亲自对约翰·墨菲（John Murphy）法官提起了控诉。他是在我们称之为“鬼落”（greylord）调查中第一个被送上法庭的法官，这项调查是针对法院腐败而开展的秘密调查。当我站起来准备对墨菲实施交叉询问时，作为一名检察官，我决定应当对这名受到指控的法官表示尊重，即使他现在是本案的被告。于是，我开始以一种被我称作“恭敬”的方式对墨菲实施交叉询问，这种情况大概持续了 30 分钟，然后就休庭了。当我回到办公室时，和我一起调查这起案件的那些年轻的助理检察官们走进来坐下，问我：“刚才你在做什么?”我说：“你们认为我在做什么？我正试图对一名法官进行交叉询问。”“好吧”，他们说，“这简直是场灾难。你所展示给他的都是恭敬；你表现的好像他很值得尊重。他是一个接受审讯的刑事被告”。“韦伯”，他们说，“按你通常的做法去做。站起来，给他以重重一击”。

由于我的判断失误，那晚，我坐下来重构、修整了整个询问过程。其间，好几个年轻律师进来告诉我，我的判断出现了失误。第二天，我确实改变了我的行为举止，效果也的确好了很多。墨菲法官被宣告有罪。这些是你必须做出的判断。每个案件都是不同的。但是，无论如何，你不能只是站起来——由于证人说谎——一而再、再而三地愤怒失控。

最后，交叉询问既是一门艺术，也是一门科学。但是，让陪审团认识到对方当事人传唤的证人在说谎，就像在法庭上证明它一样重要。

第20章

越简单越好

洛娜·普罗普斯
(Lorna Propes)

洛娜·普罗普斯的职业生涯是从库克县的州助理检察官开始的。在此期间，她以坚强顽固的作风在同事和对手中为自己赢得了普遍的赞誉。她拥有极强的幽默感，既能够敏锐地把握怎么做才能说服陪审员，又能够与对手展开激烈的对抗。后来，她在代理遭受人身伤害的原告方面取得了极大的成功；偶尔，她也会代理被告人一方，就像在关于胸部移植的诉讼案件中代理道·科宁一样。她毕业于洛约拉大学芝加哥大学法学院；现如今，她经营着一家以自己名字命名的诉讼精品店——普罗普斯与科维尼联合律师事务所（Propes & Kaveny）。

律师往往因沉迷于案件的细节而无法辨识最清楚的表达方式。但是，通常情况下，发问越简单越好。

我曾经代理过这样一个家庭：他家的 13 岁男孩因为往芝加哥运输公司所有的、电力机车的动力车轨上小便（该铁轨负责为电力机车输送动力电）被电死了。

这位小男孩身上具有电击现象。

我们代理该案并赢得了胜利。但是，伊利诺伊州上诉法院似乎想看一看我们是否真的能赢两次。于是，他们又给我们了一次机会；而且，他们对该案的争点问题进行了限定，因此，在第二次审理中，真正的问题只有一个：即芝加哥运输公司是否曾经告知那些可能侵入其财产以及已经侵入其财产的社会公众，他们可能已经置身危险区域——电力机车的动力车轨附近。

在陪审团不在场的情形下，初审法官允许将一份实物证据概述作为证据使用。该实物证据概述描述了以下基本事实：在我方当事人的小男孩被电死之前，十年时间里，曾经发生过 71 起电力机车的动力车轨致人死亡或受伤的事件。

我认为，这是一份相当不错的、有关告知问题的证据；尤其是，在这些事件中，有 49 个人失去了生命。并且，我试图尽己所能让这些事实对陪审团产生真正的影响。如果你只是提出一个数字，它在那儿飘荡一下，很快就会消失得无影无踪，而不会给人留下一种持久的印象。而探究每起事件的细节原本也有问题，因为，在某种意义上，这么做将有利于对方。

不幸的是，我们不得不将芝加哥运输公司的一名雇员作为敌意证人传唤到庭，以便可以就与其第一次审判时的证言相关的四个问题对他进行询问。我们询问完毕后，芝加哥运输公司的律师站起来，开始对该证人展开极其冗长的询问，目的是证明该证人是芝加哥运输公司的历史见证人。当他问到哥伦比亚博览会时——这时候，他的询问还没有进入 20 世纪呢——我突然有了一个好主意。

我转向我们的法律助理吉恩·卡瑟利——她宁愿我们叫她“图表问题专职顾问”。庭审期间，我们带了电脑。我问她，我们电脑里是否有芝加哥运输公司的运营地图，她回答说，没有。于是，我说：“那就去找一份吧。”

她离开法庭，走进电话亭，给所里的其他几个法律助理打了电话；后者从卷宗中找到了地图，去金考复印社扫描了一下，拷到优盘上，送到法庭上来。这时候，对方关于该证人的询问已经接近芝加哥运输公司 1914 年的历史了。

轮到我进行再主询问时，我把那张地图用投影放映到一个 10 分米×7 分米的屏幕上。然后，我对证人说，“你已经相当有力地证明，你是芝加哥运输系统方面的专家。这是一张芝加哥运输系统的地图。你熟悉这里的所有站点、所有车站和所有线路吗？”

当然，他的答案是肯定的。于是，我说道，“好，这是一份实物证据——原告方的第 55 号证据。”该证据列出了过去十年发生的所有死亡事件。我让他看了一眼投影，然后说：“在我读这份名单时，我想请你在地图上指出我提到的那些车站。”

陪审团当然知道我在干什么。他们明白，激光笔在地图上每点一次，也就代表着我方当事人——13岁的孩子因动力车轨丧命之前，芝加哥运输公司知道又发生了一起类似事件。

我告诉陪审团，这份实物证据展示了1981年至1991年间因触及动力车轨而电死人的49起事件。其具体过程大体如下：由吉恩说出事发的时间地点：1981年7月12日，蓝线的拉勒米车站，同时，由那位证人在投影上指出来，再由吉恩在地图上标上电脑自动生成的红钩。1981年7月18日，红线的莫尔斯车站；1981年8月28日，红线的贾维斯车站；1981年9月2日，棕线的雷文斯伍德车站；就这样一个接一个地在地图上标出来。陪审团当然知道我在干什么。他们明白，激光笔在地图上每点一次，也就代表着我方——当事人13岁的孩子因动力车轨丧命之前，芝加哥运输公司知道又发生了一起类似事件。事实上，最后三起死亡事件距离这孩子丧命只有30天的时间。在发问过程中，整个法庭静得掉一根针都能听得见。事后，主审法官评论说，这一过程就像是在向那些死难者致哀一样。

那么，谁能说那些可能侵入芝加哥运输公司享有优先通行权区域的人得到过此类警示呢？该案件到此结束。

从这件事中你可以总结出两点有益的经验。第一，面对上述情形，证人已经无能为力，他只能呆坐在那里，事实上默认那些证据。在本案中，由于证人的言行举止显得如此糟糕，以至于又额外增加了这方面的影响。

第二，对于以下律师而言，这一点将显得更为重要：如果你已经与图表专家一起工作了很久，而且知道，如果在开庭前几个月里你准备将这些图表作为实物证据提交法庭的话，需要花成千上万美元才行——那么，就请到金考复印社将地图扫描出来，这么做将物有所值。

通常情况下，最好的交叉询问恰恰是最简单的询问，而最好的图表恰恰是那种最便宜的制作。

第21章

来自交叉询问叛逆者的五个妙招

特伦斯·F·麦卡锡
(Terence F. MacCarthy)

特伦斯·F·麦卡锡担任芝加哥地区的联邦公设辩护人已经四十多年了。这意味着，与贫穷被告人有关的所有联邦刑事案件都由他的办公室负责。但是，与政府法律办公室的其他许多高级律师不同，麦卡锡不仅仅是一名监督者。在他整个职业生涯中，他一直是一名积极主动的出庭律师；现在依然如此。麦卡锡曾经被人誉为“美国律师界最受欢迎的老师”(“American's most popular teacher of lawyers”)，而且，其职业技能以及为被告人权利辩护的努力已经为他赢得了多项荣誉。他毕业于德保罗大学法学院(DePaul University College of Law)。

多年来，我既看别人（尤其是刑事辩护律师）的交叉询问，自己也在进行交叉询问。

出击、掠夺、抢劫。让对方片甲不留！

我要让法庭上的所有人都知道，我了解案件的事实真相；更重要的是，我要让他们知道，我又臭又硬。然而，不幸的是，尽管我的交叉询问具有攻势凌厉的风格，我的许多委托人还是被判入狱。我常常说，在联邦量刑指南颁布之前，我是造成联邦监狱人满为患的主要原因。而我交叉询问的风格要对此负主要责任。

在过去15年左右时间里，上述情形已经发生了变化。哦，是的，我代理的某些人还是会被判入狱，但是，他们被判入狱却并不是因为我的交叉询问。我的结论是，我交叉询问的方式根本毫无成效。现如今，面对交叉询问的旧约新经，我成了一名无神论者，一名不可知论者，一名无信仰之人。简言之，我不认同如何进行交叉询问的传统说法。

19、20世纪之交，纽约著名出庭律师弗朗西斯·威尔曼（Francis Wellman）撰写的《交叉询问的艺术》（*The Art of Cross-Examination*）是交叉询问的旧约；作为迄今为止最受欢迎的法律继续教育的论著，欧文·杨格教授（Irving Younger）所著的《交叉询问的十条戒规》（*The Ten Commandments of Cross-Examination*）可称得上是交叉询问的新约。

尽管威尔曼具有惊人的出庭辩护能力、杨格教授具有高超的授课技巧，但是，在我看来，他们传授的东西并不是很有用。我并不认为，交叉询问是一门艺术——就像他们教的那样。如果交叉询问真是一门艺术的话，教出庭律师应该如何进行交叉询问（如果说不是根本不可能的话）将会是一件非常困难的事情。

> 尽管威尔曼具有惊人的出庭辩护能力、杨格教授具有高超的授课技巧，但是，在我看来，他们传授的东西并不是很有用。我并不认为，交叉询问是一门艺术——就像他们教的那样。如果交叉询问真是一门艺术的话，教出庭律师应该如何进行交叉询问（如果说不是根本不可能的话）将会是一件非常困难的事情。

而且，我也不相信，在律师期望自己可以举止得当地进行交叉询问之前，至少要办过25起案件才行。

那么，关于交叉询问，我有哪些经验可言呢？以下，我就和大家一起分享五个妙招与建议——在这些建议中，（如果说不是绝大多数建议都是这样的话）有许多有别于传统理论，有别于我们的习惯，也有别于我们通常如何进行交叉询问。

第一招。交叉询问不是为了展示你有多聪明或者有多坏。简单地说，交叉询问显而易见的目的是赢得诉讼。让陪审团喜欢你、敬重你，对于打赢官司具有重要影响。对于那些对法庭咆哮或者对证人进行无理纠缠之人，陪审团成员也不会给他好脸色看。

事实上，有一些证人本性就是一些应受谴责之人。例如，被判有罪的重罪罪犯、共犯以及为控方提供实质帮助的告密者（是的，那也是一个人!）。另外一些证人，由于他们推三阻四、态度问题或提供伪证，也应当受到嘲弄和打击。但是，值得注意的是，在展开上述攻势之前，你必须确定陪审团会支持你。只需看一眼陪审员即可，如果他们也对证人表示不满，那么，你就等于得到了他们的批准，可以对该证人进行更严厉的打击了。否则，你需要时刻注意你的言行举止。

第二招。如何开篇与收尾？在任何出庭辩护培训项目中——幸运的是，现在有许多质量上乘的培训项目——这些重要的人际交流概念已经引起了高度重视；但是，人们却只是将它们应用于开庭陈述与总结陈词。为什么要在交叉询问（尤其是在直接询问）中忽略这些概念呢？

将重要的内容放在交叉询问的开头和结尾，对于交叉询问具有至关重要的意义。就交叉询问的开篇而言，请忘掉诸如“下午好，琼斯小姐”之类的传统问候，或者其他我曾经听过而且事实上还在用的更让人腻味的客套话。根据你的案件挑选一个话题，而且，话题越重要越好。请确保（下文我们将讨论为什么要控制主导权）你的立场可以得到证人的认同。我所能想到的最好也是最有成效的例子——尽管该例子几乎只适用于刑事案件——是这样开始的：

法官：“辩护律师，你可以开始交叉询问了。”

律师：“是否可以这么说，你是一名被判有罪的重罪罪犯?”

除了回答“是”，证人还能说什么呢？

交叉询问的第一个问题通常只需要一个事实陈述。例如，在目击证人进行辨认的案件中，问他：“你是否也同意那天晚上天很黑?” 在民事案件中，问他：“某某公司会为你的作证活动支付报酬，你承认吗?”

但是，如果你准备依据《联邦证据规则》第609条的规定，运用先前的定罪记录对证人进行弹劾的话，则需要在交叉询问的开头安排一组事实陈述，而且，最好将曾经定罪这一事实描绘成一个小故事。

高调结尾（收关之笔）也同样重要。这一想法总会让我想起杨格教授的以下戒规：不要问画蛇添足的问题。第一次看到这一戒规及其例子时，我觉得他讲得很对。不幸的是，我现在才知道，无论是这一戒规还是所举的例子，并没有多少道理。

首先，出庭律师怎么知道他准备问的那个问题是“画蛇添足的问题”呢？他当然无法知道。

杨格教授举的那个例子尽管令人痛心且永生难忘，但也具有同样的缺陷。在那起因打斗中被对方咬掉鼻子的案件里，对控方证人进行交叉询问的律师不是别人，而是亚伯拉罕·林肯。在交叉询问中，林肯问证人是否真的看见被告人咬掉了对方的鼻子，证人对此作出了有利于辩方的回答“没有”。据杨格教授所言，这时候林肯应当就此止步。但是，他却没有这么做，而是问了一个画蛇添足的问题：“如果你没有看见他咬对方的鼻子，又怎么知道是他咬掉的呢?”

对于刚入道的律师而言，这是一个开放性问题，也是交叉询问中不应该出现的问题。那个证人令人永生难忘的回答是：“我看见他把鼻子吐了出来。”

暂且不提交叉询问中是否可以使用开放性问题这一话题，现在的问题是，如果林肯没有问这一画蛇添足的问题——这一问题让他自己陷于困境之中——他的处境可能会变得更糟糕。如果他没有问最后这个问题的话，我可以百分之百地说，在再主询问时，检察官一上来就会问同样的问题。因为在再主询问中，检察官可以问开放性问题，而其后果则是毁灭性的。林肯的做法可能并不像看上去那么愚蠢，相反，这一举动别有深意：如果不这样的话，可能会有损于他的可靠信誉。优秀的交叉询问律师明白，可以暂时赢得陪审团好感的巧妙发问——尽管这一好感是不正确的，而且，很快就会被对方纠正过来——等于向败诉方向迈出了一大步。

以案件的某一话题作为开篇与结尾，高调开始你的交叉询问。

第三招。绝大多数交叉询问涉及人与人之间的对话。首先是交叉询问律师的发问，之后是证人的回答。通常，律师与证人之间的这一对话过程会因提出论据或模棱两可的遁词而中断。这不是我所想要的交叉询问。

作为一种现成的手段，交叉询问应该是一种独白而不是一种对话。要让证人的回答成为一种选言命题而不是叙事表达。这不仅可以降低证人的可靠性，而且，可以赋予交叉询问律师自己讲故事的机会。

第四招。水平更高的交叉询问律师会使用传统意义上的诱导性问题。尽管这种问题要比其他问题（尤其是开放性问题）好得多，但是，这一发问方式同样需要加以改进。就像诱导性问题是一般问题的改良版一样，事实陈述可以看做是传统诱导性问题的改良版。

> 简单地说，交叉询问显而易见的目的是赢得诉讼。让陪审团喜欢你、敬重你，对于打赢官司具有重要影响。对于那些对法庭咆哮或者对证人进行无理纠缠之人，陪审团成员也不会给他好脸色看。

例如，糟糕的交叉询问律师可能会这么问："你在哪儿见过哈里?"（Where did you see Harry?）水平较高的交叉询问律师则会问："事实上你不是在蓝岛大街见过哈里吗?"（Isn't it a fact you saw Harry on Blue Island Avenue?）水平再高一些的交叉询问律师可能会问："你在蓝岛大街见过哈里，不是吗?"（You saw Harry on Blue Island Avenue，didn't you?）然而，最好的律师却只是将这一事实陈述摆在证人面前："你见过哈里。在蓝岛大街见过他。"（You saw Harry. He was on Blue Island Avenue.）

事实陈述从三个方面增进了你交叉询问的质量。第一，翻来覆去地使用诸如"这么说不对吗?"之类的前缀或后缀，只是一种"律师语言"。第二，贴上传统诱导询问的"标签"会影响我们自己讲故事的能力。最后，陈述句更简单明快。

第五招。一些交叉询问律师对于控制证人不感兴趣。任何有经验的刑事辩护律师都知道这种想法有多么愚蠢。还有一些律师（通常也主要是刑事辩护律师）则以令人厌恶的方式急于控制证人。例如，坚持要求证人"请只用'是'还是'不是'来回答我的问题"。事实上，你必须控制证人，但是，你这么做的时候要不显山露水。这是交叉询问的技巧之一。

借助简单的事实陈述讲述你方的故事将有助于提高你的控制力。如果证人开始变得难以对付，那么，就需要给他一点温和的打击，以防止其继续作出不利的回答。为了控制证人，前人已经提出了许多方法和建议。我最喜欢的方法是——部分因为这种方式非常简单易行——简单重申你最初的事实陈述即可。

尽管我担心我所讲的这些招数可能会显得如此极端，以至于我的上述言论根本无法进入交叉询问的圣殿——这些招数的某些因素在威尔曼和杨格的著作中也可以找得到——但是，这些招数至少反映这一话题的其他侧面。事实上，在本质上，这些招数是关于交叉询问微妙之处的理论。理解并应用这些微妙之处的能力只能在长期历练中培养。我猜，这正是为什么我花了15年左右的时间才"明白这些道理"的原因吧！或许，阅读本文会让你更快地明白这些道理。

第22章

除了专家证言本身，你可以问专家证人任何问题

托马斯·M·德金
（Thomas M. Durkin）

托马斯·M·德金——取决于你谈话的对象是谁，也可能被称为“那个”汤姆·德金——是一名令人敬畏的律师。作为芝加哥西区一家有8个孩子的爱尔兰家庭的长子，他先后取得了伊利诺伊州大学的会计学学位和德保罗大学的法学学位；之后，他将学到的知识运用于针对具有较大影响的欺诈案件和公务人员贪污腐化案件的刑事起诉实践，并在联邦检察官办公室一干就是13年——离任前任该办公室联邦第一副检察长（First Assistant）。后来，他带着长期以来赢得的社会声誉和坚忍不拔的风格加盟到迈耶·布朗律师事务所（Mayer Brown）；作为该所的合伙人之一，他通过为全国各地的白领犯罪案件进行辩护、处理各式各样的民事案件，继续谱写着法庭上的胜利篇章。

陪审员喜欢娱乐。但不是以油滑、浅薄的方式，而是以合乎其品味的方式。终究，他们是一些坐在那里，每天要花 5 至 7 个小时、前后可能持续数周甚至数月之久，倾听你和证人说话的人。在步入法庭时，他们关于法庭活动及其持续时间的认识，来自前后只有 1 个小时的电视节目或者 2 个小时的电影，而且，观赏效果通常也都令他们感到满意。因此，开庭后，不用多长时间，他们的这一认识就会灰飞烟灭。

某些审判活动（尤其是刑事案件的审判，但复杂的经济欺诈案件除外）自身可能具有引起陪审团兴趣的丰富的戏剧性。但是，对于民事案件，尤其是冗长且具有高度技术性的专利案件，陪审团所经历的却只是枯燥乏味的庭审，甚至可以说是一场灾难。陪审员当然会努力倾听证人的宣誓，并尽可能认真地聆听他们的证言，但是，某些证据（有可能是证人，也有可能是某些书证）就是那么复杂、那么枯燥，甚至是既复杂又枯燥。

在此类证据中，专家证言可谓最糟糕的证据类型了。如果是某位律师作为专家证人就审计报告问题作证的话，那就更糟糕了。你唯一能做的事情就是尽力不要让自己转身逃离法庭。诸如此类证人的绝大多数描述都来自转眼即忘的主询问与同样乏味的交叉询问。但是，那又能怎样呢？这是胜诉的希望所在。为了向陪审团讲述你方的案件事实，你可以传唤任何证人来接受交叉询问。而且，如果你能在对方当事人自认安全的专家证人身上赢得一些点数，并证明对方当事人与该证人串通一气的话，所有的情形都会好转起来。

对专家证人（尤其是优秀的专家证人）进行交叉询问时，应当选择你有资料展开质疑的个别领域发动进攻。这么做可能意味着你必须忽略实体证言的大部分内容。这需要一些自律精神；出于本能，人们总想展开全方位的进攻。对于询问证人而言，后一做法是愚蠢的；对于专家证人而言，尤其如此。在开始询问时，专家证人会当着你的面抛出他的专家意见，气势上压倒你，让你看上去几乎像一个傻瓜。

有时候，可能需要就专家证人先前的书面材料或先前证言的内容对他进行交叉询问。当然，你会探究相应的信息，寻找其前后不一致的内容，但是，你往往不会那么幸运。除非该专家证人是一个多产作家，他一般都会记得写过什么，并按照书面材料和证言的内容作证，以避免因明显的不一致受到弹劾。

对专家证人进行交叉询问要比其他任何证人都难。在绝大多数案件中，与询问有关案件事实的证人不同，你几乎肯定会聘请自己的专家证人，并由他从实质层面对对方专家证人的证言进行反驳。基于此，根本不需要你来打本垒。甚至连二垒、三垒都不需要你动手。你只需通过一些单打独斗将对方的专家证人降级即可。

几年前，我曾经在巴尔的摩市办理过一起冗长的专利侵权案。开庭审理 2 个月后，原告方传唤了一名“有关法律问题”的专家证人，并就专利申请程序以及为什么说律师事务所出具的意见书足以作为反驳恶意侵权诉讼的证据到庭提供证言。时值巴尔的摩的炎炎夏季，在这样一个令人昏昏欲睡的日子里，陪审团成员并不期待会有什么收获。通过要求该专家证人提供宣誓证言，我心里明白：对于他的证言，我无法提出实质性质疑。我方专家证人将会表达与之不同的意见，但是，这种分歧根本无法对对方专家证人形成具有实质意义的交叉询问。

因此，第一步旨在确定对方的专家证人不会就哪些内容作证。在主询问阶段，他就两个独立的问题提供了证言。因此，交叉询问会比较简短，只需指出该专家证人就这两个领域的证言仅仅是其个人意见即可。更好的策略是通过以下方式将该专家证人的作用边缘化：即指出还有哪些领域他的证言根本没有涉及，以及对于这些领域，他根本不具有作证的主体资格。

我的建议是，对于有争议的领域，要特别强调本方证据最充足的那些内容。以下是这一交叉询问活动的片段：

问：先生，你没有旁听本案的其他证据，对吧？

答：没有旁听。

问：对于像你一样曾经坐在证人席上提供证言的那些证人，你不存在任何成见，是吧？

答：是的。

问：对于本案是否存在专利侵权行为，你并没有发表专家意见，是吧？

答：是的。

问：对于该项专利是否有效，你也没有发表任何意见，是吧？

答：是的。

问：你的专家意见仅限于以下问题，即，［律所］1994 年与 1996 年出具的法律意见足以构成［侵权人］继续生产［该项产品］的善意根据，是吧？

答：是的，是这样。

问：好的。你并没有就这些意见自身的正确性提供证言，是不是？

答：是的。

问：而且，也没有对 1994 年之前生产该项产品的善意根据提供专家证言，是不是？

答：是的。

问：对于本案涉及的具体生物化学问题，你没有受过相关的教育，是吧？

答：所有具体生化问题吗？当然。

问：而且，你也没有受过以下教育——你并非分析化学专家，是吧？

答：是的。

问：你没有受过医学训练，是吧？

答：是的，如果你所说的“医学训练”是指我没有念过医学院的话。

问：而且，你不曾——你从来没有在医院工作过，是吧？

答：是的。

问：先生，在过去 25 年时间里，你是否起诉或参与过任何一起有关专利事后修正程序（the amendment process for any patens）的案件？

答：是的。自 1973 年起，我就不再从事专利事务了。因此，距今已经有 25 年时间了。

问：在过去 25 年时间里，你是否参与过专利办公室的业务？是否具有这方面的执业资格？

答：作为委托人的律师吗？没有。

问：你本人从来没有担任过专利审查人，是吧？

答：是的。

对专家证人（尤其是优秀的专家证人）进行交叉询问时，应当选择你有资料展开质疑的个别领域发动进攻。这么做可能意味着你必须忽略实体证言的大部分内容。这需要一些自律精神：出于本能，人们总想展开全方位的进攻。

问：你不认识这些案件的专利审查人吧？

答：当然不认识。

问：此前你是否曾经为了让当事人可以根据你的专家意见避免受到可能的恶意侵权判决，提供过类似的专家证言呢？

答：我不得不承认，没有过。

问：你自己是否写过类似于你评论过的——两天前你曾经评论过的——专家材料？

答：我曾经写过一两份这样的专家材料，但涉及的是其他领域的问题。因此，就本案问题，我必须承认，绝对没有写过。

（第二步，而且这或许是毕其功于一役的环节，要揭示该证人的偏见（bias）。最简单的办法是证明对方向专家证人支付了报酬。当然，你自己的专家证人也存在同样的问题——你也需要为他付出的时间和出庭作证支付报酬。但是，如果该证人是一位“职业化”的专家证人，而不是偶尔出庭作证，那么，（相对而言）就有趣多了。）

问：你是一位法学院教授，是吧？

答：是的。

问：但是，你的大量时间花在担任专家证人上，是吧？

答：我大概有1/3的时间用在专家证言的准备工作上。

问：这既包括在法庭上作证、在提供附誓证言程序中作证的时间，也包括为了在前两种程序中提供证言所付出的准备时间，而不管最终是否真的出庭作证，是吧？

答：是的。

问：很显然，你是按照专家证人的标准收取报酬的，是吧？

答：是的。

问：每小时多少钱呢？

答：每小时400美元。

问：作为专家证人，你每年能赚多少钱呢？

答：在过去5年里，每年大概有3万美元多一点儿吧。

（在针对专家证人的交叉询问中，有关偏见的第二个领域是，该专家证人为特定律师事务所提供专家证言的次数。）

问：［律所A］曾经多次聘请你担任专家证人，对吧？

答：是的。

问：在本案中，也是［律所A］聘请你的，不是吗？

答：是的。

问：你知道［律所A］前后聘请你担任过多少次专家证人吗？

答：不记得了，不过这非常简单。我们查查记录就知道了。但是，我想大约有12次吧！也可能稍微多一点。

问：有19次吗，先生？

答：我现在手头没有记录。不管多少，查一查就知道了。

问：请你看一下723—A号物证的文件，这是你的简历。请你看一眼上面的案件清单。

答：好的。

问：如果你愿意，请数一下［律所 A］前后请你担任专家证人的次数。

答：我数的结果是 8 次出庭作证。我希望我数对了。让我们看一下之前的附誓证言（deposition）吧！我可能数错了。我数的结果是，以附誓证言方式作证 10 次，出庭作证 8 次。

问：这么说，就是 18 次啦。

答：是 18 次。

问：但这不包括本案，对吧？

答：是的。

问：［律所 A］聘请你的次数要多于其他律所，是吧？

答：有可能。

（至此，该专家证人的问题在于，尽管他曾经多次就以下问题作证，即依据律所的建议函是否足以反驳恶意侵权指控，但是，他每次作证都不是为了证明作为案件当事人一方且聘请其出庭作证的律师事务所出具的建议函具有充分性。律所 A 是本案的当事人一方，而且，该专家证言的目的是证明该律所的建议函足以反驳恶意侵权指控。之前他从来没有这么做过，因此，这是展示其偏见的关键所在。）

问：在本案中，你需要就［律所 A］建议函具有足以反驳本案指控的充分性提供专家证言，是吧？

答：是的。

问：此前是否有律所曾经聘请你评论过其他律所法律意见书对于反驳此类指控的充分性呢？

答：有。

问：一共有多少次呢，先生？

答：我想有四五次吧。

问：好的，让我把它写在这儿，以便确认你是否同意我的结论。你拿到了一份甲律所出具的法律意见书，对吧？你明白我的意思吗？

答：是的。

问：之后，乙律所聘请你就甲律所出具的法律意见是否足以反驳此类指控提供专家意见。这样的事情发生过四五次？

答：是的。

问：本案的情形是，你受雇于甲律所并就甲律所出具的法律意见书是否足以反驳此类指控提供专家证言，对吧？让我们把甲律所替换成本案的当事人［律所 A］。你受雇于律所 A 就他们自己出具的法律意见提供专家意见，是吧？

答：是的。

问：之前你为这种情形提供过证言吗，先生？

答：没有。

问：我记得，在主询问中你曾经作证说，你曾出庭作证多少次来着？

答：出庭作证，共计 85 次。

问：那么，以附誓证言方式作证呢？

答：以附誓证言方式——无须出庭作证的那种，有 50 次吧。我这么说的意思是，不算我先提供附誓证言，后又出庭作证的情形。我没有这方面的记录，因为我后来提供了当庭证言。

问：先生，可否这么说，你受聘作为专家证人提供证言的次数，包括当庭作证和提供附誓证言，总共有139次，或者更多？

答：哦，稍微多一点。

问：但是，在这139次或者更多的作证中，你从来没有就聘请你担任专家证人的律师事务所的法律意见书是否足以反驳此类指控提供过专家证言？

答：我已经说过了，确实没有。

通过上述交叉询问，陪审团已经明白该专家证人的证言自身如何频频发生矛盾。律所A传唤他作为专家证人并支付他报酬请他作证，律所A出具的法律意见书足以反驳本案指控。他曾经作证139次，但是，从来没有就这样的问题提供过证言。其间的利益冲突是显而易见的，而且大大削弱了该专家证人和律师A的可信性。

最后，在专利案件中，关于专家证人的交叉询问可能会出乎意料地出现一些小的喜剧化高潮。在巴尔的摩这起案件中，原告方律师傲气十足地展示了该专家证人撰写的8卷本专利法著作，这确实令人印象深刻。从陪审团那里看过来，这些著作摆在原告方律师的桌子上，有半桌子那么长。这些多卷本著作裹着牛皮封面，每本书的封面上都有烫金的书名。很显然，为了这些著作，作者付出了极大的、令人印象深刻的学术努力；事实上，在过去20年时间里，这些书每年都会修订3次之多。

在缓慢的庭审过程中，这些摆在陪审团面前的多卷本著作，吸引了陪审团的注意力；而且，该书的作者在作证时，以一种虚伪的谦逊姿态一再提到这些著作。主询问给陪审团留下了深刻的印象，但是，等到交叉询问的时候，由于该证人的证言存在着明显的利益冲突，致使陪审团开始怀疑他的可信性了。如果你能够在交叉询问中利用原告方展示的实物证据，那么，你可以迅速扭转局面。于是，我拿起这些著作中带有索引的那本，举起来，

问：这些著作有好多卷、好多页，是吧，先生？

答：是的。

问：在这些著作的最后，你编写了索引，不是吗？先是判例表，之后是一个索引？

答：是的。

问：先生，在这份索引中，你用好多页纸罗列了这些博大精深的多卷本著作中讨论过的所有主题。那么，在这里是否可以找到利益冲突的内容呢？

答：不能。

问：我没有其他问题了。

对方当事人也没有什么可说的。事实上，一些陪审员甚至笑了起来。在3个月的法庭审理中，你的生死取决于这些陪审团成员是微笑还是皱眉之类的日常举动；因此，他们对对方专家证人致命错误发出的笑声，在你听来犹如动听的乐章。

第23章

打败诺贝尔奖获得者

查尔斯·W·道格拉斯（Charles W. Douglas）

查克·道格拉斯（Chuck Douglas）是历史悠久的西德利·奥斯丁（有限责任合伙）律师事务所（Sidley Austin LLP）的管理委员会主席。他曾就读于哈佛法学院；他聪明的同行说，他行事低调，因此很容易与陪审团“打成一片”。在各式各样的商事案件中，他通常代理被告一方，而且曾经在一些极端复杂的案件中，代理过诸如微软、AT&T等巨型公司。

事实上，一位我所熟识的、非常有经验的出庭律师曾教导我说：通常情况下，你最好将反驳对方专家证人的工作留给你自己的专家证人。不幸的是，我一直无法遵守他的这一忠告。

对于许多出庭律师而言，交叉询问中最令人畏惧的部分要数与专家证人过招。这些专家几乎清一色拥有一流的文凭，而且他们对于作证的主题要比出庭律师知道的多得多。老练的专家证人知道怎么回避出庭律师的每一个问题，并重新回到他自己的思路上去。事实上，一位我所熟识的、非常有经验的出庭律师曾教导我说：通常情况下，你最好将反驳对方专家证人的工作留给你自己的专家证人。他建议说，在交叉询问中，你只问一两个无关紧要的问题，然后，在该专家证人能够发表不利于你方案件的言论之前，大声发出一点不屑的鼻音，转身坐下就行了。

不幸的是，我一直无法遵守他的这一忠告。幸运的是，在一起非常复杂的、事关制药工业的反垄断案件里，我积极展开进攻的策略得到了回报。本案的专家证人是一位在当地久负盛名大学的经济学家、诺贝尔奖获得者。本案尘埃落定之后，《国家法律杂志》以“一位专家的倒霉日子：诺贝尔奖得主糟糕的证言构成了法官驳回反垄断案的主要原因”对此进行了报道。《芝加哥论坛报》的商业专栏的说法更为坦率：“他的证言……只能得一个 F。”

早在该案之前，我就知道，那些“大名鼎鼎的”专家往往并不可怕。他们太忙了，以至于根本没有时间去了解案件的具体事实（也或许是因为他们太骄傲自大了，以至于他们根本不认为自己需要为此花太多的时间）。而律师则了解案件的证据，知道事实的来龙去脉，因此，律师往往能够打败那些对案件细节不甚了解的、大名鼎鼎的专家。当然，在他们的学术研究领域，专家通常都有很深的造诣。但是，问题在于，许多专家证言并不触及特别深奥的专业知识。我们大家都见过一些“损害赔偿专家”，他们的作用比法庭计算器强不了多少。同样，经济领域的专家证言有时候也只不过是将经济学原则适用于具体案件而已，而这些经济学原则是经济学 101 班里连成绩是 B＋的学生都应该知道的常识。

此外，在学术领域里，真正杰出的专家根本不愿意经常出庭作证。通常情况下，这些专家的经验仅限于提交书面报告和坐下来完成几份附誓证言。因此，一旦谈到真正要出庭作证，他们大多都属于新手。他们不知道如何应对棘手的交叉询问。而富有实战经验的出庭律师则知道法庭的“技术诀窍”，而且，能够将这些诀窍富有成效地运用于针对专家证人的交叉询问并控制他们的证言。

罗伯特·卢卡斯教授（professor Robert Lucas）是一位“可怕的”证人。在我办理那起案件时，他已经是芝加哥大学一名耀眼的经济学家，而且，因为他对其研究领域所作的巨大贡献刚刚赢得了诺贝尔奖。在该案中，他的结论是，作为处方药的生产厂商，这些被告人的所作所为只能是基于他们串通一气的原因。

但是，事实表明，卢卡斯教授是一个很容易受到攻击的专家证人。他的研究领域是宏观经济学以及“理性期待”理论（the theory of “rational expectations”），而不是工业组织、反垄断或医疗保健经济学。从他的附誓证言中我了解到，他得出上述结论只花了 40 个小时的时间。而且，最重要的是，这是他第一次出庭作证。

当时，卢卡斯博士已经成了原告方最重要的证人。这是一起代表零售药店（既有“夫妻店”式的小药店，也有诸如沃尔戈林、沃尔玛之类的大型连锁超市）提起的集团诉讼。原告声称，24 家制药厂商串通一气实行价格垄断。原告方指控的核心内容是，这些制药公司通常会给保健组织（HMOs）和医院一些价格折扣，但是，对于零售药店，他们却串通一气拒绝给予同样的折扣。迄至开庭审理的时候，这 24 家制药厂商中，已经有 19 家与原告方达成了和解协议，并就此支付了 7 亿多美元赔偿。

法庭审理期间，先是 4 个证人出庭作证，之后就是一周接一周地宣读证人的附誓陈述。坦率地说，那些出庭作证的证人表现得并不是很好。原告方并没有证明被告方共谋的真凭实据，因此，他们试图通过卢卡斯博士的证言将所有这些事实联系起来，以支持其案件指控。卢卡斯博士作证说，对于被告方“具有歧视色彩的”定价行为，唯一的经济学解释只能是他们串通一气这么做。

在开始进行交叉询问的时候，我的目标是消除这位诺贝尔奖获得者身上的神秘光环——即证明他并非精通“所有的领域”。他此前的附誓陈述让我很快就获得了三项自认。第一，此前，他从来没有研究过制药市场或保健工业的任何内容；第二，他仅仅花了 40 个小时的时间，而且，在对我方当事人以及其他被告制药厂商的具体情形一无所知的情形下，就得出了他所谓的“串通一气的结论”；第三，他主要是通过原告方律师了解本案事实的，原告方律师操控着他可以了解到的信息。他承认，他和律师一起待的时间要远远超过直接花在事实（即本案的附誓证言和其他文件）上的时间。

他关于为什么愿意为本案作证的解释对于他自己也没有什么好处可言。一开始，他拒绝担任原告方的专家证人，他说他太忙了。但是，后来他又改变了主意，因为他觉得担任专家证人可能会“既刺激又有钱可赚”。

在对专家证人进行交叉询问的时候，事实上也为你向陪审团展示本方案件事实提供了一个绝佳的机会——当然也暗含风险。你可以通过以下问题来拷问专家证人：“你知道事实 X 吗？”或者，“你是否知道证人 X 关于 Z 问题的证言呢”？

无论专家证人是否知道这些证据，都无关紧要。我只是想让陪审团（一遍又一遍地）听到这些话。当然，这些发问也可能事与愿违。一个有备而来且经验丰富的证人可能会回答说：“我当然知道这一事实。就让我来解释一下为什么这一事实支持我的结论吧。”因此，重要的是要慎重选择这里的 XYZ，并为你在无法控制该证人时预备一个补救策略。

面对卢卡斯博士，我可以更富挑衅性地运用上述方法。我不满足于简单地问他“你知道事实 X 吗”，而是问他“是原告方律师告诉你事实 X 的吧”？更精彩的是，随着他根本没有看过多少本案的法庭证言这一事实逐渐变得明朗起来，我可以从原告方证人的证言笔录中选取一些我所喜欢的段落，将其展示在法庭的大屏幕上，然后问他：“是不是原告方律师告诉你说，他们的证人 Y 先生提供过以下证言呢？”然后，朗读一下该证人的原话。已经坐在那儿听了两个多月证人证言的陪审团开始意识到，他们对案件的了解比原告方的“专家”还要多得多。

在回答这些发问时，他有时候会说，某某话题“他原本就不感兴趣”。我喜欢这样的回答。再没有比学会证人的口头禅——尤其是专家证人——并将它用在该证人身上更有趣的事儿了。在陪审团听了几遍这样的回答之后，我开始将它用于我自己的表演曲目。

"你知道事实 X 吗?"

"不知道。"

"你对事实 X 感兴趣吗?"

这时候，他已经陷入了困境。如果他说他对此感兴趣的话，我将会指出，原告方律师从来没有告诉他这一重要事实。如果他说他对此不感兴趣的话，陪审团将会再次看到，这一证据在他看来并没有什么价值——事实上，在这些事实中，有些事实非常重要。

当我请他解释一下，为什么电影院愿意向小孩和老年人提供低价票时，我相信，陪审团乐于看见一位诺贝尔奖得主被难倒的场面。我们都知道电影院这么做，而且，我们一般会不假思索地接受这种做法。然而，在著名的经济学家看来，这却是一个谜。

交叉询问还为你提供了以下机会：消除案件中某些既有术语的影响。卢卡斯博士作证说，这些专利品牌药品的制造商拥有一种"垄断权"（这听上去是一件坏事情），据此他们可以实施"价格歧视"（这听上去更糟糕。我方更愿意称之为"双重价格"）。于是，我就电影院向小孩和老年人出售低价票的现象对他发问。他同意，这种做法属于价格歧视，由此，我试图让陪审团明白，双重价格的做法并不都是不好的事情。他还同意，电影院拥有"垄断权"，由此，我试图让陪审团明白，原告方所谓的"垄断权"是一种司空见惯的现象，而不是有害之举。更重要的是，他还同意，电影院的所有权人并不是因为串通一气才这么做的，他们的双重价格体系是自然形成的。

当我请他解释一下，为什么电影院愿意向小孩和老年人提供低价票时，我相信，陪审团乐于看见一位诺贝尔奖得主被难倒的场面。我们都知道电影院这么做，而且，我们一般会不假思索地接受这种做法。然而，在著名的经济学家看来，这却是一个谜。有一会儿，他认为，或许是因为成本不同吧！他说，小孩们会喝更多的饮料。反驳这种说法再简单不过了："这就是小孩票更便宜的原因吗?"

在陪审团成员中，有一位堪称法庭礼仪典范的陪审员，竭尽全力不让自己笑出声来。

在交叉询问中，另外一个反复出现的询问主题是：对于被告方的做法，绝大多数人的看法都不尽一致。许多原告方的药剂师作证说，他们无法影响大夫的开药行为。这是一个重要问题。卢卡斯博士说，这些人都错了。一个拥有自家药店的医院院长就医院为什么可能以折扣价进到这些药作出了解释。卢卡斯博士同样认为，该医院院长的说法是错的。

对于一项与其观点不一致的学术研究成果，卢卡斯博士说，该研究成果的作者误读了相关数据。对于我方提出的一份与其矛盾的政府报告，他说，报告中的结论缺乏充足的根据。当我方指出，有五位杰出的经济学家曾经审阅过这份报告时，他说，他们都错了。

整个交叉询问活动清楚地传递了这样一种信息：卢卡斯博士此前从来没有研究过保健产业；他得出他的结论只花了 40 个小时的时间；尽管他认为他人的说法都是错的，但是，他关于本案的绝大多数信息却是原告方律师告诉他的。

当问到，为什么这么多人的意见都和他不一样时，他回答说："我认为，只要我在他们身上花 10 分钟的时间，他们就会接受我关于这些问题的看法。"

这句话成了当时一度流行的口头禅。

尘埃落定，案件的处理结果令人满意。法院不仅没有接纳这位"专家"的证言，而且，还作出了有利于所有被告人的裁决。

第24章

做好询问专家证人的准备工作

詹姆斯·D·蒙哥马利
(James D. Montgomery)

吉姆·蒙哥马利（Jim Montgomery）因善于处理民权案件以及刑事案件、人身伤害案件、医疗过失案件而闻名。他于伊利诺伊大学获得法学学位；曾任联邦检察官、詹姆斯·D·蒙哥马利律师事务所（James D. Montgomery and Associates，Ltd.）创始人。20世纪60年代，他曾为布莱克斯通游侠、黑豹（the Blackstone Rangers and the Black Panthers）等集团犯罪进行过辩护。1983年，蒙哥马利开创了以下历史：他被哈罗德·华盛顿市长任命为芝加哥市法律顾问（corporation counsel for the City of Chicago）——这是第一次也是迄今为止唯一一次由非裔美国人担任这一职位。2000年，蒙哥马利成为科克伦、彻利、吉文斯、史密斯与蒙哥马利联合律师事务所（the law firm of Cochran，Cherry，Givens，Smith and Montgomery）的执行合伙人。

通常，法庭之外的工作会帮助你赢得法庭内的胜利。在面对专家证人时，尤其如此。专家，尤其是那些经常出庭作证的专家，通常会提供一以贯之的证言，而且，根据本案的案件事实，这些证言貌似无懈可击。这也正是为什么说以下做法至关重要的原因：在对专家证人进行交叉询问之前，你需要做功课，以弄清楚他过去曾经就哪些问题出庭作证或提供过附誓证言。这方面的准备工作决定着胜诉还是败诉。

我曾经在田纳西州的纳什维尔市交叉询问过一位病理学家。我们在那里所做的准备工作影响到了全世界。

这起案件涉及一位32岁、智力极其低下的男性自闭症患者。他的看护者将他丢在了一个停车场里。由于他举止古怪，好几个人打电话叫警察。警察到场后，迅速将其脸朝下打翻在地，并将他的双手背过来戴上了手铐，并且将他的两条腿也捆了起来，然后坐在他身上；10分钟后，这个人死了。

有许多感到愤慨的证人就他们当时的所见所闻出庭作证。尸检官员的结论是，该人的死亡原因是体位性窒息（positional asphyxiation）——这也是我方关于该案的主张。

被告方传唤了一位全美著名的病理学家。他曾经出版过好几本关于病理学（尤其是体位性窒息问题）的著作。在针对他的主询问中，他的表现令人敬佩不已：他指出了多项事实以支持其观点，并最终结论说，当地的尸检官员错了。

他结论说，这个人并非死于体位性窒息，而是死于因兴奋过度式精神紊乱而引发的迷走神经反应（a vagal reaction that is induced by excited delirium）。这位一流的专家作证说，这家伙在抗拒逮捕过程中，因高度兴奋致使精神紊乱；之后，由于受迷走神经反应的影响，他的心脏停止跳动并因此丧命。这一说法听上去非常可信。

足以驳倒他的方法极其有限，我只能诉诸在其担任专家证人的其他案件里找到的证据和附誓证言，只能诉诸他写的那些书；但我最终还是驳倒了他。一开始，我对他说："你曾经在十起事关警察羁押期间致人死亡的案件中提供过专家证言。在这十起案件中，你代理的都是政府当局？"

"是的。"

"其中有一起是ABC案？"

"是的。"

"其中有一起是XYZ案？"

"是的。"

我们就这样确定了他为之作证的每一起案件。

我问他："在警察羁押期间致人死亡的案件中，你从来没有担任过原告方的证人，这么说对吗？"

"是的。"

我们当然知道这么说是对的。于是，我们像对待妓女一样质问他。接下来，我们开始转向兴奋过度式精神紊乱。

"对于警察羁押期间因兴奋过度式精神紊乱而丧命这一问题，你是这方面的专家并就此撰写过许多著作？"

“是的。”

“事实上，你曾经就可卡因导致的过度兴奋式精神紊乱进行过一系列深入研究。你知道，本案并不涉及可卡因问题?”

“是的。”

“好的。你所说的那种迷走神经反应只有在心脏停止跳动时才会出现，这么说正确吗?”

“是的。”

“而且，在我们所说的以下情形下，即，当一个人的呼吸机能受到阻碍以至于他血液氧气不足并进而影响到大脑和心脏时，是否也会出现这一现象呢?”

“是的。”

之后，他的证言将涉及他在此前附誓陈述里的观点，即，整个体位性窒息理论就是一种神话。换句话说，在警察羁押期间致人死亡的情形下，根本不存在体位性窒息之说。

于是，我问他：“在警察羁押情形下，体位性窒息是一种神话，根本不存在这种事情，这就是你的观点，对吗?”

“绝对如此”，他说。

“你曾经在多起案件里就此作证，是吗?”

“是的。”

幸运的是，这个法庭具有可以将书和实物证据放映到大屏幕上的设施。因此，每当使用其附誓陈述时，我都会将附誓陈述放映到大屏幕上，以便让陪审团在我对他进行发问时，可以看到这些附誓陈述的内容。在使用他的著作时，亦然如此。如果法庭里安装有高科技设备，那么，在对证人进行询问时，你可以利用这些设施向陪审团进行展示——这无疑是一个不同寻常的有利条件。

“好的。你曾经写过一本名叫《病理学家图解》的书，是吗?”

“是的。”

“在这本图解的第 159 页，有一章内容叫做‘体位性窒息’，是吗?”

“是的，但是，那是……那是关于机械性窒息的，而不是体位性窒息。”

“但是，你使用的术语却是你视为神话的‘体位性窒息’?”

“是的。”

“在这一章的最后一段，你非常明确地表示，如果一个人，一个很重的人坐在另一个人的胸口上，坐一段时间，就可以致对方毙命，是吗?”

“是的……但那是一种……”他试图对此作出解释。

最终的结果是，当我们利用他写在纸上的那些材料——先前的证言、撰写的著作以及附誓陈述里的陈述——对他询问完毕后，陪审团已经彻底不信任他了。

法院判决我方胜诉，赔偿金额是 440 万美元。

第25章

如果证人是对方利益的捍卫者

罗伯特·A·克利福德
（Robert A. Clifford）

鲍勃·克利福德（Bob Clifford）生长于芝加哥南区的马维尔地区。在他还是德保尔大学法学院学生的时候，就得到了一份为菲利·科博伊法官担任书记官的职位。在之后30年时间里，他逐步成长为一名以代理人身伤害案件的原告（擅长处理医疗过失案件、航空以及其他方式造成的侵权案件）而闻名全国的杰出律师。他曾任美国律师协会旗下、拥有7万名会员的诉讼分会的主席（a past chairman of the American Bar association's 70 000-member Litigation Section），现拥有一家有25名成员的律师事务所——克利福德律师事务所。

与我们看到的电视和电影不同，基本上没有哪一次审判，证人只是来到法庭，在主询问中讲述他知道的内容，在交叉询问中接受对方的质询，然后，由陪审团对其证言进行评价并作出裁判。几乎所有出庭作证的证人都持有某种偏见或成见。他们是人；而且，在多数情形下，作为证人对于案件应该如何裁判都持有一定立场。如果你面对的是专家证人，这一倾向通常会放大数倍——因为多数情况下，当事人聘请专家证人的目的就是请他帮助打赢官司。

在办理案件过程中，我见过许多专家。我发现，对医生或工程师进行交叉询问是一件艰难的工作。我对庭前准备的要求很高，而且，对怎么做才能顺利地展开交叉询问也怀有较高的期待。因为如果没有准备的话，交叉询问是根本无法取得成效的。说你必须做好极其充分的准备，几乎已经成了一句套话；但是，之所以会成为套话恰恰因为事实原本就是这样。

作为一名年轻律师，我曾经见过现在已故的菲利浦·弗莱什曼法官。他对我讲，“我告诉你一件事，我见过他们所有人。我见过吉姆·多利斯，见过菲利·科博伊斯，你随便说哪个律师我都见过；他们有一个共同的特点，那就是他们都会精心作好出庭的准备。由于没有料到案子会诉诸法院，以至于在最后一刻，他们可能会挑灯夜战直至一切都准备停当。但是，他们绝对不会在毫无准备的情况下走上法庭。”

我认为，当你面对一名技术专家时，尤其应该这样做。在我脑海里始终盘桓着一件事儿：这些专家比我聪明；当你明知某专家是对方利益的捍卫者时，更是如此——此类专家真的认同对方的主张，而且会尽力在他们的答案中“增加”一点东西以至于让你无力回天。注意区分以下两类专家：一类专家具有极好的专业资质，而且，也想帮助对方打赢官司，但是，他们基于对对方诉讼主张的可靠性以及自己在专业领域内学术声望的考虑，会对他们的证言施加必要的限制；另一类专家则真的要竭尽全力打败你。后一类专家也并非真正意义上的骗子。但是，为了给对手造成重创，这些人会以某种方式有意识地调整他们的证言。你要了解你的敌人。你要知道你准备对其进行交叉询问的那个人，究竟是对方利益的捍卫者还是一个仅仅来回答相关问题而不会突然给你出难题的人。我认为，在对待这两类专家时，你的态度也应当有所区别。

当我对捍卫对方利益之人进行交叉询问时，我不得不高度小心谨慎，以便处于绝对支配地位。无论证人是谁，我都坚信一点，即，在交叉询问过程中，我必须处于支配地位。我希望听到“是的”、“不是”或者“我不知道”之类的回答，我不希望对方长篇大论。当证人开始长篇大论时——尤其是专家证人未经请求而发表的言论，我会打断他们，并对法庭说，“尊敬的法官大人，我不认为该证人是在回答我的问题。我请求法庭指示他应该回答我的问题，同时将他刚才的那些话从法庭记录中删除”。

当我对捍卫对方利益之人进行交叉询问时，我不得不高度小心谨慎，以便处于绝对支配地位。无论证人是谁，我都坚信一点，即，在交叉询问过程中，我必须处于支配地位。我希望听到“是的”、“不是”或者“我不知道”之类的回答，我不希望对方长篇大论。

如果你遇到的是一位能够控制法庭局面的好法官，你的请求将会得到法庭的支持。而且，我认为，这是至关重要的事情。显然，你不能一上来就这么做，但是，证人需要知道控制法庭的人是谁——是你。如果证人是捍卫对方利益之人，在使用上述手段时，你或许可以显得更强硬一点。你必须选择一种发问方式，以便可以让你自己成为陪审团关注的焦点。因此，在交叉询问中，我从来不在信息方面请求专家证人的帮助。我用自己的发问来明确我的观点，而且，就靠我自己的力量。

我绝对信奉以下观点：要认真研读你的专家证人。你没有必要穷尽所有，但是，如果你能理解的话，一定要读一些该专家先前的证言记录。你可以通过朋友、律师协会、原告群体获得这方面的材料，你也可以通过库克县陪审团裁决报告系统（the Cook County Jury Verdict Reporter）进行查找。你听取这些人的意见，或者打电话寻找这些专家证言的法庭记录。我这么做的理由有二：第一，通过做这些事情，寻找潜在的弹劾手段；第二，熟悉交叉询问对象的风格。

在一起案件中，我深知某位专家证人是法庭内最聪明的人，而且，我也不准备就医疗问题对他提出质疑，因为我根本不可能在医疗问题上超过他，而他又是一位对方利益的捍卫者。即使我的说法本质上是对的，当我准备就医疗问题对他进行交叉询问时，他会想办法发表长篇大论，而不是简单地回答“是”或者“不是”。因此，我将自己严格限定在询问提纲上。我的第一条规则是，你需要一个询问计划。我认为，为了能够尽可能严格地控制你的证人，绝对有必要这么做。在证据开示程序中，通过他的附誓陈述我们已经掌握了一些不错的材料；我需要让他知道，我能够有效地利用这些材料，而且，只要给我机会，我就能够用这些材料将其打倒。

技术手段可以帮大忙。现今，我们几乎会将每一份专家证人的附誓陈述都拍成录像。然后，我们会将这些录像弄到磁带上，这样，当我们出庭时，我们就可以在法庭上播放这些所谓的“编辑过的短片”或“视频片段”。如果你办理的是复杂案件，那么，在证据开示程序中，你要严格并有条理地制作相关的附誓陈述，并时刻想着，在庭上进行交叉询问时，你有可能会用到这些视频资料。因此，如果你想将发问变得干净利索的话，尤其是当你觉得你有一个不错的辩护要点时，在制作附誓陈述时，你必须在脑海里构思一个干净利索的发问方式，以便可以将其转化成一个可以在庭上交叉询问中使用的视频。运用这些技术手段制作完成的这些视频，将会作为证据编号，并成为我手里的一根魔杖。当然，当你在法庭上使用这些视频之前，你必须征得法官的许可并提前告知对方当事人。

这位专家，这位法庭上最聪明的人当然知道我准备做什么。某种程度上，他知道我准备干什么是因为我故意让他看了看我的记录本——只是在他眼前晃了一下。而且，他知道，我将他的附誓陈述制作成短片并已经作为证据进行了编号；对方律师——该证人为之服务的律师也会提醒他我们有意要用这些技术手段。

于是，我问，“事实上，当你谈到那次微创椎间盘切除术时，你的意思是说，在手术过程中使用了荧光镜吗?”对于这一问题，他只能回答是或者不是，而不需要他对此发表长篇大论，而且，陪审团从我这里得到了相关的信息。如果他回答说“不是”，我将会播放视频；“嘭”一声，他的附誓陈述就会显示在大屏幕上。这种技术手段非常有效。陪审团成员将会看见你手里的这根魔杖，而且，他们知道将会发生什么事情。有几次，我事实上走得更远——在其附誓陈述并不是很清楚的地方，我暗示说，在他提供附誓陈述时我已经难住他了。他并不记得在他附誓陈述中是否曾经说过这些内容，但是，现在他已经被我牵着鼻子走了。他已经变得顺从起来，而且相信我知道答案，因此，他认为，他最好给出我想要的答案，否则，他就要倒霉了。这才是辩护。这才是富有成效的辩护。因此，当专家证人是捍卫对方利益之人，你必须像我这样想办法制伏他。

我认为，交叉询问时的言行举止也非常重要。即使当某专家证人是捍卫对方利益之人，我认为，你依然需要保持谦逊的姿态。我认为，你需要对证人表现出适当的尊重；对于职业人士，尤应如此。你对待他们的态度不能像对待坏人一样——就像他们是嚣张、谄媚之人一样——无论你想用何种带有贬损含义的词汇来描述他们。他们是医生，是护士，他们可能是任何人。因此，顺便说一下，如果你曾经在交叉询问中贬损过他们，在总结陈词时要表示歉意。我曾经交叉询问过一名护士，我试图表现得温柔、仁慈并具有一个充满爱意的胸怀，但是，她却变得特别嚣张并和我争执起来。于是，我们展开一场血战。当我意识到这一点时已经为时已晚。我回到辩护席后，我暗暗地对自己说，你这个笨蛋，你做的太过分了。于是，在总结陈词时，我向陪审团表示道歉。我说："你们知道，我对那位女士的表现太过分了，但是你们也看到了她的所作所为——或许我错了，我太敏感，我累了。但是，我对此表示歉意。对于这位证人，我真的做得太过分了。"因为这一举动，我赢得了不少点数。

我的意思是，即使这些人是对方利益的捍卫者，陪审团依然会对这些证人表示敬意。我认为，认识到这一点对你非常重要；当这些证人是医生时，更是如此。医生是一个受人尊敬的职业，因此，你需要特别小心并给予其尊重，但是，你没有必要容忍他们的废话。陪审团不会区分某个证人是维护对方利益的证人还是到庭提供专业信息的活生生的专家。作为出庭律师，这是你的工作，你需要让陪审团明白某些证人的目的是捍卫对方的利益。这也是为什么有时候我不会纠缠细节或者指出某人为了出庭作证收了多少多少钱的原因；除非这位证人出庭就是为了捍卫对方利益，除非对方雇佣他花了很多钱，否则，我不会这么做。我曾经交叉询问过一位专家证人，他每小时的报酬是 650 美元，而且四处出庭作证。我指出他每小时收取 650 美元的事实。这是一大笔钱。我以此表明，这是一位受雇的枪手。我看到有两个陪审员——陪审席中的两个蓝领工人——在做记录，而且，看见一个陪审团写下了一个大大的数字"650 美元"，然后，碰了碰他身边的伙伴，好像在说："你看，这么多啊。"这是一个重要的细节，这将影响到陪审团对该证人证言证明力的评价。

无论交叉询问的对象是对方利益的捍卫者还是更为诚实的专家，我从来都不会问"为什么"。你可能会说，哦，每个人都知道不能这么做。那么，为什么我依然看见有人在法庭上这么做呢？一次又一次，我看见有律师问一位技术专家"为什么"。我可以向你保证，这些专家总会给你一个说法。你可能不喜欢他这么说，如果这位证人是对方利益的捍卫者，你尤其不会喜欢他这么做。

但是，需要牢记的是，无论你觉得某位专家有多么卑劣，一位拥护对方利益的证人都是极端危险的人物，因此，要尊重他。切忌重复主询问的内容，切忌沉湎于你自己的雄辩言论。在此，你想听到的不是你自己的甜美声音，你需要获得你所能获得的回答，你需要“离开某个地方”。如果这意味着你只能问5个问题或者50个问题，那么，你要根据案件的性质和你的需要决定问什么；但是，你不能只是为了发问而发问，因为对方利益的捍卫者将会给你造成伤害——严重的伤害。

有时候，那些捍卫对方利益的专家并不一定都拥有良好的证书，因此，你或许愿意对此进行检验。曾经有一位优秀的辩护律师名叫汤姆·伯克，他曾经长期为通用公司进行辩护。我曾经亲眼目睹过一次汤姆的辩护，我记得那是一起关于刹车失灵的案件，站在证人席上的是原告方的专家证人，这位专家非常有名。汤姆问道：“哦，你能将这个拆开吗？”

这位专家回答说：“我当然能，但是我没带工具呀。”好的，汤姆拿出一个工具箱，但是，那位专家证人却无法拆开它。这是一个相当不错的例证。

有时候，有一些领域你最好不要去碰。例如，捍卫对方利益的专家是某一有影响著作的作者。有时候，你需要作出艰难的选择。如果你试图指出某专家证人的证言与其之前的著述之间存在不一致的地方时，他可能会说，“啊，那篇文章写于1997年，它确实是那么说的”，之后，他自愿承认说，“但是，我的观点发生变化了”。无论你事先作了多少准备，你依然在玩一场紧追慢赶的游戏。因此，你需要判断你是否愿意沿着这条路一直走下去。你要问问自己，其证言与论文或著作中的表述究竟是存在着巨大差异，还是一种细微的调整。

对捍卫对方利益之人进行交叉询问所要求的工作和技能，与你通常出庭辩护没有什么两样。千万不要让你的“本我”这么自以为是。相反，对于此类证人，一定要知道哪些事情不能做，哪些事情可以做。然后，照着做就行了。

第26章

不同的专家证人，不同的攻击方法

威廉·J·孔克尔
(William J. Kunkle)

在我们筹备这本书的时候，比尔·孔克尔（Bill Kunkle）已经成为了州法院的一名法官。在此之前，他是一名拥有极好声誉的出庭律师——先是一名公共辩护律师，而后从一名州检察官晋升为库克郡检察长第一助理（First Assistant State's attorney of Cook County），最后成为多家著名律师事务所的合伙人。同伴们都知道，他是一个非常多才多艺的人。对于音乐、文学、美食、体育、政治、流行文化和科学，他都怀有极强的好奇心，而这方面的知识也让他成为一名优秀的出庭的律师——特别是在他推进案件的主题或者规划交叉询问的时候。比尔毕业于西北大学法学院。

在以精神错乱为抗辩理由的案件中，当案件事实或被告人的经历不能够支持辩护理论时，检察官往往不会或很少求助于专家的证词。然而，随着犯罪事实变得越来越“疯狂”，而且，随着辩护方提出一些先前的住院救治记录、诊断结果、用药情况、精神伤害或者真实的医学症状，控方就不得不聘请自己的一名或多名专家证人，并认真对待辩方的精神病抗辩了。因此，一旦辩护方就心智健全问题提出了专家证言，对辩护方的专家证人进行交叉询问也就成了至关重要的阶段。

如果仅仅因为这些专家系就同一类问题作证，就认为可以用同样的方法对其进行交叉询问，无疑是错误的。

如果仅仅因为这些专家系就同一类问题作证，就认为可以用同样的方法对其进行交叉询问，无疑是错误的。交叉询问者应该在该过程中仔细拿捏证人的证言，并且精心地设计交叉询问，以便于可以对付每一个专家意见中特有的缺陷。我在这里用一个非常著名的案件来说明我是如何进行交叉询问的。

约翰·韦恩·盖西（John Wayne Gacy）于1980年因涉嫌谋杀33名青年男子和小男孩受到起诉。其中，有26名被害人的尸体就被埋在盖西房子下面的地下管道夹层里。这些谋杀案发生在1972年1月至1978年12月11日之间。这33起指控由库克郡巡回法院法官路易斯·B·加里普（Judge Louis B. Garippo）独任审理。辩护方以开庭前有关案件的宣传报道可能造成偏见为由提出了改变审判地点的动议；法院批准了该动议。之后，在伊利诺伊州洛克福德市（Rockford，Illinois），法院从温尼贝戈郡（Winnebago County）的陪审员名单中遴选组成了陪审团，并在陪审员与外界隔绝的状态下，于坐落在芝加哥市第26街与加利福尼亚大街附近的刑事法院大楼，对该案进行了审理。

十几年前，也就是在1968年，盖西曾因在爱荷华州黑鹰郡鸡奸一名16岁的男孩被判刑入狱10年。在爱荷华州的一处监狱服刑18个月后，他获准假释；之后，他被移交给了伊利诺伊州执行假释。

盖西有一些家族机能障碍的证据，包括他有一位极具攻击性且酗酒的父亲；他爸爸总认为他是个胆小鬼。据说，他在青春期时会经常晕厥，而且曾经被错误地诊断为精神运动性癫痫病。他自己承认自己是双性恋，并宣称在1972年至1978年期间曾先后与其他男人或男孩发生过一千五百多次性关系。一方面，他公开表示自己酗酒成性而且滥用药物，另一方面，他又成功地运营着一栋收益可观的建筑物，并对其经营范围进行了重新调整；时不时地，他又会表现得像一名称职的丈夫和继父一样。

在庭审中，辩方就心智健全问题提出了6名专家证人，而控方则有7名。

辩护方的精神病专家和心理专家提供了大量的诊断证明和意见，并展示了各式各样的专业证书和诊断方法。不出所料，辩方的所有精神病专家均认同某一类型的精神分析方法，或者说是“弗洛伊德式”的理论和方法。而那些为控方作证的精神病专家则属于“医学界的典范”，而且，拥有丰富的法庭医学经验。

托马斯·艾利塞奥医生是辩方的第一位专家，他将证明盖西在实施谋杀时的精神状况。他是一位来自于洛克福德的临床心理医生。托马斯在开庭前只用了不到2个星期对被告进行了检查——此时，距盖西被捕已经有一年多的时间了；而且，在此之前，他也只在三四起刑事案件中出庭做过证人。在我们看来，很显然，艾利塞奥医生之所以被辩护方选作证人，仅仅因为他是洛克福德本地人，而不是因为他在法庭医学方面具有特别的技能。

另外，在针对他的主询问过程中，不难发现，他依据的仅仅是他与盖西之间的两次面谈和他的心理学测试。很明显，他并没有阅读过其他专家的任何报告，甚至连莱昂纳多·赫斯顿医生（Dr. Leonard Heston）的报告也没有看过——赫斯顿医生在 1968 年曾经在爱荷华州对盖西进行过鉴定，并再次参与了本次审判的准备工作。事实上，他显然也没有阅读过警察的任何报告，包括那些记载着盖西详细供述的报告。

根据艾利塞奥医生承认的那些事实，我基本上可以从一开始就成功地将其关于盖西精神状况的意见限定在他的第一次检查，也就是 1980 年 1 月 13 日的那次检查。

我争辩说，关于被告人实施谋杀行为时精神状况的任何意见，如果根据的仅仅是被告人自己的片面陈述（包括他在测试中的回答），而不是努力根据大量的已知事实去证实或反驳这些陈述，那么，就都属于缺乏非常充分依据的鉴定意见。

在没有陪审团在场的情形下，我们先对其进行了一次预先交叉询问（a voir dire of examination）。在主询问中，艾利塞奥医生认为，盖西父亲于 1969 年过世以后——当时，盖西只有二十五六岁的样子——盖西的妄想型精神分裂症开始发作。他说，上述鉴定意见的根据是“心理学测试……以及心理学和精神病学的理论和原则”。

以下交叉询问是在没有陪审团在场的情形下进行的。

该交叉询问由孔克尔先生（MR. KUNKLE）进行。

问：医生，你刚才讲了一些有关他父亲 1969 年去世后的事实，对吧？

答：是的，先生。

问：你并不知道他父亲是什么时候去世的？

答：嗯，他告诉我是在 1969 年。

问：除了被告人告诉你的那些信息，你还有其他证据证实这些信息的来源吗？

答：没有。

问：实事求是地讲，医生，对于被告人告诉你的这些事实，你是否具有证实它的其他信息来源？

答：没有。

问：你读过这个案件的警察报告吗？

答：没有，先生。

问：你读过这个案件的供述笔录吗？

答：没有，先生。

问：你与该案的目击证人或者本案涉及的人交谈过吗？

答：没有，先生。

问：你与其他曾经对被告进行过检查的医生——无论是在指控犯罪发生以前还是之后——交谈过吗？

答：没有，先生。

问：那你读过这些医生的报告吗？

答：没有，先生。

问：你是否读过该案的心理测试报告，无论是指控犯罪以前还是之后所作的测试报告？

答：没有，先生。

问：你是在被告人被逮捕 1 年零 1 个月以后才对他进行检查的，是吗？

答：是的，先生。

问：在你完成报告之前，你只见过被告人一次，对吗？

答：是的，先生。

问：在那次接近 5 个半小时的面谈中，你对他进行了某种心理测试，是吗？

答：是的，先生。

问：而且，你和他进行了面谈，是吗？

答：是的，先生。

问：对于他面谈时告诉你的那些事实，你根本没有去查证过，是吗？

答：没有。

孔克尔先生：我没有其他问题了。

证人：我们的理念是要独立作出评价。

辩方又对他进行了一些再主问询，试图通过以下方法支持证人的意见：即，以证人自己的证言证明其鉴定意见是有医学根据和科学依据的。之后，辩方又进行了以下再交叉问询：

再交叉询问由孔克尔先生进行。

问：证人先生，你是否告诉过法庭，一个人可能从二十几岁起就会患有精神病，用你的话说，即妄想性精神分裂症，一种严重的精神疾病？

答：是的，先生。

在这一过程中，艾利塞奥不得不承认盖西不但没有受过器质性损伤（Organic damage），而且，拥有很高的智商和强烈的控制欲望。

问：如果这个患有精神病的人是在大约 20 年以后——哦，是 17 年到 20 年的样子——才被捕的，那么，在过去的 17 年时间里，他会一直处于发病状态，却从来没有住过院、从未接受过诊断，而且，也从未接受过治疗吗？

答：当然。

问：这样的案例有多少？

辩方律师：法官，这一交叉问询问题的目的何在呢？

法官：嗯，它只是为了确定证人的证言是否具有可采性。

孔克尔先生问：你见过多少起这样的病例？

答：很少。

问：你能说几起吗？

答：单就妄想型精神分裂症而言，我不想说——理查德·M·尼克松。

问：你对尼克松总统进行过医治？

答：没有。就我阅读范围而言，还有英格兰的乔治国王三世（King George Ⅲ of England）。

法庭：我已经听够了。你可以退庭了。

通过排除专家意见，尤其是几乎毫无关联性或者缺乏事实根据的专家意见，加里普法官（Judge Garippo）甚至不愿意给被告方留下一个可以提起上诉的细微争点。然而，正是因为预先进行的交叉问询，才引起了法庭对这位专家证人过头行为的警觉。

当陪审团重新回到法庭时，等待他们的是那些复杂而又看似没完没了的假设问题。绝大多数陪审员对这些问题心存鄙视，而且，也不太了解这些问题的用意。艾利塞奥的最后结论是："在1972年1月1日至1978年12月11日期间，他一直处于以下状态且从未间断过：他没有能力意识到自己行为的犯罪性质，也不能控制自己的行为或者让自己的行为符合法律的要求。"伴随着针对表达形式或缺乏事实根据的异议，该陈述已经变得软弱无力，或者说过于空泛了。

随之而来的是为时甚久的庭上会议（a side bar）；经过庭上听取控辩双方意见，法庭维持了就证人意见的某些表达方式提出的异议，但是拒绝了排除其全部证言的动议。

可以用来支持约翰·盖西身上具有精神疾病或精神缺陷诊断特征的唯一证据，就是这33名被谋杀者的尸体。

主询问的最终结论试图预言我方专家证人可能主张的某些立场和诊断结果，并认为，无论被告人撒了多大的谎，也无论他为了实施犯罪提前做了多少精心准备，艾利塞奥医生的鉴定意见都不会受到丝毫影响。

交叉询问的轻松之处在于：让陪审团了解到，在法庭决定交由洛克福德的陪审团进行审判之后，辩方才根据洛克福德的公设辩护人办公室（Public Defender's Office）的推荐，选聘艾利塞奥作为本案专家证人；艾利塞奥只在三次刑事审判中做过专家证人，而且都是为辩方作证；事实上，他根本没有查阅过其他任何专家证人出具的材料。

我们可能在这次特定面谈及其测试结果上投入了太多的时间，但是，我方专家随后将根据这些内容来质疑艾利塞奥的观点，而且，在某些方面，还可以利用这些内容强化我方专家证人的鉴定意见。在这一过程中，艾利塞奥不得不承认盖西不但没有受过器质性损伤（Organic damage），而且，拥有很高的智商和强烈的控制欲望。

最终，关于艾利塞奥医生的争论可以简化成了以下问题：就我们存有争议的那段时间，盖西事实上是否具有明显的精神病特征，以及他是否能够"认识到"（appreciate）他自己是为了防止被警方和社会公众发现而杀人、隐藏他们的尸体和其他犯罪证据。

问：你既不会突然妄想型精神病发作，也不会突然就变好了，是吧？

答：一个人可以处于妄想型精神病患病状态，外表上却一直看不出来。有一些处于妄想型精神病状态的人——

问：医生，请您回答我的问题。

辩方律师：他是在回答你的问题。

法官：医生，请回答控方的问题。

孔克尔先生问：你会突然患上精神病又突然病好了，是还是不是？

医生：不，不会突然患病也不会很快就好。这种情况仅存在于——

（当艾利塞奥医生自己想转移话题时，你必须施加某种控制，继续进行询问）

问：我们没有什么进一步的问题了！但是，医生，如果我可以问的话，只剩下一个领域。我想你在主询问中所做的证言立足于以下假设性问题：即，在整整8年时间里，被告人都一直不具有理解其犯罪行为性质的能力。

是这样吗？

法官：应该用“认识到”（appreciate）这个词。

孔克尔先生问：是否认识到其行为的犯罪性质呢？

答：是的。

问：好吧，医生。在杀死第一个人以后，他把尸体埋藏在地下，在你看来，这些行为是否表明他没有认识到他已经实施了犯罪行为呢？

辩方律师：反对，法官大人。我们现在是在讨论谋杀的过程，不是事后行为。

法官：反对无效。

（证人）答：我只是在说，在他杀人的时候，他并不知道这是违法的。

问：你能正面回答我的问题吗，医生？这些行为是否表明他并不知道他已经实施了行为犯罪？

答：在那之后，他当然知道。

（对于我们来说，这一承认绝对具有至关重要的意义。但是，我还想从这一前提推出其显而易见的结论。即使艾利塞奥不会同意我的推理前提，但是，我知道陪审团会认同的。）

问：因此，在杀死第一个人以后，换句话说，他手里有一具尸体，他把它埋在了他的地下室里，但是，你认为，在杀第一个人时，他自己当然不知道自己的行为性质，但是现在他却要把尸体埋藏起来，以免被警察和人们发现，而且，还准备继续去杀下一个。那么，你是否认为，这表明，在他杀第二个人时，他依然不知道自己的行为具有犯罪性质呢？

答：在他杀人的时候，他确实不知道，他没有意识到其犯罪性质。

问：那么，第三次呢？

答：是的，我认为，对于所有杀人行为，他都没有意识到。

问：直到杀死第 33 个人吗？

答：是的，先生。在此期间，他处于精神病病发状态，而且，满脑子想的就是杀死这个人。

问：他在整个过程中都处于精神病发作状态，并且，他能做得唯一的事情就是杀人？

答：不对，不是整个过程，而是在他事实上开始着手四处找人并杀死他们的时候。并不是整整 8 年时间——或许是 6 年。

问：在整整 8 年时间里，他是不是都处于精神病发病状态，是还是不是？

答：是的，但是——

问：是的，但是？

答：是的。

问：要不是有这 33 具尸体，我还真没什么要问的了。

最终，在总结陈词和我方专家证人提供反驳证言时，将会就这一点提供一锤定音的打击：在庭审记录中，或者说，事实上，可以用来支持约翰·盖西身上具有精神疾病或精神缺陷诊断特征的唯一证据，就是这 33 名被谋杀者的尸体。

根据伊利诺伊州精神病方面的制定法规定，“‘精神疾病或精神缺陷’这些术语不包括仅仅具有重复实施犯罪或其他反社会行为表征的非正常行为”。[720 ILCS 5/6-2（b）]

接下来，双方进行了一次简短的再主询问和再交叉询问；这些已经无法改变辩方观点中的基本错误，但是却引出了最后的点睛之笔。

问：在1973、1974、1975、1976、1977、1978年6年时间里，你都没有对他进行过检查，对吗?

答：没有。

问：如果他根本没有杀害那33个人，你有什么证据来证明你关于他当时患有精神疾病的判断呢?

答：以检查测试为根据。

问：你仅仅以检查测试为根据，就可以推想这8年发生的事情?

答：还有关于妄想症症状的一般知识！这种症状往往存在了很长时间而在刚开始的时候不会被人注意到，但是，它们会以其他方式表现出来。而且，这些都是经过历史检验和具有经验基础的知识，我们可以参考。

问：除了那些谋杀行为外，你还有其他证据证明被告在1972年那段时间里患有精神病吗?

辩方律师：他刚才已经回答这个问题了。

法官：他可以回答这个问题。

（证人）答：他在一般情况下表现出来的个性特点以及……

孔克尔先生：你是指1980年1月13日那天吗?

答：是的。我可以推知此前的情况。这是一种猜测。

问：这是一种猜测，是吗?

答：我们所有人都需要猜测，没有谁真的知道事实真相。

这恰恰是无人可及的已故法官、出庭和庭审辩护导师欧文·杨（Irving Young）在其《交叉询问的十条戒规》演讲和磁带中所讨论的证人回答问题的方式之一。

无论你的询问提纲中还有什么问题，也无论你的脑海中还有什么好主意，专家证人现在的回答已经非常好了，你唯一需要做的事儿就是停止询问，回到座位上去。现如今，在伊利诺伊州，精神不正常的抗辩需要由辩方承担其证明责任，因此，该专家证人的上述回答意义就更大了！

第27章

攻击对方专家：不应忽略偏见和著作

爱德华·L·富特
(Edward L. Foote)

爱德华·富特（Ed Foote）是温斯顿与斯特朗联合律师事务所（Winston & Strawn）审判部门著名的幕后决策者。当大部分在他这个年龄的人都在高尔夫球场或者牌桌上逍遥自在的时候，他却把大量的时间花在了法庭的审理工作上，并为之自豪。爱德华通常每年都会有处理一些开庭案件。尽管其律师职业生涯始于在与铁路交通有关的人身伤害案件中为铁路部门辩护，但是他的专长却不断地拓展到了复杂的商业诉讼领域——特别是反垄断案件和专利案件——无论代理的是原告方还是被告方，他都能获得胜诉的巨大喜悦。作为哈佛本科学院与哈佛法学院非常有前途的美国本土学生和奖学金获得者，他和他的合伙人汤姆·雷诺兹带领着他们的律师事务所走过了二十多个年头。《芝加哥论坛报》曾经就其在联邦法院走廊里与其对手互殴一事进行过大肆报道。

让我们一起来直面这样一个事实——有时专家可能是一个棘手的问题。他们无处不在，至少可以说，他们的存在对律师来说不是好消息。律师专注于质疑专家报告中意见的性质和特点，以及对方专家提出的相左的看法。专家是否做了全面的分析并且能否真正地为他自己的意见找到合适的依据往往成为交叉询问的重点。如果可以，应该以此为理由攻击对方，同时我还发现了另外两个经常被忽略的方面，而这两方面往往可以有效地起到借刀杀人的作用，即：因存在偏见而缺乏可信性和通过已发表的学术论文进行弹劾。

可信性

从容不迫、争点全面、不要咄咄逼人。你应该假设有些陪审员可能喜欢那种“不一般的”大人物，他们看上去既受过教育又有智慧——至少这是至今为止陪审团所注意的特点。“你已经得到报酬了，不是吗？”或者“你每小时的报酬是多少？”这种提问是不全面的。对可信性的交叉询问需要格外的注意。最近在北卡罗来纳的夏洛特，因为以下的提问，陪审团完全未考虑一名有着很高专业素养的专家的意见。

“史密斯博士，你花在咨询和出庭作证上的时间比你教书的时间要多，对吗？那么，你 1 周在大学里面授课 2 次，也就是 1 周大概 2 个或 2 个半小时，对吗？那么除去假期的时间，你 1 年实际在学校教书的时间也就是 150 个小时。这一点你可以同意吧？”

“现在，让我们来谈谈这个案子吧。你在 1 周前的星期四来到这个镇子，是吗？在陪审团听取证据期间，你打算每天都到这里，对吗？并且你也的确每天都到这里了。甚至在开场陈词时，你也在场，对吗？那么现在，你应该一直都在关注事态的发展状况，并且也经常在晚上与律师们见面，对吗？”

“我先问一个预备性的问题：你来到这里后，就一直和被告以及其律师住在同一家酒店，对吗？据我了解到的情况，在你出庭之前，你们晚上经常待在一起，也一起共进早餐，而且你们一起讨论事情。你在证言里说——在案件正式审理之前，你和你的律师碰了面并一起重新回顾了整个案件。请告诉我们，周六的时候你做了什么？你花了很多时间和他们在一起吗？而且周日当你琢磨这一问题的时候，你们也在一起吗？”

“据我所知，你正在留存一些你所花费的时间的记录和证明。你的报酬不是以小时为单位来支付的吗？根据我的理解，你在这里出庭，或者说在庭审中，和你在庭审之前进行的咨询，这两种业务的收费方式是不同的。收费标准有何不同？你为什么不告诉法官和陪审团这个不同之处？”

（好吧，我的咨询收费是每小时 250 美元，而出庭的费用则是每小时 550 美元。）

“你在笔记上匆忙记录的是什么呢？是不是之前的 8 天，每天工作 7 个小时？一共 50～60 个小时？因此，每天陪审团和我们大家在这里出现的时候，你可以挣到 3 500 到 4 000 美元，对吗？我们现在已经开庭 8 天了，那么到目前为止，你已经挣到了 25 000 到 30 000 美元，对吗？周末的 2 天时间里，你每天会各花 4 到 5 个小时与他们会面，而这两天的费用应该是每小时 500 美元，对吗？”

“现在，让我们从头开始吧。你是何时受雇于此案的，应该是 2 年到 2 年半之前吧？你阅读了所有的附誓陈词，应该是 5 000 页到 10 000 页，对吗？还有所有你认为有必要看看的物证和法庭上的陈词和答辩，对吗？律师告诉你，所有东西都能看，不是吗？而且据我所知，你已经对审前阶段的事项进行了详细的审查，包括我方专家所谈及和说到的问题，是吗？在此之后，很明显，你又和当事人以及律师一起审查了这些问题，对吗？在不同的时间、不同的诉讼阶段都是如此，对吗？你参与该案已有 2 年半之久了。我们是否可以认为，你 1 年中花在这个案子上的时间超过了 200 个小时？在正式开庭审判之前，你在这个案子上已经花了 640 个小时，不是吗？那么加起来有多长时间呢？”

“让我在黑板上演示一遍。在你还没来到这里，还没关注审判的时候，我们知道你已经得到了 150 000 美元至 180 000 美元。那么，现在你又拿到了 25 000 美元，并且如果我们提出反驳的话，你有可能再次回到法庭再提供证言，对吗？”

“实际上，你每年用在讲课和教书上的时间也就只有 150～200 个小时，而在过去的 2 年半时间里，你仅仅花在这个案子上的时间就每年至少有 300 个小时，对吗？”

“比起你回学校做教授这份工作，做咨询和出庭作证可以挣到更多的钱，这一点是毋庸置疑的，对吗？”

对于仅以专家证人可信性为基础进行的谨慎而全面的弹劾这个问题，有很多值得说道的地方，并且这也并不是一个复杂的交叉询问。

“我不想在有关你收入的这些数字上吹毛求疵。你去年向国家税收局上报了多少收入？除去你在大学的税务，你去年向他们上报了多少所得收入——通过出庭作证和咨询这两项业务所得到的实际所得？你能回忆起来吗？相关的记录就在这儿，我们为什么不看看呢？看看，你做全职教授的一年收入是 75 000 美元，对吗？好，我们再来看下一页，你所上报的咨询费，一年是 210 000 美元，另一年是 194 000 美元。这些都准确无误，对吗？你向国家税收局如实地上报了收入数额，是吧？”

“那么接下来，让我们再来看看与前述问题相差无几的另一问题。现在，在这种情况下，你支持着一家你从未为之工作过的公司，尽管这正是你的执业特点。在过去的 10 年里，你为什么不告诉陪审团，你一共在审判或附誓陈词中作证过多少次？以及即使案子最终没有开庭审理的情况下，你做过的咨询又有多少次？好吧，让我们来看看你报告中的附录部分，该附录记录了你所进行的审判和咨询工作。我数了一下，无论是在附誓陈词还是在大多数的出庭作证中，你一共作证 22 次，在这些案件中，有时你是支持原告，有时也会支持被告，是这样吧？让我们继续看这个清单。你记录的第一个案子是有关于汽车工业的，你支持的是被告。你还记得吗？与这个案子一样，你审查了起诉书、附誓陈词以及所有问题，你还准备了一份报告，你支持汽车公司的主张，不是吗？在那个案子中，你的报告和证言都支持被告汽车公司，对吗？”

“我们再继续讨论第二个案子。这是你在得克萨斯州马歇尔出庭作证的一个专利案件，此案中你支持原告。你应该记得吧？就像准备上一个案子一样，你对这个案子进行了充分的准备。你阅读了所有材料，也清楚地知道在你所支持的专利设备公司和被起诉侵犯该专利的被告之间存在很大的纠纷，同样，你再次查看了所有的材料——所有的记录和所有的附誓陈词——你得出的结论是原告的行为是合法的。该案中，原告向你支付报酬了吗？”

成功的交叉询问需要运用每一种可能的方法以提高你方论据的可信度，同时削弱对方的可信度。

“好吧。事实就是，你为支持原告方，你对那些问题进行了研究并且断定原告是正确合法的，原告向你支付了报酬，对吗？我们可以花些时间去回顾这些内容，但总结起来就是：你一共为原告工作过 8 次。你为何不看看这张清单？你曾为被告工作过 14 次。如今，您不觉得有件事情很明显吗？即在每一个案子中，你都会在研究之后，找到双方的分歧所在——在你研究之后——你总会一成不变地支持付给你报酬的那一方是对的。然后你会提交一份报告，表明你对支付你合理报酬一方的支持。”

“如果你想要进行争辩或者进一步讨论这个问题，那么，让我们再来看看第五个案子。这是一起发生在科罗拉多州丹佛市的有着巨大争议的环保纠纷案。还记得这个案子吗？在这起案件中，你支持的是被告。而原告和被告之间存在着很大的争议。你进行了认真的研究：你确实从被告那里得到了报酬，对吗？你有没有去提交支持被告的报告呢？是的，你提交了。”

“因此，让我们再回到方块一。在你所参与的每一个案件中，你一共出庭 22 次，作证 22 次，准备报告 22 次，并且公正地做着这项工作，就像你在大学里的工作一样，对吗？瞧瞧，在每个案件中，每一次你‘独立地’研究问题时，你都会碰巧得出支付你报酬的一方是对的结论，是这样吗？在这些案件中，没有哪一次你支持过没有支付你报酬的那一方，是吧？”

对于仅以专家证人可信性为基础进行的谨慎而全面的弹劾这个问题，有很多值得说道的地方，并且这也并不是一个复杂的交叉询问。做这样的询问并不需要拥有法学博士学位，只需要用常识即可，并且这一询问需要进行得不张扬、直接和全面。

在你进行这样的询问时，陪审团——至少一些陪审员会想，是否要去相信这个出一次庭就比每位陪审员 6 个月的收入都多得多的专家。而且，他从未对那些付钱给他的公司提出过反对意见，当这样的事实摆在眼前时，一些陪审员自然会严重质疑这些付费的证词（paid testimony）。

学术专著

我无法将所有询问专家证人的方法都一一列举出来，但是我想在这里强调一下另一问题：学术论文的使用。

令人惊讶的是，对经济学、证券、反垄断，甚至是专利案件中的专家证人所进行的交叉询问并没有充分利用联邦证据规则（第 803（18）条）有关学术论文的传闻规则例外的丰富内容（hearsay exception to the Federal Rules of Evidence involving learned treatises）。该例外规则鼓励运用专业领域中已有的专著对专家证人进行交叉询问。这种情况下的法令和决定允许在交叉询问中使用已通过任何形式确立权威性的学术论文。（Reilly v. Pinkus, 338 U. S. 269 and 60 A. L. R. 2d 77.）交叉询问律师方的专家证人可以出庭作证，证明某一特定学术论文可靠的权威性。在交叉询问中，让对方证人承认你方专家的权威性及其学术论文的可靠性，这样也能有所助益，但对方当事人的承认并不一定意味着允许对其进行交叉询问。

最近在芝加哥联邦法院的一次庭审中，涉及一个很基本的问题：所谓的放射性能源包括什么？被告方的一名证人是这样被交叉询问的：

“琼斯先生，作为一名在这个领域研究多年的人，你一定会认可关于这个问题的学术专著。事实上，你有一段时间在斯坦福大学进行学习，对吗？斯坦福大学还刊登过一篇有关我们正在谈论的这个问题的分析报告，该报告由该校物理系的全职教授编辑，整篇文章中相关的内容都可以被包含在放射性能源中。”

（我对这篇学术论文很熟悉。）

“你要看看这篇学术论文的第 1 页吗？请你告诉法官和陪审团，还有哪些杰出的物理专家对这篇文章有所贡献——几乎每一位知名的教授都是来自于诸如芝加哥、哈佛、哥伦比亚、佐治亚理工这样的大学。这篇学术论文在这个学科中已经得到了公认，并且普遍地在大学中得到应用，你是这样认为的吧？你为什么不将这篇汇编的文章读给陪审团听呢？这些专家、杰出的教授是如何定义和描述各种放射性能源的？”

（为陪审团朗读文章。）

“在主询问的证言中，你排除了至少 3 种已经得到公认的放射性能源，对吗？”

无须在这点上纠缠太多，只要简单地引用一篇被公认的学术论文，就可以巧妙处理案件的关键争点。每个学科都存在值得信赖的学术论文和出版物。它们汇集了大量交叉询问和弹劾时所需的信息。它们很少被用到，但是在几乎每个案子中都应该得到应用。

成功的交叉询问需要运用每一种可能的方法以提高你方论据的可信度，同时削弱对方的可信度。在所有案件中，对于每一个专家，这两种方法都应该引起高度重视。

第28章

专家的附誓陈词——谁需要它们！

迈克·T·韩纳方
(Michael T. Hannafan)

迈克·韩纳方（Mike Hannafan）在柯克兰与埃利斯联合律师事务所（Kirkland & Ellis）开始了他的律师生涯。1979年，已成为合伙人之一的他离开柯克兰律所，组建了他自己的律师事务所——主要致力于商业诉讼。他特意选择将律所保持较小的规模，尽管他们处理的案件都是很重要的。韩纳方与韩纳方联合律师事务所（Hannafan & Hannafan）——该所合伙人之一是迈克的儿子布莱克（Blake）——经常接手大牌律师事务所律师推荐的、因利益冲突无法办理的案件。迈克毕业于华盛顿大学法学院。

也许你会问，为什么会有出庭律师在没有事先要求专家证人提供附誓证言的情形下，依然会对专家证人进行交叉询问呢?

是的，你可能是因为不应该这么做，而我却是因为懒得这么做。

然而，在过去的几年中，在陪审团或职业法官审理的各式各样的案件中，我一直都会放弃要求对方指定的专家证人提供附誓证言的机会。这些证人，有的是在医疗过失案中出庭的内科医学专家，有的是在关于律师合理费用纠纷中出庭的律师专家，还有一个在有关美国残疾人法案中的报复性解雇案件中曾任劳动力市场专家，还有一些其他领域的专家。

我并不是将这一点建议适用于每一位出庭律师、每一位专家，或者每一个案子。首先，也是最重要的，对于交叉询问，你必须有娴熟和精通的技巧。其次，你要有足够的勇气，当然，它有时带给你的运气会多于你本身的出色。

我并不是将这一点建议适用于每一位出庭律师、每一位专家，或者每一个案子。

尽管如此，至少在某些案例中，你应该考虑放弃对一些专家证人的审前证言披露。在此之前，你有必要做下面的事情：

● 要确定对方回答了你方专家在质询书中提出的问题，或者根据特定司法辖区的规定，已经以书面专家报告的方式作出了回应。如果你确定法官不会允许专家在出庭作证时偏离审前证据开示中的那些问题，那么，你甚至可以决定不去反对那些很糟糕的答复，也不用提出动议来要求获得更加完善的答案。

● 要求提供专家近期履历或简历的副本。确认专家发表的文章都被罗列在上面，且其之前的庭审证言也都被包括在内。如果可以，核对专家之前的作品或演讲。当然，网络的出现使得你的这项工作比几年前容易得多了。

● 你要确保至少通过询问的方式发现该专家认为哪些资源、书籍、出版物或者学科专著有权威性和可信性。要保证至少有一种主要的资源可供你在庭审中使用。

● 开庭前要全面地了解你的案子。你说每个人都知道这一点？可千万别有这样的指望。要确定你了解了案情并且知道如何才能攻击对方专家证人的可信性。

● 请求提交文件，获得所有的通讯录以及有关专家与对方当事人及其律师之间的费用协议。

● 获得所有文件副本和其他专家赖以得出意见的信息的副本。

做完了以上工作以后，你对对方专家的交叉询问即使不比审前获得附誓证词的效果更好，至少也与其旗鼓相当。我认为，其基本原因是，对方律师和对方的专家在此之前没有见过你的行为。我的意思是说，他们不了解你的辩护风格或者你的性格，并且最重要的是，他们不会很详细地了解到你在庭审中打算提出怎样的问题。律师们经常会犯这样的错误——在开庭前的审前证词环节中问了许多问题，结果透露了交叉询问的绝妙脉络，并因而在审前提示了对方的专家和律师。由于知道了你的策略，他们就知道如何在陪审团或是法官面前对付你。可不要小看这些可能出现的埋伏和那些出其不意的事情，特别是在专家证人可能完全诚实的情况下。

如果在专家证人就其意见作证或者提出其他有关案件的意见之前，法庭允许你对其进行预先审查的话，那么你应该利用这个机会弹劾证人的可信性或者质疑其证人资格。通常来说，专家的简历不会罗列与他们赖以形成意见证言的具体问题相关的经历。在陪审团面前进行预先审查后，你凭借这巧妙的交叉询问，让法官取消该专家证人继续作证的资格。大部分情况下，法官肯定会让专家证人继续作证并且在陪审团面前拒绝你的动议。因此，你要么就看上去像个傻子一样，去证明这个证人是世界上最好的专家，要么就去说服陪审团，这个证人也就不过如此，并非什么专家。这种招数并不是胆小懦弱者的专属。（作为一个通用规则，请切记，就像在案件中处于劣势一方的律师一样，铤而走险的人会作出铤而走险的事，而有时幸运就会随之降临。）

如果，对方及其专家试图在庭审中偏离那些在审前证据开示时向你开示的意见或意见基础时，你要毅然决然地提出抗议，指出对方违反了有关专家意见的证据开示规则。法官通常都会支持你的异议，然后阻止你的对手继续对那些未曾揭露的事情画蛇添足，否则它们就会影响已经计划好的证言。这就是为什么对于你在审前提出的要求，你可能不那么渴望试图去寻求非常全面的书面答复，这些要求包括对于专家证人意见或意见基础的揭露，或将这些要求引入庭前作证。

由于你在先前的书面证据庭审中没有暴露意图进行的交叉询问问题，所以尽量用该专家先前不一致的文章或演讲来弹劾他。尽量利用专家之前的文章和他们通常信赖的权威性的资源，让他们同意在你的辩护中所必需的观点。

以证据或者一些预期的证明为假设前提，试图让专家出错，并且通过这样的问题，即问他是否会作出、认定或者建议与他为之作证的一方一样的作为或不作为来击垮对方的案子。例如，在一起律师违规案件中（a legal malpractice case），你可能会问被告的律师专家，他是否像会被告那样起草一份遗嘱呢？有时候可能你很幸运，因为这个专家，这个全世界最棒的专家，可能会承认他并没有像你的对手那样做。当然，很典型的情形是，他们可能会说他们应该做，但是却没有。然而，任何一种回答都不会让你失望。如果专家并不认同对方的决定或者安排，那么在法庭辩论中，你就顺理成章地在陪审团那里取得了胜利。有时候，专家可能会说，他会像对方那样做，那么你可以很庆幸地说，这个专家是个被买通的骗子。根据我无数次在美国军队里所得来的经验，无论是在战场上，还是在法庭中，意想不到的事情可能是战斗中最重要的一项技巧。不要小看它。

如果你尝试了我的建议，但效果并不尽如人意，要么你需要在交叉询问上勤加练习，要么就是你的案子本来就没有胜算。可无论怎样，如果你对于你的交叉询问能力有自信且能持之以恒的话，我相信你也会发现，就像我经常发现的一样，直接在庭审中对一名专家证人进行交叉询问，与让其在审前提供附誓陈词相比，两者的效果是不相上下的，前者甚至更出色。你会从中获得无穷多乐趣。

如果你尝试了我的建议，但效果并不尽如人意，要么你需要在交叉询问上勤加练习，要么就是你的案子本来就没有胜算。

第29章

死人有时也可以讲故事

迈克尔·J·莫里西
(Michael J. Morrisey)

迈克尔·莫里西（Mike Morrissey）对医学的了解可能比大多数医生还要多——在过去的三十多年时间里，他在医疗事故案件中代理过许多医疗专业人士。对于涉及各种专业领域的复杂案件，他都有着很广泛和成功的出庭经验，这些案件包括神经外科、神经放射学、整形外科、普通外科、耳鼻喉科、精神病学、妇产科、麻醉学、传染病学和神经心理学。他在医学界享有盛誉，并且经常被邀请为这些领域中最棘手的案件进行辩护。他是芝加哥顶级律所之一——卡西迪与谢德联合有限责任律师事务所（Cassiday & Schade LLP）的创始人和执行委员会委员。莫里西毕业于德保罗大学法学院。

问：你曾经住在奥本山公墓（Mt. Auburn Cemetery）附近吗？

答：没有。

问：你是不是提供过相反的陈述？

答：是的。

对方律师：法官大人，我们是否可以到法官侧席（sidebar）跟您单独谈谈？

我的朋友，也是我前的合伙人凯文·伯克（Kevin Burke）喜欢对那些向他咨询作为原告律师的成功经验的人说："我并不比我的对手聪明；我只是比他们更努力而已。"虽然凯文对他的聪明才智表现得很谦虚，但是他所说的有关于比其他人更努力这一点，是可以将成功的出庭律师与其他律师区别开来。当我有幸和那些真正有天分的律师们一起工作或是相互竞争时，我了解到，那些表现最好的交叉询问者正是在准备工作中最努力的人们。

我能想到的最恰当的诠释努力工作和准备的例子是在几年前我和我的搭档凯瑟琳·加维一起办理的案子（Tornabene v. Paramedic Services of Illinois, Inc.）。该案涉及的一名中年妇女——托纳本太太（Mrs. Tornabene）由于常年抽烟而有慢性呼吸道疾病。之前，她肺部很虚弱的一部分破裂了，引起一边的肺萎缩，这被称为肺气泡。因此，她接受了开胸手术，从而修复她肺部萎缩的部分。尽管她患有慢性阻塞性肺疾病，但是她还是可以尽职工作，做些家务，并且很显然她也是这个充满爱的大家庭的纽带。

事发当晚，她感到呼吸困难，当时和她住在一起的女儿及其丈夫拨打了911，之后，急救人员也就是我们的当事人接到了指派。急救人员赶到她家的时候，发现一家人都十分惊慌，那个女人很明显因为呼吸困难而十分难受，也正因为呼吸困难，她无法正常表达。她的家人声称已经将她肺部疱疹破裂和做手术的病史告知了急救人员。由于医护人员无法在这个芝加哥西北部的小房子里的楼梯和屋子的角落处打开担架，他们只能用特殊的椅子将她抬上移动重症监护车，并给病人吸氧，然后将其转移到最近的医院。在采取每一步措施时，医疗急救人员都与后方的基督教会医院（Resurrection）取得联系，并且同受过专业训练的护士通话。这位护士负责直接与值班的急诊室医生沟通，从而指导医疗急救人员（"EMTs"）该如何进行救治，也可以了解很快就要到达急救室的病人的情况。

病人在救护车后面一直通过氧气包和氧气面罩吸氧呼吸。氧气通过一条管子输送到扣在病人面部和口鼻部的面罩里，并且通过医护人员对氧气包的不断挤压强制送到病人的肺部。这是让病人在赶往医院的途中可以呼吸氧气的急救办法。

医疗急救人员是一类特殊的医疗服务人员，他们并不是医生，也不是护士。但是在紧急情况下，他们可以提供救生帮助，通常来说这些人都需要有医疗执照。给所有美国的救护车都配备医生是非常昂贵的，也是不太现实的事情，而所有医疗急救人员都得到了充分培训，能识别医疗上的紧急事故，并且提供相应的应对措施。根据法律，他们可以按照常规提供医疗救治。例如，如果医疗急救人员到达某现场并且发现病人没有心跳或是心律不齐，那么他们可以给病人使用特定的药物（根据心电图（EKG）显示），以重新激活病人的心跳或是控制他的心律不齐。

“常规”或是标准操作程序（“SOP”）都类似一种“食谱”。例如，如果发现一名心室颤动的病人，依据标准操作程序，医疗急救人员在没有和医生取得联系的情况下，可以对病人用药，并且可以通过除颤机对其进行电击以使病人的心脏重新跳动。

在这个特别的案件中，托纳本太太的肺上又起了另外一个肺气泡，正对着多年前通过手术修护的那瓣肺叶。对于她来说，不幸的是，她肺部的这个洞使得空气可以穿出她的肺进入到胸腔膜，也就是胸腔中肺部周围的部分。这个肺气泡就像是一个单向的阀门，因此，在救命的氧气通过氧气包和面罩装置强行进入病人的肺部时，越来越多的空气会在压力的作用下，通过那个洞漏到她的胸腔膜中，使肺部进一步萎缩。

压力开始不断增大，并最终对心脏和大静脉——这是血液回流到心脏的主要静脉产生巨大压力。这种情况被称之为张力性气胸，会威胁到生命。如果在胸腔膜中的空气不能够被排出，那么它将阻止心脏正常的回血，病人也会因此死亡。

经过一段时间的耽搁后，病人被从自己家中送达医院——而其中的争议就在于，这里到底延误了多长时间。然而，很明显的是，当病人最终到达复活医院急诊室的时候，她已处在死亡的边缘。尽管吸了氧，她也已经因为呼吸困难而浑身青紫并且没有意识了。在病人到达后的很短时间内，医生为她拍了快速便携式胸片，并且诊断其为气胸。一根内径很长的针从两侧刺入，用来释放不断增大的空气压力，但是不幸的是，病人还是死了。在这起事件结束后不久，她的家人咨询了律师并且提起了诉讼。

原告主张，根据病人家属告诉他们的有关她之前肺气肿破裂的病史，以及一侧已经没有呼吸声音这样的事实，医疗急救人员应该意识到病人患有张力性气胸，并且他们应该穿刺，以释放空气的压力。

原告还主张，护士应该在医疗急救人员没有及时实施相应急救措施时，和当班的急诊室医生取得联系，并且通过电话对张力性气胸症状进行诊断。

在开庭前夕，对于那位护士在对讲机中出现的失误以及急诊室医生对医疗急救人员进行的错误指导，医院和原告进行了和解，支付了一大笔钱。

我们认为，医疗急救人员没有作出诊断，但如果是按照培训时的操作准则进行的话，除非这其中存在故意和不负责的行为，否则他们就可以免除责任。除非胸口有穿透性的伤口，他们是不能用针刺入病人胸腔的，因为他们的操作准则中并没有包含这个措施。

原告的律师是2名非常优秀的出庭律师，他们聘请了一名医疗急救人员作为专家证人。这位专家与被告方的医疗急救人员受过同样的培训，并且声称经过培训，因此一旦病人出现疑似气胸现象时，就可以将针刺入病人胸腔。他在附誓陈词中作证说，该方法已经被教授给接受过培训项目中的每一个人，并且可以这样认为，当医疗急救人员怀疑有气胸存在时，便可以使用该方法。这简直就是具有毁灭性的证言，因为根据伊利诺伊州法律，如果医疗辅助人员违反了培训的内容，这将被认为是一种故意和不负责任的行为。

我的搭档，卡西·加维（Cathy Garvey）要开始工作了——这种努力的工作可以使交叉询问变得卓有成效。她千方百计地深入调查这位医疗急救专家的背景，因为我们从参加医疗辅助项目的人员那里得知，在这些情形下，医疗辅助人员不能将针刺入病人胸腔。我们和课程的教授者们进行了沟通，并且让这个项目的医务主任指出，在他的项目中，他从不允许医疗急救人员使用针刺，除非出现穿透性胸伤。这些证人可以帮助我们反驳对方证人的证言，但最后依旧取决于陪审团会相信什么。

当我们听说原告的专家曾有一些法律方面的麻烦时，我们如获至宝。似乎在一些年前，他曾在杜佩郡因使用假支票而受到指控。接着，他在芝加哥的一所医院找了一份工作，那是一家大型的教学机构，因此作为他工作的一部分，他要经手空白的死亡证明。这个依然健在的医疗辅助专家，灵机一动般地在死亡证明上写道，他死于用药过量。然后该专家公然地将这张死亡证明送到了律师那里，该律师正是其恶意挪用支票案的辩护律师。这位不知情的律师收到了一封带着附函的伪造死亡证明的副本，当然，这封附函也是伪造的。据悉，在这封附函中，专家的母亲向律师说明了情况，并且请求律师帮助她驳回对她已去世的儿子的控告，因为她可怜的孩子已经死于用药过度了。

事实上，杜佩郡（DuPage County）的检察官基于那封信和死亡证明便撤销了对该专家的控告。这名专家请的律师不知道他们被骗了，他的母亲对儿子的诡计也并不知情，但是很显然，检察官仅根据这些很表面的东西就采信了律师和专家母亲的话。而这位专家又重新出现，并且被招收为一名医疗急救人员，完成了此案中被告医疗急救人员所完成的相关培训课程。然而，不走运的是，很明显杜佩郡检察院对他的社保号码做了一些追踪调查，然后发现这位“不久前去世”的人正在工作，并且在库克郡（Cook County）也没有相关的死亡证明记录。

他被逮捕了，并且最终承认了其最初恶意挪用支票的图谋以及后来的伪造虚假死亡文件的控诉。作为诉辩交易中一部分，法庭允许他完成培训课程，其中包括 6 个月的实践学习要求。在这段时间内，作为学生的医疗急救人员需要观察其他的医疗急救人员，熟悉程序并且在整个系统内辅助其他有经验的医疗急救人员完成工作。他这一部分的学习是监外执行。该监外执行的情况以及他特别的住宿情况，给医疗急救项目的管理人员留下了深刻的印象，而正是这些管理人员让我们的案子走上正轨。

案件本身产生了激烈的争论。我们的对手技能娴熟，并且医学知识渊博，对于案件中事实以及托纳本太太死亡的事实很了解。该案一直有一个贯彻始终的持续性争论，即关于医疗急救人员蓄意和不负责任的不当行为的证据，该证据将使被告丧失法定免责权利。原告律师不断强调我方当事人受到过用针穿刺胸腔的培训，而我们则继续提供我们的证据——尽管他们知道相关的步骤，但除非存在胸腔有穿透性伤口的情况，操作准则当中并没有允许他们这么做。原告律师传唤这位急救专家提供他们所需要的证言，以说服陪审团相信这一事实：这些医务辅助人员不但受到过采取相关措施的培训，也可以在病人命悬一线的时候——就像托纳本太太那样——采取该措施。

这位专家在主询问中作证，取得了很高的可信性。原告律师和他在主询问中配合得很好，但他却不知道这位医务急救专家是“死而复活的”。

我们担心原告律师可能不会让这位医疗急救专家出庭作证，毕竟，他们还有一位曾经提供过证言的专家，但是，后者是在不同体系中接受的培训。我们提出了一个可有可无的动议——即，第二位医疗急救专家的证言应该属于冗余的证言——但是，这个提议很快就被审判法官驳回了。

在这位专家去作证的前一天晚上，我考虑了对付他的不同方法。不得不承认，对轻微犯罪的认罪答辩对于证人的可信性是很大的冲击。在交叉询问专家的过程中，伊利诺伊的法庭给了律师很大的空间，但是我知道，正如她在整个案件审理过程中所做的那样，庭审法官会严格地监控我。但是，我依然期待着这一对于出庭律师来说绝无仅有的机会。

我一开始询问了证人两个问题——他是否会认真履行专家责任并会公平地对待他的同事，也就是本案中作为医疗急救人员的被告。当然，他的回答是肯定的。接着我又问，对于医疗急救人员的培训以及该项目的操作准则，他是否捏造了事实。

然后我又问，他住在什么地方以及在他所伪造的死亡证明上所写的墓地的名字。

问：你曾经住在奥本山公墓附近吗？

答：没有。

问：你是不是提供过相反的陈述？

答：是的。

法官和原告律师对接下来发生的事情毫不知情，所以看起来很茫然。然而，证人看着我，他已经意识到，这对于他来说将是一个漫长的下午。事实上，至少那天在法庭上，他就像是经历了第二次死亡。

并没有很多律师在其职业生涯中有机会询问这样一位专家证人，他为了避免刑事起诉而假冒死亡，又在被捕之后承认了他伪造文件的罪证。我知道，我很幸运，这样的好故事总会引得我的同行们哈哈大笑，但是我更愿意认为这件事更好地说明了一个原则，那就是，成功的交叉询问并不是来自于一时迸发的灵感，而是坚持不懈努力工作的结果。

第30章

交叉询问受到灾难性伤害的原告

C·巴里·蒙哥马利
(C. Barry Montgomery)

有着一头金色长发、神情自若的巴里·蒙哥马利（Barry Montgomery）在法庭上是不会出错的。他是威廉姆斯、蒙哥马利与约翰律师事务所（Williams，Montgomery & John）的创始合伙人之一，并在那些原告遭受灾难性损失的复杂侵权案件的辩护中，创造了惊人的胜诉纪录。他也处理商业案件。在过去的35年中，他一直都是库克郡巡回法院法律部（Cook County Circuit Court Law Division）的中心人物，创造了令人羡慕的成功纪录。他毕业于密歇根大学法学院。

原告坐着轮椅，缓缓地进入法庭，法庭里人们正在窃窃私语。他缠着绷带坐在轮椅中，头部显得很沉重，他用尽力气转头看着陪审团。人们从这位17岁孩子的脸上看到的是彻底的绝望。庭上蔓延着怜悯和同情的气氛。

这个年轻小伙子是一名高中生，也是橄榄球队和田径队的明星。他可以在10秒钟内跑完一个足球场的长度。他相信，他戴的橄榄球头盔可以保护他不受伤害。如果头盔上有警告：即使戴了头盔，也有可能会折断脖子，那他肯定不会去打橄榄球。事故发生了，他的记忆就停留在了中场开球被击倒的那个瞬间。

考虑到原告缓慢、费力并且痛苦的反应，原告方律师的主询问进行地相对简短。

依我的经验，太多的辩护律师认为交叉询问受到灾难性伤害的原告进行是十分必要的，即使并不是为了达成确定的目的和目标。

这就是对方的证人，律师朋友。

你对这样一位证人该如何进行交叉询问？你到底是否应该进行交叉询问？你弹劾这位可怜的证人，陪审团是否会感到气愤？你的交叉询问造成的伤害要是否远远多于其好处？

对于一位受到灾难性伤害的原告，人们一看到他就会觉得他可信。这并不是说这种可信性不是他应得的，也不是说他描述的事故版本是可反驳的，而是，他所诉说的每一件事情都充满着令人同情的内容，因而陪审团会相信他。

关于到底要不要交叉询问，我的准则是这样的：是不是只有这位证人才能提供对我方而言非常重要的证词？对于弹劾证人的主要争点，我方是否有证言支持？如果上述两个问题中任何一个的答案是肯定的，我就交叉询问，反之则不会。

依我的经验，太多的辩护律师认为对受到灾难性伤害的原告进行交叉询问是十分必要的，即使并不是为了达成确定的目的和目标。质疑小问题或者与争点无关的问题是错误的，而且这种行为会造成人们对于抗辩的愤怒，也会使陪审团增加对原告的同情。陪审员们会本能地找机会保护那些受到灾难性伤害的原告，使他们免于遭到辩方律师毫无依据的伤害。而陪审员们这么做时，他们并没意识到自己已经有了想要保护原告的倾向。

决定何时在庭审中交叉询问原告是另外一个问题。记住，没有任何规则规定你要在原告陈述案情、提出证言后立刻对他进行交叉询问。你可以将交叉询问保留到开始对陈述你方的案情版本时。为什么要在大家倍加同情这位受伤的原告时提出你的辩护观点呢？

我所代理的案件涉及这位17岁的高中橄榄球运动员，该案展示了我在对一位受到灾难性伤害的原告进行交叉询问时所用到的技巧。

被告是原告所用的橄榄球头盔的生产商。原告的责任主张（liability theory）是，头盔的设计有缺陷，因为它的衬垫不够充分，并且头盔上没有贴上警告标志以告知运动员在使用头盔时会受到严重的或者永久性的伤害。我的抗辩是，头盔是用来保护头部的，并不保护脖子，并且包括原告在内的所有橄榄球运动员，都知道他们会在打橄榄球的过程中受到严重的伤害。

在主询问中，原告作证说他并不知道带着头盔还会受这么重的伤。他认为，头盔可以保护他的头部和脖子不受严重伤害。他还说到，如果他知道他带着头盔还会四肢瘫痪，他绝对不会去打橄榄球。

毫无疑问，原告作证结束后，所有陪审员都对他产生了怜悯之情，并且对他的证词深信不疑。如果我在这时对这位年轻人进行交叉询问，我相信每一位陪审员都将偏向于他的抗辩。

我没有选择在那时对原告行交叉询问，等他休息完回来之后，轮到我陈述案件事实了，这时我才开始交叉询问。

当我真正开始对原告的交叉询问时，我没有直接针对他个人提出问题。而是朗读了他在证据开示阶段所作的附誓证词——根据《联邦证据规则》第801条第4款第2项（Fed. R. Evid. 801（d）（2））的规定，该证据可以作为对方当事人的自认。之后的交叉询问是以以下方式展开的：

问：你的教练是否告诫过你，如果你抢断的时候带着头盔，有可能会伤到你自己？

答：是的。

问：这就是事故发生前你所知道的全部，对吗？

答：是的。

问：你是否意识到，如果你头戴头盔在开放的场地进行抢断，那样会伤到自己？

答：是的，先生，我意识到了，我只打算在场地旁侧抢断。

问：是否有教练曾特别告诫你，打算抢断的时候，不要戴头盔？你的教练告诉你了吗？

答：是的，他让我不要那样做，因为那样做会被戳死。

问：你的教练是否告诉过你，如你那样做，别人也会受伤？

答：好像是说，你会伤得更厉害。

毫无疑问，原告作证结束后，所有陪审员都对他产生了怜悯之情，并且对他的证词深信不疑。

问：所以你知道你可能会受伤？在你抢断的时候，即使你戴着头盔，你也可能会受伤，对吗？

答：对。

问：在你出事之前，你是否查看过你的橄榄球头盔内外都写了什么吗？

答：没有。

问：所以说你知道如何进行恰当的抢断，这么说不过分吧？

答：是的。

问：能不能这么说，教练告诫过你这个事情，你明白如果不按照正确的方式来抢断的话，你可能会严重受伤？

答：是这样的。

问：事实上，你会被伤得很严重？

答：是的。

问：你的目标是不是上大学然后继续打橄榄球？

答：是的。

问：可能是职业选手？

答：是的。

问：即使橄榄球是项危险的体育活动？

答：是的。

我把这些提问和回答念给陪审团听时，原告不在法庭上，所以以上那种情感消失了。那种之前渗透在法庭里的同情感消失了。在当下，只有真实的和冷冰冰的事实，这些事实证明了关于橄榄球以及他会受伤的事实，原告之前是明知的。因此陪审团作出了支持辩方的裁决。

如果这个交叉询问进行时，原告依旧在证人席上，我相信，这些反驳的证词就算不会完全没用，也会逊色很多。陪审团的同情心和想要保护证人的冲动仍然存在。

对于遭受灾难性伤害的原告人，以其庭前附誓陈述作为自认，取代其亲自出庭作证以及当庭的交叉询问，会是一种更有效的办法。当我就受到灾难性伤害的原告人制作庭前附誓陈述时，我不会采用同步录像的方式。但是，在设计问题时，我就着眼于在庭审交叉询问中会如何使用到这些证言。

依我的经验，在庭上使用原告的附誓陈词是交叉询问受到灾难性伤害的原告的最行之有效的方式。但是，只有当这些附誓陈词与庭审中的重要争点相关时，才提出它们。

第 31 章

有时，这就是整场演出

乔-安娜·沃尔夫森
(Jo-Anne Wolfson)

孩提时代的乔-安娜·沃尔夫森，为了到马戏团去和大象一起玩，时常会从家里跑出去。从那时到现在，她就一直在按照她自己的方式行事。毫无疑问，乔-安娜即使称不上是她那个时代最杰出的女刑事辩护律师，也算得上是最杰出的女刑事辩护律师之一。她在一系列的谋杀案辩护中取得了一连串胜利之后，一家报纸的专栏作家将她命名为“谋杀案女王（Murder Queen)”。她总是快速地向专家提问，因此，对于被指控的警察来说，她是一名充满激情的辩护律师。在长期的职业生涯中，她丰富多彩的法庭风格，使她赢得了同行和评论界的诸多赞许。她一度将业务拓展到了佛罗里达州西南部，也就是林林兄弟马戏团（the Ringling Brothers Circus）过冬的地方。现在她生活在哥斯达黎加，偶尔也会为芝加哥的案子提供些帮助。她毕业于芝加哥肯特大学法学院（Chicago-Kent College of Law)。

气红了脸的法官（The red-faced trial judge）警告斯宾塞·特蕾西（达罗）（Spencer Tracy（Darrow）），他不能在不问任何问题的情况下就彻底地将一名陪审员候选人踢出局。步伐中略带着轻蔑的态度，特蕾西慢慢地走到证人席，然后斜倚在栏杆上，这样他就能够和对方面对着面，并且接着问道：

"你怎么样啊？"

"挺好的，我想。"那个男人回答道。

"出局！"特蕾西说。

事情就是这样。我喜欢这种镇定自若的仪态，这种从容自信的态度，以及不露轻蔑却带着些讽刺的交流方式。我就要做一名这样的律师。当然，我还不太清楚如何最大优势地运用同问话内容相符的态度，以及如何使演出中的交叉询问部分更为有效。

在我最开始代理的一批案件中，有一件是关于州际贸易的；因此，就会有大量的提单。我了解了很多相关的基础性知识，开始的交叉询问中在对一名基本证人的证词进行交叉询问时，我开始向陪审团展示我关于这方面的学识。控方并没有提出反对。当我向看起来有些厌倦了的、漫不经心的陪审团不遗余力地展示我从容、镇定自若的态度而又毫无效果可言时，他又怎么会反对呢？这是新手们常会犯的错误——利用法庭这个平台拿姿作态，展示自己对知识的领悟能力和非凡才能，借助于对自己声音的认知使自己获得平静，并努力成为庭审中的焦点。

在芝加哥刑事法庭中，甚至像"赛马"海恩斯（Race Horse Haynes）、F·李·贝利（F. Lee Bailey）、保罗·康奈利以及布鲁斯·卡特勒（Bruce Cutler）这样的声音洪亮的表演者也会失败。律师不能再造事实，这是事实；但是在芝加哥，一起刑事案子看起来关注的是被告人和控告者，而不是知名律师的外表形象。陪审团不会被律师的个人光环所迷惑或者受其驱使而作出裁决。

弗兰克·奥利弗曾经告诉我：

"不要将庭审视作真实发现的过程，而是视作一场沟通交流的对抗，通过说服事实的审理者来赢得案件的胜利。P 先开始，然后 D 的任务就是用自己的主旨思想来阻碍 P 的交流。而 P 的任务是要在 D 开始的时候，对其进行干扰。最后，法官或是陪审团裁出胜利者。"

更好地推动交流的方式是不断地释明、不断地重复，而这在交叉询问中最能获得良好的效果。实际上，在那些辩护律师通常不会传召己方证人的刑事案件中，交叉询问就是"整场演出"——辩护律师通过对控方证人的询问而非依靠其他方面来向陪审团展现一个非常具有说服力的故事。

无论辩护律师是否需要传召己方证人，是否要展示书证或实物证据，或者是否运用了有吸引力的法庭风格，你都要通过询问如下两个问题开启你的辩护之门。第一，什么是辩护？因为它是强制性的交流，这种交流告诉了法庭每一个组成部分——陪审员的遴选，如果被允许的话；开庭陈述；交叉询问，如果有主询问的话；以及结案陈词。第二，如何将每一步的交叉询问与辩护相符合，可以支持辩护、使其变得有说服力，并且围绕辩护内容进行说明、解释，从而达到辩护想要达到的效果。

想象一下，如果将每一步的交叉询问视作马赛克的一个瓦片。如果缺少了其中任何一片，这幅图画还会与你的初衷相符合吗？

想象一下，如果将每一步的交叉询问视作马赛克的一个瓦片。如果缺少了其中任何一片，这幅图画还会与你的初衷相符合吗？是不是每一个瓦片都承载着你要传递的信息的一部分呢？我们也可以换个方式。假设，你正在进行交叉询问，此时，法官基于对方提出的反对向你提出了下面这个问题："辩方律师，你问这个问题想表达什么？"

而你通常的回答是："如果你能给我一点时间，我会将它们联系起来。"

但是你能吗？如果你已经"雕刻"（sculpted）出用以证明你的辩护理由的交叉询问的框架——包括标题和副标题，那么你就可以在短暂的询问中阐明所提问题与辩护理由之间的相关性。

在披露性陈述中，仅仅记住事实是远远不够的，这就要求对于诸多矛盾要有一种瞬间的敏锐感知。无论是先前不一致的陈述还是证人之间相互矛盾的陈述，这些不一致的地方会比我们预期的要少。单独看来，这些矛盾之处并不比那些诸如错误、紧张、注意力分散和健忘等可理解的人为过失具有更大的验证价值。但是，如果一个交叉询问可以很有效地揭露一个带有偏见的证人所说言论中的不一致的地方，那么该证人的证言可能被怀疑、被削弱，甚至完全被排除在考虑范围之外。

我们再回顾一下前文中奥利弗谈到的范例，反对方的任务就是干扰对方进行交流活动。在法庭上，最基本的方式就是提出反对。控方已经浏览了你所有的陈述，已经准备好了对其证人进行主询问，并且大概了解你将会怎样进行交叉询问。那么，看起来如果你想要达到某个目的，只要在法官允许的范围内，吊一个名为"反对"的高球——采取频繁的、冗长的、潜移默化的方式——会是个好的选择。

导致几乎整个陪审团陷入困惑的最富有成效的方案之一，就是由于律师的疏漏而进行的无效的弹劾。如果弹劾不够干净利落，最棒的观点也会丧失先机。如果有"反对！完成条款（Doctrine of Completion）！"这样的诱导，你可能会再次听到某个报告或是陈述，这种情形要么是因为你提起的，要么就是你要花招未遂而遭到的惩罚。

预防的方法就是进行准备。提前行动，先人一招。了解与证据相关的证据规则和案件事实。要准备好举证的证据。已经知悉的对方可能采取的躲避性的回答或动作最终会阻挡住那些叽叽喳喳的反对者。要确保连贯性，学会改变呈现方式。要运用短句。R·尤金·品查姆作为一名出色的交叉询问者的技巧之一，便是他可以用很多种方式进行相同的询问并且使证人赞同其每句话中的每一部分。当他说"不再有问题了"的时候，对方的证人已经成为了己方的证人。

你要牢记这一指导原则——辩护意见的表达以及表达的方式一直保持清晰。当陪审团确信他们开始了解了这个案子，并且可以在恰当的时间对案件进行评价从而作出裁决时，他们将会更加相信为他们的判断起到推动作用的律师。那也被称为"赢得可信度"。在陪审员评议的过程中，当他们对法庭上的证言进行回顾时，他们就会回忆起，有时可能还会赞同你所架构和描述的辩护理由。

同时还需要保持不断的警惕。激情应当是适当的，但是不论怎样都必须是有秩序的——直到该你出场的时候，你才能有所反应，并且如果你想要炫耀一下可以证明某些虚假言论的证据，该证据一定要编号，以便存档。

对于你在交叉询问中提到的证人及其证言你有什么想说的吗？如果没有什么需要交叉询问的地方，那么就一直坐着吧。例如，通常情况下基础性的提单是不需要被检验的——具备相关知识的陪审团可能同意该规定。但如果在交叉询问中，你要发表的意见具有可争议性并且会起到重要影响，可能仅仅是需要更清楚地说明所涉及的某件事情，你也应该帮助陪审团了解清楚。

在你站起来发言之前，就要这样考虑。

第32章

通过交叉询问提出你的看法

马赛厄斯·A·莱登
(Matthias A. Lydon)

35年来，马特·莱登（Matt Lydon）一直致力于在法庭上为他的当事人争取到最好的结果。在他职业生涯的最开始，他的当事人是美国政府。作为吉姆·汤普森（Jim Thompson）所领导的美国总检察长办公室（United States Attorney's Office）中的一名出色的检察官，帮助并创立了关注度极高的公共腐败案中关于刑事责任的新理论。多年来，他一直在他的小律所里执业，在刑事案件中为那些被误解的商人、政治家和法官辩护，同时也处理各种民事纠纷。在20世纪90年代中期，他以合伙人的身份加入了温斯顿与斯特朗联合律师事务所（Winston & Strawn）。在那里，他继续施展他在刑事案件和民事案件方面的才能。如今，他的客户已经从大烟草公司延展到了各种一流联盟的官方组织。他毕业于德保罗大学法学院（DePaul University College of Law）。

交叉询问经常被认为是向证人所作证言的可信度提出质疑。然而，它同时也可以被有效地用来提出交叉询问者对案件的看法。与其去攻击证人，倒不如交叉询问者自己引导出对案件有用的证人证言。在最终辩论阶段，让陪审团了解你所依靠的这些确切证据不仅来自你的证人，同样也来自对方的证人，这将会是非常有效的。

例如，几年前，我曾经为一家制造公司的首席执行官做过代理，这家制造公司的首席执行官在有大陪审团参审的案子中被指控犯有伪证罪，而此时大陪审团正在调查价格操纵问题（price-fixing）。在大陪审团面前，他否定曾经与自己的对手有过对话，而那些遭到指控的虚假回答是应对下述问题的：

问：董事长先生，你是否曾经直接向你的对手暗示，从而限制他们为了抢夺你的顾客而作出的努力？

答：没有。

问：比如，你知道的，向他说，“不要在市场上定低价”？

答：没有，我想不起有任何类似的事情，没有过。

问：那么你和任何竞争对手公司的经理有过涉及（产品）价格方面的讨论吗？

答：没有。

问：在1996年的第一季度和第二季度期间，你就没有和（对手公司A的）任何负责人谈到过有关（产品）定价的问题吗？

答：没有。

问：好吧，那我说得再详细点。你是否曾经和（对手公司A的）S先生讨论过有关产品定价的问题呢？

答：没有。

问：在这段时间，也就是1996年的第一季度和第二季度，你有没有和（对手公司B的）任何人谈论过？

答：没有。

问：你和（对手公司B的）经理有过关于（产品）定价方面的讨论吗？

答：没有。

其实还有更多的带有相同或相似回答的问题，但是所有问题都缺乏明确性，都没有确切的时间、地点、在场的人或者谈话细节。

当然，检察官手上掌握着来自于对手的证人，来同我的当事人谈话，而且，这些证人还提供了备忘便签，为了存档之便，便签上面详细记载了谈话内容。检察官是知晓这些便签的，并且当我的当事人被大陪审团调查的时候，那些便签已经在检察官的手上了。不管由于什么原因，除了那些导致伪证罪指控的模糊问题之外，检察官并没有使用那些备忘便签或者使用那上面记载的内容来询问我的当事人。

第三，这些事情发生在我的当事人做完手术后不久，健康问题使他注意力分散，也让这无足轻重的对话变得不容易被记住。

我们的辩护包括若干个组成部分：第一，不存在价格操纵的问题，因而我的当事人也就没有说谎的动机。第二，谈话本身就是很随意的，互相说些狠话（competitive “trash talk”），而非带有阴谋的，因此不容易被记住。第三，这些事情发生在我的当事人做完手术后不久，健康问题使他注意力分散，也让这无足轻重的对话变得不容易被记住。

但是，我们最基本的辩护理由是，我的当事人遭到了不公平的询问并且在大陪审团面前被迫以大量的细节来陈述——他的回答是有意识地造假而不是由于错误导致。

庭审前的很长一段时间里，我们期望利用竞争者去说明：不存在定价的事情，我们的当事人所说的话其实只是在说些狠话以及对他说的话所能给出的强有力的解释。我们原以为为了证实辩护理由的其他部分需要我们当事人的证言。但是，在开庭的前一晚，我们意识到，公诉方将会提供给我们一个机会，即利用他们的第一位证人来进一步提出我方的辩护意见，这位证人是一名反垄断领域的公诉人，将对大陪审团提出的问题的重要性进行作证。

非对抗性的交叉询问，下面将会提到，为我们的辩论打下了基础。

问：现在，我们来谈谈大陪审团调查，我相信，你所指的大陪审团调查的目的是调查并且最终裁定是否需要提出指控，以及控诉是否正确。

答：是的。

问：那么，此时证据的提交只是单方面的事情，不是吗?

答：是的，控方向大陪审团提交了证据。

问：是由你来决定传唤谁吗?

答：是的。

问：那么他们需要带些什么呢?

答：文件，先生，还有其他的东西，嗯，对。

问：你还可以决定问什么样的问题?

答：是的。

问：一旦证人在大陪审团面前作证，你会决定他们如何作证，对吗?

答：对。

问：如果证人尚有没有表述到的内容，你可以从证人处扣留文件，不是吗?

答：我不太明白你所说的“扣留”是什么意思。我的意思是说他们作证时，我会向他们展示一些特定的文件，如果我们觉得有相关性的话。我想要表达的是这取决于每个律师怎么来处理案子。

问：换句话说，你可以通过不将文件出示给证人来检验他们所记忆的东西，只是按照他们所能回忆起的东西提问，对吗?

答：是的。

问：并且，在你的权限范围内，如果你愿意，你可以向他出示某个文件，用来重新唤起他的记忆，是吗?

答：是的，没错，

问：如果证人作证时出现错误，你有权利用某个文件去唤起他的记忆，以便于改变他原有的记忆，对吗?

答：是的，你可以这么说。

问：事实上，有些时候，在对证人展示一些东西之后，他们的记忆被慢慢推动着，并着实改变了他们的记忆，对吗?

答：是的，他们会。

问：当（当事人）第一次来到大陪审团面前时，他被告知，大陪审团正在他的厂子中调查价格操纵问题，他是被这样告知的吗?

答：是的，他是被这样告知的。

问：在一开始的谈话中，（检察官）就告诉他，在他出庭时他必须要说的那些话，对吗？

答：是的。

问：事实上，（我的当事人）回答了所有（检察官）向他提出的问题，对吗？他对所有的问题都给出了答案，是吗？

答：是的，他的确这样做了。

问：那么现在，只用讲清楚有关价格操纵的一些问题，价格操纵也正是你的部门负责调查的。这种违法行为本身就应当包括在竞争者们签订的协议中，不是吗？

答：是的。

问：如果只是竞争者之间可能涉及价格问题的对话，那么就不是违法行为，对不对呢？

答：是的，是的。这就是我为什么说我们一步一步慢慢来。

问：而现在你说，这个关于价格的对话对于案件调查是至关重要的，对吗？

答：是，它们是很重要。

问：但是，对话的内容并不是犯罪，对话本身也没有构成犯罪啊，难道不是吗？

答：没错。

问：在这些价格方面，竞争者们就同一产品索价都相同，也不存在犯罪，不是吗？

答：对，只要不通过协议。

问：事实上，一个人的价格涨了，竞争者们就跟着效仿，因此没有犯罪，对不对？

答：是的，只要不是通过协议。

问：如果竞争者中的一位向公众声明涨价，那么其他的竞争者便可以随意跟着将价格提升到相同的数额，是不是？

答：是的。

问：现在大陪审团对价格操纵进行调查的目的就是确定是否存在价格操纵，对吗？

答：是的。

问：那么，当证人被带到大陪审团面前作证时，你认为作为一名检察官不停地追问和强迫证人回答他的问题这种行为合适吗？

答：对不起，我不明白你的意思。

问：你认为作为一名检察官，不停地追问和强迫证人回答从而得到证人知道的所有可能关涉价格操纵方面的信息这样合适吗？

答：是的，我认为这是我们比较常用的方式。

问：你是否同意，在询问的压力和紧张之下，即便对于非常诚实的证人来说，回答的不完整也是很常见的？

答：我见过这样的事情发生，是的，我确信。

问：你或许同意在询问的压力和紧张之下，对于非常诚实以及直率的证人无法给出可以完全得到认可的回答这件事，是比较平常并且众所周知的，对吗？

答：不能完全得到认可，是的，我同意。

问：有的时候，证人不太明白问题的意思，你同意吗？

答：当然。

问：作为律师，向前推进他的提问是律师的责任，不对吗？

答：是的，作为律师，有责任让证人更加清楚地了解正在向他问什么问题。

问：那么，本案中，在我的当事人作证之前，控方已经通过（竞争公司A的S先生）把准备的作证备忘拿到手了，是不是呢？

答：是的，他们是有S先生的备忘便签。

问：这个作证的备忘便签是在1996年5月16日或是这个日子前后准备的，对吗？

答：听上去应该是对的。它被附加在（S先生的）大陪审团副本中，我正是在那儿看见的。

问：在任何人在大陪审团面前作证前的数月，对文件证据的传召令就会发出，是不是？

答：是的，先生。

问：这是反垄断部门通常的做法吗？

答：这是反垄断部门通常的做法。但是我不得不说，在这个案子中，我不知道在第一个证人被传召时，发出证据传召令与这一点之间的联系。我唯一能记住的，就是我所读过的副本、传票的附件和起诉书本身，因此我想解释一下。

问：通常的做法是采取使用一张签发的证据传票，使控方获得（S先生）的作证备忘录，对吗？

答：那是我们所希望得到的。

问：那么（竞争对手B）的备忘录呢？你看到了吗？

答：是的。

问：那一备忘录涉及在1996年4月18日电话中的对话，对吗？

答：我相信你说的。我记不清备忘录的日期了。

问：但是你看到它了是吗？

答：是的，我看到它了。

问：是一份有关电话谈话的4页纸的手写记录对吗？

答：是的。

最终我们赢了这个案子，我的当事人也被宣告无罪，而我们并没有使用恶意或攻击性的方式对控方证人进行交叉询问。

问：那么这些也将成为备忘录，也将在我的当事人被带到大陪审团面前之前就被司法部门所掌握，是吗？

答：是的。

问：在11月17日，在对我的当事人进行交叉询问的任何时候，都没有向他出示任何一份备忘录，那难道不是事实吗？

答：没有出示。

问：如果大陪审团和司法部门正在对高压工业中的价格操纵情况进行调查的话，你知道你为什么不想向我的当事人展示那些备忘录，以及为什么不想了解我的当事人对所发生的事情的观点的原因吗?

答：嗯，我想应该是检察官向他问了一些有关那些事情的问题。至于为什么他没有向你的当事人出示证据文件，你应该去问检察官。

问：你不知道答案吗?

答：我不知道。

问：你也认为没有向他出示任何证据文件?

答：这是我对副本的回忆。

问：检察官并不是针对我的当事人在 1996 年 5 月 4 日与竞争对手 A 公司的 S 先生的对话，对吗?

答：他是指在 1996 年，也就是市场上价格上涨的那段时间。

问：他是指在 1996 年，也就是市场上价格上涨的那段时间吗?

答：是的，我是这样理解的。

问：但是他没有直接指出是 1996 年 5 月 4 日，对吗?

答：没有指出 5 月 4 日这个日子，先生。

问：并且他也没有特别指出是在贸易展中的某个会议，对吗?

答：根据我的回忆没有，是的，我不记得有。

问：在他所指出的问题中，他有没有指出（我的当事人）在某一贸易展中与（S 先生）见面，包括（X 先生、Y 先生和我的当事人）。

答：没有，我想没有。

问：关于竞争对手 B，检察官有没有直接向（我的当事人）指出发生于 1996 年 4 月 18 日（T 先生和我的当事人）的电话谈话吗?

答：没有，先生，没有涉及电话谈话。

问：他有没有提到那次特定的通话来唤起当事人的记忆呢?

答：没有提到那次电话，先生。

问：（我的当事人）从来没有否认在 1996 年 4 月 18 日与 T 先生之间通电话，不是吗?

答：他没有说在那个备忘录中提到过对话。

问：并且（我的当事人）也没有否认在 1996 年 5 月 4 日与 S 先生之间的对话，对吗?

答：这个日期从未向当事人提过。

最终我们赢了这个案子，我的当事人也被宣告无罪，而我们并没有使用恶意或攻击性的方式对控方证人进行交叉询问。

尽管这个例子有些长，但是要说明的观点其实很简单。那就是在每一次交叉询问中，你都要寻找机会，以一种友好并有说服力的方式展示你对案子的看法。

第33章

像讲故事一样进行交叉询问

史蒂芬·P·汉德勒
(Steven P. Handler)

成长于20世纪50年代的芝加哥，史蒂芬·汉德勒（Steve Handler）有两件特别着迷的事情。第一件，是被原版的佩里·梅森电视节目中（Perry Mason TV Shows）的法庭剧吸引后，他五年级的时候就决定要成为一名辩护律师。第二件，则是在看了星期日芝加哥熊队在足球场上比赛的画面后，他变得非常兴奋，也因此成为忠实的球迷。他第一件着迷的事情促使他进入芝加哥大学法学院学习。在他毕业之后，他第二件着迷的事情又让他加入了为熊队做代理的柯克兰与埃利斯联合律师事务所（Kirkland & Ellis)。很幸运的是，事后证明比起第二件事，他对于第一件事显然更有兴趣。在柯克兰工作三年之后，他加入了美国检察官办公室，在那里他负责对刑事案件提起公诉。从那开始，他不断地在小的律师事务所以及后来他自己的精品律师事务所中锻炼自己的庭审技巧。1986年，他加入了麦克德莫特·威尔与埃默里联合律师事务所（McDermott Will & Emery)，他在那里为各种各样的案件出庭。

就像我这一代的很多律师（以及非律师）一样，我所认为有效的交叉询问的模式都是来源于佩里·梅森的电视节目。周复一周，年复一年，佩里·梅森通过在交叉询问中迫使其他的证人供认曾经做过一些卑劣的事情来挽救他的当事人，从而使其免于刑事指控。

当我们成为律师后，我们这些“婴儿潮”时代的人，很快就意识到佩里·梅森是多么的小说化。在现实生活当中，你可能会抓住某个证人在说谎，你也可以完全地毁掉他或者她的可信度，但是，让一个证人在交叉询问时，直接承认撒谎，真的是在做梦。

然而，这个梦想在情感上的影响力是无法抗拒的。一次，哪怕在我从业生涯中仅有一次，我也期盼着能从证人那里得到佩里·梅森式的供认。而让我惊讶的是，我可以不止一次地实现这个愿望。同样，对于我所惊讶的事情来说，我的成功也是非常短暂的。所谓的“供认”并不会自动地成为陪审团作出的对我的当事人有利的裁决。

第一次“供认”发生在一家房地产公司对我的当事人提起的诉讼中，我的当事人是一家很大的抵押公司。原告起诉我的当事人对合同违约，并且有欺诈行为，即没有向原告房地产开发项目中一处城市公寓的预期买家提供抵押贷款。

在庭审中，原告让预期买家中的一位做了证人。在我的交叉询问中，这位证人承认他填写了两套抵押贷款的表格。其中一套表格显示了这位证人实际预付的定金，金额低于我方当事人所要求贷款的20%。另外一套，也就是交给我方当事人的那一套中显示的是相当于贷款20%的虚假定价数额。我以这样的问题结束了我的交叉询问：“填写两套表格就是为了欺骗贷款公司，对吗?”答案是：“是的。”

在我的职业生涯中，我很少遇到对我方不利的陪审团裁决，但是这个案子就是为数不多中的一个。尽管证人承认他和原告企图欺骗我的当事人，对于原告所提出的合同违约和欺诈的诉讼请求，陪审团依旧作出了有利于对方的判决。由于没有提供贷款给那个在我进行交叉询问的过程中承认有欺骗行为的证人而造成的损失的10%，都添加给了我方当事人。

另一次我所得到的“供认”是发生在密尔沃基一件长达8周的年龄歧视案件的审判中。涉及该案的16位原告（EEOC也是当事人之一）中，有大约1/4的人主张“推定解雇”，他们声称，我的当事人利用很糟糕的工作环境迫使他们辞职或是退休。然而，在第三周庭审那具有戏剧性的结尾中，我有机会让原告中的一人承认，他并没有被推定性地解雇。在认真地证实了证人的健康问题以及我方当事人为了帮他解决该问题而作出的努力之后，我是这样总结我的交叉询问的：“所以，你其实并没有被强迫放弃你的工作，对吗?”回答：“没有。”

这一次，对于我职业生涯中出色的交叉询问的回报仅仅是悬案陪审团。得到这个结果源于很多因素，包括来自于我方当事人文件中的一些令人惊惧的材料。但是，很清楚的是，所谓的“供认”并不能总是得到佩里·梅森所经常能享受到的那种势不可挡的有利结果。

这些我所历尽的艰辛并不是表示你应该在交叉询问时放弃尝试让证人对事实进行承认。比较合适的做法是，你应该尽量努力这样做。但是，按照佩里·梅森的方法得到供认并不意味着整个案件就结束了。你的目标是赢得整个案子，而不是交叉询问。陪审团可能并不欣赏庭审律师们这种使用相同的方法获得供认的法律上的艺术技巧。

因为出庭律师的目的是赢得整个案件，交叉询问也就必须服务于这一结果。一种可行的方法是，利用你的交叉询问，将你在开庭陈述时向陪审团展示的以及你在总结辩论时要提到的内容，重新叙述一遍。

我们以前后一致的案情开始和结束庭审。在开庭陈述阶段，我们告诉陪审团，要通过证据证明哪些内容，通常来说，按照时间的顺序。在总结辩论时，我们又回到了相同的案情中，尽管这时要根据我们所出示过的证据来说。在这期间，案情会是混乱的。证人们可能只会对案情的很小一部分作证，而从一位证人到另外一位证人，他们作证的这些部分可能不会按照时间的顺序进行。在你的案件中，无论作为原告还是被告的代理律师，你可以表现为一名做总结性发言的证人，从头到尾将案件简述一遍。最重要的部分便是，在讲述对方当事人的事实时，使你所提出的案情得到进一步的巩固。

这就是可以像讲故事一样进行交叉询问的地方。在某种特定的情况下，你可以利用交叉询问，在对方的案情中，以时间顺序来准确地总结你的证据。实际上，像讲故事一样进行交叉询问可以用来连接你的开庭陈述和终结陈词。

我所能展示出的这类交叉询问中最好的例子便是我在芝加哥做助理检察官时的一个案子。我是一起重大贿赂案中两名主要律师中的一名，这起案件关涉城市清洁区域中的下水道泥污运输合同，涉及 120 万美元的贿赂金额、在美国、加拿大和欧洲之间进行的交易以及 8 名被告。对于这宗复杂案件的审判持续了 10 周。

很多被告都在案件的辩护阶段作证。他们其中的一位——富兰克林·韦伯（Franklin Weber），我们以他作为这件贿赂案的交易中间人而对他提起诉讼。当然，韦伯声称，他并没有做错什么并且试图对他与其他被告之间的行为和合同提供无罪的解释。

一次，哪怕在我从业生涯中仅有一次，我也期盼着能从证人那里得到佩里·梅森式的供认。

在佩里·梅森模式下，我应该尝试让韦伯承认，在主询问中他的某个或者更多的陈述是错误的。然而，我却选择了一种截然不同的方式。尽管韦伯涉及了这个贿赂案中的很多事件，但我决定利用韦伯以时间发生顺序来讲述我们的故事。

我们的案件依赖于一位不易受影响的证人所提供的证言中的很大一部分内容，这位证人叫做乔·本顿，他在下水道泥污运输合同中受雇于一位成功的投标人。本顿在韦伯和其他人之间传递贿赂金。我们有充分的证据证实本顿陈述中的很多内容。

在对韦伯的主询问结束之后，我从案件的开头开始，带着韦伯，按照时间顺序一直回顾到案件的结束。我作出了一系列说明性的陈述（declaratory statements），在结束的时候，以这样的语言强调道："这样对不对?"或者干脆就简单地说："对吗?"例如："你在某一天与本顿见面，是不是这样的?"接着问："你们见面的目的是安排如何支付贿赂金，对吗?"

韦伯不但没有承认我问题中所提出的指控，还声称见面或电话都与任何贿赂计划没有关系。然而，我并不在乎他的答案是什么。交叉询问不是为了从韦伯那里探出有帮助的供认。真正的目的是在辩方的陈述中，从头到尾准确地再重述一遍公诉方的案情。（这个询问的间接目的，是让韦伯通过不停地说“不是”，表现出他的防御状态。）

在交叉询问的过程中，辩方律师开始不停地提出反对，而当这些反对被拒绝的时候，对方又要求在陪审团听证范围之外与法官单独对话，从而停止或打断交叉询问。然而，法官合理地反驳了他们提出的反对。无论是在本顿的证言中，还是在被采纳的大量书面证据中，我与韦伯当面对质的每一个事实都有证据基础。

在某种特定的情况下，你可以利用交叉询问，在对方的案情中，以时间顺序来准确地总结你的证据。

对于这个复杂的案件，我的终结辩论持续了3个半小时，这是我所做的最长的一次。证据的范围、性质以及复杂程度注定了会有这么长时间的辩论。不过，终结辩论中很关键的一部分就是把我在对韦伯交叉询问时提到的所有事件再简单地串了一遍。实际上，我利用对韦伯进行交叉询问的机会，在对方就案情进行辩护时适时地做了一个小的终结辩论。陪审团最终裁决韦伯以及其他四位共同被告都是有罪的。

像讲故事一样地进行交叉询问的价值所在并不仅限于公诉人，甚至对于民事案件中原告的律师也是十分受用的。民事案件和刑事案件中的被告也可以利用它发挥自己的长处。很多年前，我在一件产品责任案件中为一家生产自动模型仪器的公司做代理律师。原告受雇于密歇根通用汽车公司的工厂，当他的腿被模型仪器别住，碰到了热的干燥炉上时被烧伤了。案件所争论的问题是，这起事故到底是源于设计缺陷（原告所声称的），还是人为错误（我方所主张的）。

在证据开示程序结束后，我才参与到这件案子中。在为了准备庭审而重温文件时，我确定，这个案件中原告方和被告方的专家都忽略了在模型仪器运转中的一点事实。对于我来说，这个事实意味着，这起事故是由人为原因造成的。

原告的第二位证人是通用公司（GM）工厂的一名管理者，这个人在事故发生时正好在车间。在交叉询问中，我带着他将机器运行的每一步都回顾了一遍。其间，我用了图表来详细说明，模具和控制面板都与机器本身有一段距离。当案情被展开时，很容易发现，如果不是有人在控制面板上贸然地推动了按钮，事故是不会发生的。幸运的是，这个推动按钮的人便是证人本人。我问他的最后一个问题是：“这个事故的发生是由于你推动了按钮，而之后你离开了控制面板，对吗?”

就像对韦伯进行的询问，我并不在乎证人的回答是什么样子的。我用我的问题，讲述有关事故是如何发生的情节。然而这一次，我得到了意想不到的收获。为回应我最后一个问题，他爆发了长达3分钟的激烈的长篇大论，指责站在控制面板旁边的通用公司的工程师没有制止事故的发生。很快，在这场激烈的爆发之后，原告大大地降低了他的要求，案子也因此终结。

像讲故事一样进行交叉询问不能被用于每一个证人或是每一起案件。但是，如果使用恰当，它便是很强有力的工具，可以不断加强出庭律师在开庭陈述时提出的并且又在终结辩论时重复强调的主题。有时，就像在我所代理的产品责任案件中，你可以得到对你的案件很有利的答案。但是，在像讲故事一样进行交叉询问时，答案并不是最重要的，问题本身才是巩固庭审律师法庭论辩主题的关键。

第34章

要学会询问正确和错误的问题

理查德·A·哈尔普林
(Richard A. Halprin)

里克·哈尔普林（Rick Halprin）拥有长期的并且极富成果的法庭经历——他主要都是在联邦法院为个人做诉讼代理，通常来说代理的都是刑事案件。在不同时期，他的当事人多种多样，包括声名远播的黑手党头领乔伊（mob boss Joey）、“小丑”龙巴尔多（“The Clown” Lombardo），国会议员莫尔·雷诺兹（Congressman Mel Reynolds）以及市议员约瑟夫·马丁内斯（Alderman Joseph Martinez）。他因对于政府的权力运作存在巨大怀疑而闻名遐迩；他能迅速对此提出质疑，而且总能获得成功。他毕业于马西法学院（Massey Collage of Law）。

我从 20 世纪 70 年代初期开始代理联邦法院的刑事案件。那个时候，联邦刑事案件的法律理念是由厄尔·沃伦法院（Earl Warren Court）形成的（对于辩护律师来说，记忆中的沃伦法院是美好而理想的时代）。

由于沃伦法院那些“改革者”的存在，使得大多数 21 世纪联邦助理检察官以及大部分最近被指定的联邦法官提前诞生。在那个时代，没有对话录音提供给联邦检察官，也不会有很多人协助他们，因为这些人很快就会意识到，无论被告所涉及被指控罪行的行为中的特殊情形多么有利，只要有一次联邦法院的庭审失败，就等同于要得到冗长的强制性判决。

这起案件完全受到了美国最高法院法官安东尼·肯尼迪（United States Supreme Court Justice Anthony Kennedy）和已故的法官威廉姆·伦奎斯特（the late William Rehnquist）史无先例的主张的影响，他们说联邦量刑指南导致很多触犯联邦刑事犯罪中非暴力行为的罪犯也受到无正当理由又冗长的量刑裁决。曾几何时，联邦检察官被要求只能受理他们会胜诉的案件，与现在他们的目标是受理他们不会失败的案件这种情况完全相反。

因此，在 20 世纪 70 年代，辩护律师会为了当事人的利益而选择法庭审判。因为他们深知，即使得到了不利的判决，他们也可以使他们的当事人在法官面前“表现得更人性化”，通过这种做法，使法官行使对当事人的事实行为或者参与行为进行公平衡量的量刑裁量权。法官可以对个人确切的犯罪直接作出恰当裁量的概念已经被量刑指南完全摒弃了，这个指南废除了数量限制以及法官的量刑裁量权。

在过去的那段时间里，联邦辩护律师是很兴盛的。在芝加哥，他们中最出色但也最受争议的便是弗兰克·威廉姆斯·奥利弗（Frank Williams Oliver）。

我很幸运可以成为他的学生和初级合伙人。尽管他脸部消瘦而粗糙，身材瘦弱，但是与其他我知道或者见过的律师不同，弗兰克在他出庭的过程中都占据和控制整个法庭。

弗兰克的祖先在殖民时代的早期就来到了美国。他的父亲是艾奥瓦州高等法院的首席大法官（Chief Justice of the Iowa Supreme Court）。

在我有幸和弗兰克工作的那些年里，他没有表现出任何与他的血统相符合的特点。弗兰克被认为是一个标新立异的、叛逆的人，从不被传统观念所约束。在弗兰克的观念中，传统的限制压抑了富有创造性的辩护，并且正如他经常说的，这些限制都是由于“律师们都没有受到过良好的教育”这样的事实而造成的。用现代的流行语来说，他的观点应该被说成是“挣脱束缚的框架去思考”（thinking outside of the box）。

关于他在交叉询问中取得传奇般胜利的故事不胜枚举。我最喜欢的便是一个能够戏剧性地说明“挣脱束缚的框架去思考”这一观点的一个案子。

控方的主要证人是一位老妇人，她在作证时提到，她从“珍珠港事件”爆发时就在征兵局工作。

在弗兰克标新立异的巅峰时期，他经常为那些在反对越战的抗议活动中受到联邦指控的人们辩护。在这一类型的案件中，最出名的便是他为一群天主教激进分子（Catholic radicals）所作的辩护。那些人在工作人员下班后闯入征兵局，将陈列柜中的档案拿出，扔在地上，然后在那些文件上倒上鸡血。他们完成任务后，拨打了联邦调查局的电话，然后坐在地上等着被捕。

弗兰克的辩护是具有必要性的，也就是说，尽管这些被告触犯了联邦刑法，但是他们所作所为是为了阻止一起更严重的犯罪：政府要继续进行越南战争。

控方的主要证人是一位老妇人，她在作证时提到，她从“珍珠港事件”爆发时就在征兵局工作。在对她进行主询问的过程中，当描述完被乱丢在地上的带着鸡血的文件时，她开始悲伤地哭泣。弗兰克的交叉询问随后进行。他很快意识到，在征兵局工作过这么长时间，她处理过数以千计的在第二次世界大战、韩国战争和越南战争中死去的人们的资料。

弗兰克停下来，说道：“你处理过的文件中的这些人，很多都已经死去了，对吗？”

证人说：“是的。”

弗兰德接着说：“你之前也为此而哭泣过吗，女士？”

很久以前，克里斯托弗·达登（Christopher Darden）就出过丑，他从一名国内电视观众的角度出发，让O.J.辛普森（O.J.Simpson）在陪审团面前试戴一副不合适的手套。特别是对检察官来说，这是一个很有名的规则，即他们永远都不应该在陪审团面前“即兴表演”。

就算掌握了这一真理，还是会有公诉人不能抵制那些对于他们来说看起来很有诱惑力的事情，这时，有些事情会在陪审团面前给对方造成致命一击的效果。一位被告在库克郡的刑事法庭（Cook County Criminal Court）上受审，他被指控在赌博中持枪抢劫。检察官从警察的证言中找到了对自己有利的地方。警察的证言说，当他们到达事发现场时，被告正举着枪对着“被害人”的头部。对这一证据，被告没有提出异议。

相反，被告人——一名瘦小的年轻男人站在证人席上作证说，在警察来之前，是所谓的“被害人”从大衣兜里掏出枪指着被告人的头部，因为当时被告人指责受害人使用了做了手脚的骰子。

在交叉询问中，检察官自信地从桌子前起身，用嘲讽的口吻说道：“让我再搞明白点。你是在告诉陪审团，被害人用上膛的枪顶着你的头部，而你却可以在警察到达之前把枪抢过去，对吗？”

“是的。”被告回答说。

公诉人自信地认为他胜利的时刻到来了，对被告说：“那么，当然，你可以再做一次。”

被告回应道：“好的。”

在得到法庭允许后，被告人应邀走下他的证人席。接下来是戏剧性的一幕。检察官从桌子上拿起枪，对着被告的头部，然后大声地说：“这就是警察到达之前所发生的，是吗？”

“是的。”被告人回答。

公诉人接着说：“那你为什么不演示一下，接下来发生了什么？”

一瞬间，检察官被放倒在地，被告人压在他身上，手里拿着抢过来的枪。

法官理查德·菲茨杰拉德（Judge Richard Fitzgerald）从法官席上看下去，对检察官说：“你还有其他问题吗？”

第35章

可信性：硬币的两面

托马斯·M·克里香
(Thomas M. Crisham)

汤姆·克里香（Tom Crisham），供职于克里香与库贝斯联合律师事务所（Crisham & Kubes），办理的绝大部分案件属于有关产品责任、建筑行业以及职业责任方面的案件，而且主要是代理被告方。当事人及其同行认为，在为重大案件进行辩护时，他属于那种“勇往直前的”（“go-to”）律师。他曾经一度是欣肖与卡伯特森联合律师事务所（hinshaw & Culbertson）的高级合伙人之一；之后，他离开该所组建了自己的诉讼团队。他在芝加哥南部地区长大成人，曾经是当地一号钢铁厂的熟练工人，这些经历让他学到了许多生活经验。他毕业于洛约拉大学芝加哥法学院。

在我看来，可信性是法庭中最重要的因素。每一次出庭，我都希望提高我方的可信性并且削弱对方的可信性。大部分律师都着重于质疑对方证人的可信性，却忽略了如何说服陪审团相信他自己。交叉询问是达到上述两个目的的有效途径。一个有效的交叉询问，应该是律师在作证。交叉询问是质询律师利用证人作为与陪审团交流的媒介来讲述自己的故事。

接下来，我会用一个有关建筑事故的案例来讲述我是如何在陪审团面前第一次成功确立我方可信性的。

这起案子是有关一个经验丰富的钢铁工人从一栋正在修建的高层平台所遗留的豁口处不幸坠落并致重伤的事故。案件的主要争点在于：平台上出现缺口的原因，以及哪个被告承包商应当承担对该缺口进行维修和防护工作的责任。

原告传唤当地钢铁工人联盟的商业代理作为他的第一个证人。我们称这个证人为墨菲先生。他面带孩童般的笑容，长着一双精灵般闪耀的眼睛，操着浓重的爱尔兰口音。在主询问中，他解释道，他已经接到了来自钢铁工人联盟有关不安全生产环境的投诉，包括平台上的那些缺口，所以已经多次打电话给那个建筑工地了。

我的交叉询问是这样进行的：

问：现在，墨菲先生，您作为钢铁工人联盟的一名商业代理人，你自己本身就是一名合格并且熟练的钢铁工人，对吗？

答：是的，克里香先生。

问：为了成为一名熟练的钢铁工人，你必须要经过一段时间的实际培训，对吗？

答：是的。

问：你必须要经历一个长达三年的学习期，对吗？

答：是的。

问：在这三年的学习期中，你会被要求进行每周两个晚上的正规授课和实践工作，对吗？

答：是的。

问：此外，一个熟练的钢铁工人会被指派去教导你的实际培训，并监护和指导你的实践工作得以顺利进行，对吗？

答：是的。

问：那么，墨菲先生，在你作为见习钢铁工人期间，你所涉足的第一个建筑工地是阿灵顿高地的兰德赫斯特购物中心，对吗？

答：没错。

问：并且，当你被指派到你的工作地点后，会有一个熟练的钢铁工人被指定去帮助教导你如何处理技术上的问题，对吗？

答：是的。

问：那么，被指派在你工作的第一天帮助你的钢铁工人是谁呢？

答：是你，克里香先生。

我已经在这样一段短暂而重要的时间内，向陪审团建立了我的可信性。我不再是一名穿着细条纹西装的拉萨尔街律师，而是一名平凡的劳动者，就像这个案子里的大部分陪审员、原告以及大部分证人一样。现在注意力都集中在我这个交叉询问者的身上。作为进行交叉询问的律师永远不愿意放弃中心地位而将其交给证人。而我的交叉询问的结果将告诉大家我是如何不可思议地失去了我的中心位置。

我努力设置这样一种情形，那就是商业代理人墨菲对于应该被修复的缺口进行投诉，但是他的投诉并没有直接针对于某一个具体的承包商，当然也不针对我所代理的承包商。

问：那么，你已经对那个没有被修复的缺口进行了投诉，但是你却并没有针对于某一个具体的承包商对吗？

答：是的。

问：所以，你并没有投诉我的当事人——ABC 建筑公司，对吗？

答：是的。

问：实际上，墨菲先生，您并不在意最后是谁修复那个缺口，对吗？

答：在我看来，我甚至不介意由安贫姊妹会来做，只要把那些缺口修好就行了。（浓重的爱尔兰口音引得陪审员们一阵低笑。）

谈及如何以一个合适的基调来总结你的交叉询问。我已经放弃了我的显著位置，并致使大家的目光都集中在了证人身上而不是我身上。我已不再是一个普通的工人了，又成为穿细条纹西服的拉萨尔街律师。

意义：对于任何证人的交叉询问都是一种具有危险性的行为，它有可能会使质询律师引火烧身。不适当地进行交叉询问，或者即使采取了适当的交叉询问却选错了证人，都有可能给证人提供再次强调他的直接证词的机会，从而增加了他自己的可信性。交叉质询者很像斗牛比赛中的斗牛士，如果不具备谨慎的洞察力和熟练的技能，他有可能会像斗牛士一样惨遭失败。

每一次出庭，我都希望提高我方的可信性并且削弱对方的可信性。

就像我之前所说的，建立你自己的可信性只是等式中的一部分。另一部分则是需要削弱对方的可信性，而在这个具有攻击性的领域里，我最喜欢的就是遇到一位拥有各方面知识的全才专家。

在产品责任案件中，律师们通常会雇用我所提到的拥有各方面知识的专家，他们拥有机械工程的学士学位。这样多样化的全能知识背景使得他们可以对不同的案子提供服务。通常这类专家除了在被聘任后通过调查和准备搜集到的知识以外，可能对案件涉及的特定产品一无所知。

在证据开示程序中，对方的律师应该详细地计算对方专家用于准备其证言所花费的时间——所有专家所提供的专业服务都会以小时计费，因此你可以对专家用来做准备的总体时间进行预期估算，确定专家们在准备过程中都做了哪些事情，例如，与各方的会议，与雇用他的律师的会议，对所适用的标准以及相关法规等所做的基础性调查和研究。这方面的信息可以让你有效地在交叉询问过程中对专家对某一特定产品的专业知识表示质疑。你可以向陪审团得出结论，该专家缺乏对某种特定产品的了解，因为该专家对于这一领域的专业知识是仅仅通过 6 个或 8 个小时的研究搜集得来。

在审判前的准备阶段，应当对对方专家进行的详尽调查，包括所有他之前出庭作证过的案件的清单，如果有可能还应该有其证言的副本。这样就可以在有专家出庭作证的案件中，向陪审团表明他对于 25 种彼此独立、截然不同且互不相关的产品都自称专家。

下面的这个案子是有关于一个汽车修理厂的卷帘门脱落砸伤 2 名工人的

事故。所请的专家是一名有着多年出庭作证经验的全能机械工程师。

现在注意力都集中在我这个交叉询问者的身上。

问：那么，琼斯先生，你作为一名具有专业知识的证人，已经为很多案子出庭作证过，对吗？

答：不少。

问：一般都为原告作证？

答：也会为被告作证。

问：你会针对各种不同的产品，做原告的专业证人，对吗？

答：我想是的。

问：好吧，根据我的调查，你曾经为一个有关铁路火车发动机案件中的原告做过证人，对吗？

答：是的。

问：但是你从未设计过火车发动机，对吗？

答：是的，从未有过。

问：你也从未制造过火车的发动机，对吗？

答：是的，没有过。

问：你也从未受雇于火车发动机设计公司或制造公司，对吗？

答：没有。

问：你也曾经作为一名专家证人，在一个涉及木匠圆锯造成事故的案件中为原告出庭作证，对吗？

答：是的。

问：但是你却从未设计或制造过圆锯，对吗？

答：没有。

问：你也从未受雇于设计或制造圆锯的公司，对吗？

答：没有。

问：你还曾经在一个涉及电梯事故的案件中，作为专业证人为原告出庭作证。

答：是的。

问：但是你从来没有在设计或制造电梯的公司里工作过，对吗？

答：对。

问：你还曾经在一个有关铝合金伸缩梯的案件中，出庭作证过，对吗？

答：应该是这样的。

问：但你也从没有设计或生产过铝合金伸缩梯，是吗？

答：是的。

问：也从未在那样的公司工作过，对吗？

答：没有过。

（在琼斯先生作为专业证人的 20 个或 25 个案件中，我都使用了这样的问询方式。）

问：那么，琼斯先生，在这个案件中，你向陪审团宣称你是设计和生产工业用的车库卷帘门的专家，对吗？

答：是的。

问：但是，你却从没有设计过这样的卷帘门，对吗？

答：没有。

问：你也从未受雇于设计或制造工业用车库卷帘门的公司，对吗？

答：没有，但是……

问：没有就足够了。

问：据我所知，有关我当事人案件中涉及的有关设计和制造工业用车库卷帘门的知识，你是通过 9 个小时的调查研究和准备得到的，对吗？

答：是的，也包括我作为一名专业的工程师多年积累的经验。

问：那么，我猜想，今天在这里，你所得到有关工业用车库卷帘门的专业知识也是通过与之前所提到的其他 25 个或 30 个案子中相同的方法得到的，对吗？

反对！

问：我收回我的问题，法官大人。

意义：真正的专业知识是一个专家可信性的试金石。询问律师应当抛开专家证人全能专家的头衔，并专注揭示出他实际拥有的专业经验，或缺乏哪些方面的知识。这将成为削减他在陪审团眼里可信性的有力手段。

为了维护可信性，质询者应该向陪审团传递一种信息，便是他在帮助陪审团了解案件。一个成功的交叉询问者应当时刻表现他公正的态度，绝不逼迫证人，也不会使用“如何”、“在哪里”、“什么”或者“为什么”这样的问题去引导证人说话。诱导性问题会赋予一种支配力。

最后，成功的交叉询问是需要有远见的。有时，最好的问询就是最少的提问。里昂贾沃斯基曾经写道：“对于一个律师有时候最难做到的，便是说法官大人，我没有问题了。”在合适的时间这样做会比提出任何问题都更容易提升你的可信性。

第36章

细节决定成败

麦克·D·莫尼克
(Mike D. Monico)

在芝加哥东南部长大的麦克·莫尼克（Mike Monico）现在是全国知名的优秀律师，主要代理白领阶层的刑事案件。毕业于西北大学法学院的他在反垄断刑事案件中赢得过许多无罪判决，而且在联邦“鬼落”调查行动（Operation Greylord）中为唯一的律师辩护并获得了无罪判决。他也曾为许多当事人无偿辩护，包括芝加哥的一位被指控在市中心毁坏宣传烟酒产品广告牌的牧师，他也同样成功地为其进行了辩护。

有时候，律师会过分专注于审判中的主要问题以及庭审中的动态部分，从而忽略了一些看起来很小，事实上却有可能左右案件输赢的小细节。

我曾在一起保险诈骗案中为一名警察进行辩护。控方证人之一是一名FBI探员。一天，他们偶然遇见了我的当事人，并对他进行了口头询问。由于我的当事人在FBI向他询问地址时撒了谎，控方因此认定，我的当事人意图隐瞒一些事情。我不得不说，任何对FBI的欺瞒行为都会成为对嫌疑人的不利证据。在此，我并不打算去质疑FBI对我当事人的控诉或者从中找出任何错误如笔误什么的。相反，我在寻求一个有效的途径使他们证词的效力最小化。于是，我将自己置身于证人的立场，进而体会到作为一个执法人员，通常来讲他们是不愿意暴露他们的家庭住址的。

在询问FBI工作人员时，我是这样说的："证人先生，您已经在执法部门工作了很多年了，也处理过很多有趣和危险的案件，那么请问您的家庭住址是什么呢?"

"反对。"

于是我说："你也不愿意告诉其他人你的家庭住址？我能理解，你通常是不会向他人透露你的家庭地址的，对吗?"

就是这样一个小小的举动，就将我当事人，一名警察，拒绝提供家庭住址这件事所造成的不利影响降到了最低。如果你可以事先料想到事情的全貌，有时你便只需借助对方证人的证词即可达到自己的目的。

另外一个例子是我在堪萨斯市处理的一宗反垄断刑事案件。反垄断案件的困难之一在于，案件过了许多年才会进入审判程序。其间，证人们可能会发生许多变故，如交通事故。因此，你应当到当地法庭去查一查这些证人是否提起过诉讼以及是否被起诉过。这个案件最棘手的问题是它不仅被拖延了很多年才得以审理，并且在此期间，证人们遭遇了车祸，因此，你必须通过当地法院才能确定这些证人都对他们提出了哪些诉讼。

这个反垄断案件中的主要证人遭遇了车祸，因此他向法院提起了诉讼并声称这起车祸致使他的头部严重受创进而导致他丧失了部分的记忆。这些材料不但都已被记录在案，并且我将会在法庭上使用它们。首先，我进行了一系列的提问作为铺垫工作，这些铺垫工作往往比美妙的话语来得更有效。

我是这样开始的。"这个刑事案件的主要事件发生在几年前，对吗，先生?"

"是的，是这样的。"

"但是在那个时候，你并没有用磁带录音是吗?"

"没有。"

"你也没有回家做任何记录，对吗?"

"是的。"

"所以我只能靠你的记忆得到答案了?"

他的回答非常好。他说："我的记忆和我所说的话。"这个回答实在是太棒了。

这时，我提起了那起车祸。"你经历了一场车祸，是吗?"

"是的。"

“接着，你对因车祸中的车轮撞击致使的头部受损提起了诉讼，对吗?”

“嗯，我不记得了。”

“好吧，”我说，“那你是不是在你的诉讼中索赔 100 万美元?”

“我不记得是多少钱了。这些都是我的律师在运作，他帮我决定最终的赔偿数额。”

紧接着，我问他：“那么，你接受了一个测试，是吗?”实际上他已经做过记忆测试，并且测试结果表明他的记忆力遭到严重损害。而且，由于他在测试中表现过度糟糕，我甚至雇用了专家对其测验结果进行了复查。我问这位专家：“这能说明什么呢?”

我们的专家说，“如果这里有 100 个人，而其中的 10 个记忆力最差，那么这个家伙的记忆力将会是这 10 个中最差的。”不过我们会在稍后提及这点在案子中起到的作用。

在对他进行交叉询问过程中，他丝毫不记得有关车祸的任何诉讼。于是，我就那次测试进行了询问，进而是其附誓陈述中的证词：在该证词中，他曾作证说有时他甚至记不起亲人的名字。由此可见，他之后所说的任何有关反垄断案的内容已经毫无意义。这也毋庸置疑地向我们展示了交叉询问的价值所在。

最后一个案例是我在纽约遇到的。我的当事人是那些被指控为克罗地亚恐怖分子的被告人之一。现在我们都会在法庭上听到当事人给我们讲一些疯狂的事，但是我们需要注意到所有人的言论，因为你有可能会在偶然间从一个微小的细节中发现亮点。我的当事人是唯一一个不幸被摄像头拍下购买塑料炸药、甘油炸药和机械枪的人，并且，磁带录音中包含了他这样一段话：“这些都是为了吓唬那些欠钱不还的人而准备的。”

现在，让我们来了解下整个案情，案件涉及在美国的克罗地亚人进行的敲诈勒索行为，为了使他们能够在对抗铁托时打下漂亮的一仗。控方传唤了在监控录像中与我的当事人一同出现的人作为证人。这个证人是非常重要的，因为控方认为我的当事人威胁了他，并且炸毁了他的店铺。

此外，控方表示监控录像中炸毁证人店铺的结尾片段与曼哈顿中心车站爆炸案的结尾部分相吻合。

如果你在试图证实一个全国性的共谋犯罪，那么这两段记录着同样发生在芝加哥与纽约的爆炸录像将是非常好的证据。关于这个问题，我想我们确实遇到了麻烦。而就在此时，我的当事人说：“问问他关于‘某某人’。”

我问他：“谁是‘某某’人?”

原来，这位‘某某’人与证人的妻子有染。我们在纽约南区的曼哈顿法庭，康斯坦丝·贝克尔·莫特利是法官，这也是艾塞尔和朱利·叶斯罗森堡被审讯的地方。有 10 名克罗地亚人出庭，整个法庭看上去就像纽伦堡大审判的情形，因为所有的被告都戴上了耳机。而我对于这个证人的质询是非常简单的。

“你告诉了我们你的店铺是如何被炸毁的。你在芝加哥有什么仇人吗?”

“没有。”他回答道。

“好吧。”我说。“请允许我提醒你——我提及了某某人的名字——那是谁呢?”这就是遇见一个鲁莽性急的证人的美妙之处。他开始冲我喊，大声地叫道：“我知道你是谁！也知道你的家人!”

倾向于帮助控方的法官即刻发出了休庭的指示并要求陪审员们先到法庭外等候，以便于让这个冲动的家伙冷静一下。陪审团回来后，这个证人又再次爆发了。与其他 9 名被告中的 3 名一样，我的当事人被宣判无罪。其余的 6 名被告被判入狱 40 年。我的当事人只被监禁了 9 个月便被释放了。当然这主要归功于他说的“问问他有关某某人的事情”。

在每个这样的案例中，这些微小的细节看似与主要问题毫无关联，但是却在我为我的当事人洗脱罪名时起到了扭转乾坤的作用。

第37章

究竟是哪一方的证人

史蒂文·F·莫罗
(Steven F. Molo)

史蒂文·莫罗（Steven Molo）是谢尔曼与施德林环球法律公司（Shearman & Sterling）的合伙人之一。他从伊利诺伊大学法学院毕业后，成为一名州检察官。之后又在温斯顿与斯特朗律所（Winston & Strawn）作为丹·韦伯（Dan Webb）的学生工作了18年，协助将该所建成为一所大型的全国诉讼服务机构，并担任执行委员。当谢尔曼与施德林这家华尔街历史悠久的公司准备开设诉讼业务时，他们找来了莫罗。在南部长大的他往返于芝加哥和纽约之间，在纽约他被认为是该市顶级的出庭律师。他的客户一般都是热门股票公司，金融机构，投资银行，董事会，也代理个人的大型商业诉讼和白领犯罪等等。

这是哪一方的证人呢？答案通常都是——我这一方的。

至少这是我每次在交叉询问中试图做到的。对于对方传唤的每一名证人，我都问自己，我能从这个人身上盘问出哪些对我方有利的东西，而不仅仅是击败对方呢？这二者有很大的不同。

这种想法与那种认为交叉询问的目的就是削弱或限制对方证人证言可信度的传统理念相矛盾。我早年为政府工作时一名上司就经常说："交叉询问的第一条规则就是——不要去问。"他那样说的意思是，你不应冒险去询问一个由对方准备并传唤的证人，除非不得不这样做。这对检察官是个好建议，因为通常法律、事实、舆论及法官都站在他这一边。但在我看来，这对于其他人没有任何意义。

陪审员们并不像律师那么关注证人为哪一方作证。证言就是证言，证据就是证据。陪审员们——比我们所以为的更多的——将庭审看做一个整体，而不看是谁提出的证据。

我通常认为，把自己局限于那种对待交叉询问的传统观念上是个严重的错误，尤其是在代理民事或刑事案件时。应尽早而频繁地出击。用出乎对方意料的方式将证人转为己方利益服务。利用对方的证人来推进你对案件的推理。是的，限制不利的证言，降低该证人或其证言的可信度。如果能证明证人在撒谎更好。但不要局限地认为所有这些都会发生在对方传唤的证人身上。

一个实例发生在我和我的前合伙人参与的2名体育经纪人的案件中。他们因为与大学球队中的足球运动员签订合约，之后又让球员去填写申请奖学金的表格而被指控骗取大学的奖学金。要得到奖学金必须遵守美国大学体育总会（NCAA，National Collegiate Athletic Association）的所有规定。而我们知道，NCAA规定禁止运动员在为大学球队效力期限届满前与经纪人签约或是从经纪人那里接受任何贷款或资助。

先不论我们纳税人的钱怎样才能被更好地使用，至少联邦政府认为这是明显的犯罪，并将大笔的资金投入到调查和最终的起诉上。控方在全国范围内找来足球运动员，威胁他们如果不签"审前分流协议"来保证合作，就对他们进行起诉，并将他们转为了"政府证人"。这个案件受到了媒体的广泛关注，因为这些经纪人已经签下的58名球员中有18名参与了第一轮选秀，其他作证的证人包括当时圣母大学球队的主席西奥多·海斯伯格（Theodore Hesburgh），密歇根的传奇教练波·斯凯姆巴彻勒（Bo Schembechler），以麦可·法兰杰斯（Michael Franzese）的名字臭名昭著的黑道成员迪安·沃维克（Dionne Warwick）以及歌手迈克尔·杰克逊的父亲约翰·杰克逊（Joe Jackson）。控方决定用这次审判来揭露那些一流大学球队的肮脏内幕，事实上也做到了，尽管不是按照他们所想的那样。

> 应尽早而频繁地出击。用出乎对方意料的方式将证人转为己方利益服务。

在庭审时拿着78页的起诉书时，检察官们开始意识到自己案件中存在的问题，于是他们大幅削减了之前他们宣称是这场惊人诈骗案受害者的大学的数量。像有经验的检察官常做的那样，他们以2位在他们看来有力而又稳妥的证人开始。那是艾奥瓦大学的2名与经纪人签了约的球员。他们从经纪人那里借了钱，并在其NCAA的表格上撒了谎。一名球员还有记录着经纪人向他们游说的秘密录音带。在直接询问中，他们证实了这些能说会道的纽约滑头们是怎样说服他们放弃了作为质朴的业余运动员的纯洁而接受交易的。

毫无疑问这些运动员与经纪人签了约，拿了钱，填表时对这一问题又撒了谎并拿到了奖学金。如果这是犯罪，那这些经纪人就完了。因为即使他们不像运动员那样受 NCAA 章程约束，但可能会被认定为与运动员共谋，或者帮助、教唆运动员欺诈学校而被追究责任。这可能听起来并不严重，但联邦刑法很宽泛，而且这又是官方的意见，初审法官们总是乐于顺从。（上诉法庭后来表达过不同的观点。）因此我们的辩护绝对不能把涉及运动员的整件事当做是犯罪。虽然他们与经纪人签约并借钱，但他们其实是没有资格的。换句话说，与经纪人签约并不导致他们交给学校的陈述成为虚假陈述，这些运动员已经因为别的原因违反了 NCAA 规则从而导致了他们的虚假陈述。指控这些经纪人欺诈学校就像指控一个朝着尸体开枪的人犯了谋杀罪一样。

在这些所谓“学术型运动员”作证时，控方小心地引领他们细致地陈述他们是如何在经纪人的协助下违反 NCAA 规则的。证言直接描绘出一幅看起来处于劣势甚至是无知的球员们在充斥金钱的世界中被利用的画面。在交叉询问中他们也只是在展示这一点。

NCAA 规则除了其他要求之外，还要求球员们必须努力学习以获得学位。在这两名艾奥瓦大学球员的案件中，我们展示了这两名文理学院的学生所修的杂七杂八课程的副本。其中包括古代竞技、台球、保龄球、现代保龄球、慢跑、田径、橄榄球训练、英式足球、健美、快速阅读、水彩画、柔道以及现代慢速垒球。除了在橄榄球和橄榄球训练中得了 A 以外，这些艾奥瓦大学引以为傲的学生毕业时并没有拿到学位，绩点也相当低。不管控方做了多少解释，他们始终无法说服陪审团相信这些优秀的运动员们在与经纪人签约时已经具有符合 NCAA 要求取得学位的资格。尽管这些球员通过橄榄球这一项活动为大学创造了百万美元的收益。甚至 1 名球员向那些教唆者借了汽车的事实也没什么大碍。

所有这些都在被控案件的最初对球员们进行交叉询问时提了出来。控方并未预料到这点。后来在论坛中，标题是这样写的：“体育经纪人案将艾奥瓦大学同样诉诸法庭”——你不会想以这样的方式提出这种引人注目的指控。

我们可以从其他大学的运动员那里引出相似的证言，也可以通过证明他们违反了 NCAA 的其他规则，而对他们与经纪人签约之前的资格提出合理的质疑。在该案提交给陪审团之前，控方进一步缩减了案件的相关内容，后来也只得到了涉及两所学校的有罪判决，最终这些判决在上诉中又都被推翻，没有任何人被判入狱。

所有这些都在被控案件的最初对球员们进行交叉询问时提了出来。控方并未预料到这点。

我们能得到这样的结果，部分是因为我们在诉讼开始时就利用控方证人来推进我方的论证。实际上我们没有对球员们在直接询问中所说的任何事情进行质疑，也没有试图去降低其可信度以限制他们证言的效力，甚至没有对他们所说的进行反驳。相反，我们将控方的证人为自己所用，并如我们所愿转移了战场。

在另一个案件中，26 街的斯科瑞尔法官（Judge Schreier）问我是否愿意为一件重审案件担任辩护。该案中，一名伊利诺伊理工大学（IIT-Illinois

Institute of Technology）的保安在一次帮派火拼中被流弹击中身亡，7个人因此被判为谋杀罪，对方帮派中也有1人被杀。

一个控方的关键证人翻供，推翻了他以前所说的确实看到被告开枪的证言。犯罪发生时他12岁，是对方帮派中那名被杀害的成员的亲戚。另有一项证据支持有罪判决，但是翻供已经足够让斯科瑞尔法官重新启动庭审。

当然，被告方的主要证人就是那位翻供的证人，实际上这个被告就是本程序中的原告，或者说提起本程序的那一方当事人。证人讲了他的故事，也提到在最初的庭审之前，他曾经告诉过检察官他不想作证，而检察官说他最好去，否则控方将重启针对他的刑事指控。证人的这项指控相当严重，而且如我所料，州检察院传唤了那名检察官。在将近10分钟的直接询问中，他否认了这位证人当时除了表示愿意在初审法庭如实作证外还做过什么其他的事。当时提供的证言就是证人看到了7名被告犯罪的经过。

州检察院——准确的说是在我看来认为必须这样做，必须传唤这位检察官来证明翻供的新证词是个谎言，最初的证词才是真实的。而且检察官也没有任何理由去怀疑最初的证词。显然州检方并没有完全意识到他们这样的做法给我们在交叉询问中留下的漏洞。

正如通常在翻供案件中那样，证人是不可信赖的。然而也会有很多情形有利于证实他的翻供。我们在对州检方的证人——初审时那名检察官进行交叉询问时做到了这点。我们展示出检察官并不知道翻供的证人是一名被害人的亲戚，指出了翻供者所加入的，是与被告所在帮派相对立的帮派这一事实及其内在含义。我们还通过检察官证明了由于枪击发生时证人所在位置建筑的实体布局，他根本不可能看到初审证言中声称看到的内容。我们也通过这名检察官指出了该证人在审前陈述的不连贯性。最后，简短的直接询问之后的2个小时的交叉询问，使这位自信，甚至可以说是自大的检察官开始变得委靡不振。

通过使这名对方的关键证人承认那些实质上无争议的又支持我方论点的事实，我们利用他证实了我方的陈述。我的一个朋友提到这点时就把这种运用证人的方法称作“人形荧光笔”（human high-lighter）。这并不是州检方在传唤他时所能预料到的。最后，考虑到所有证据的混合，我们不足以使所有的定罪被推翻。然而，你已经竭尽所能去做了。如果不能在失败与成功之间保持平衡的话，你就还不能成为一名出庭律师。

在法庭上，最有趣的事情之一就是将对方那些傲慢自大的证人为自己这一方所用。这种情况有一次发生在我代理的一名公司首席执行官的案件中。这位委托人被牵涉与他公司的会计违规行为有关的四十多起证券集团诉讼中。通过复杂的模拟程序演练，我们发现自己的处境是：公司那些同样被牵涉的外部操纵者们正在寻求用钱来解决问题的途径，这些钱部分来自于一些保单的收益，然后试图让我的当事人独自去面对可能超过15亿美元的判决。不管是不是首席执行官，他都无法面对10亿美元的判决。

在破产判决前，我们最后进行的是一个实际上围绕着我当事人在制作公司财务报表时所起作用这一问题的庭审。我并不想传唤我的当事人作证——即使这样赌注很大——因为有未决监管和刑事调查，在这一民事案件中作证可能会在其他方面对他有影响。尽管如此，我必须讲出我方的故事。在电影

《判决》中有这样一幕：因为自己的专家证人被法官击垮而几近崩溃的保罗·纽曼（Paul Newman）问他的导师杰克·沃丹（Jack Warden）："如果没有证人了你会怎么办呢?"沃丹说："用他们的。"

"他们的证人"在本案中就是公司的总法律顾问。一个在我看来是傲慢自大与平庸智商的完美结合体。我的当事人事先提醒过我这点，告诉我这只骄傲的鸟儿住在莱克福里斯特（Lake Forest）北岸尊贵的富人区。当他在证人席上时你能感受到，他十分乐意能在这里，在解决公司难题的过程中扮演澄清事实的这一重要角色。

对方以看似无碍的目的传唤他，请他介绍公司向证券交易委员会所做的季度或年度的报表——即所谓的季报和年报。毫无疑问他像只骄傲的孔雀一样走上证人席，并在回答第二个问题时自豪地提到他在莱克福里斯特的地址。他谨慎地将对自己责任的描述控制在公司的范围内，从而避免使自己太过接近于公司的财务报表这一棘手问题。然而，传唤他来介绍季报和年报，却不解释他在制作季报年报过程中所起的作用，就有点像试图把方形木桩钉入圆形的洞口里一样。尽管如此，他的作证仍使财务报表被采纳。

我们交叉询问的基本目的就是确立一个这样的事实：制作财务报表是一个不仅我的当事人，还有许多其他人都参与的过程。描述一个许多有资质的人员共同处理技术性问题的过程是非常重要的。我们希望表明的是：如果有这样的过程，那这位首席执行官就只是做了他的本职工作而已。因此在交叉询问的开始，我便对这位莱克福里斯特的自豪居民发问：

问：你有资格成为 XYZ 公司的总法律顾问吗?

答：当然。

问：为什么有资格呢?

答：我是一名可以在伊利诺伊州执业的注册律师，有 25 年主要作为内部顾问的法律实务经验。我为两家国有公司、一家私人公司和 XYZ 公司担任法律顾问。

问：你是个好律师吗?

每个出庭律师都会向其他律师"借鉴"。无论是总结陈词中所描述的事实情节，交叉询问时所选的途径，甚至是法庭上站立的方式。

（尽管法官支持了对方对这一问题的反对，但证人却没有抑制住自己。）

答：在我看来是个好律师。

问：作为公司最高的法务人员，你有没有意识到，公司提交给证券交易委员会的文件可能违反证券法规呢?

答：我有没有意识到?

问：正是。

答：我得考虑公司可能违反任何法规。我当然会考虑。有什么问题吗?

问：你会考虑吗?

答：当然。

问：所以你采取了措施确保没有违反证券法。

答：我没有任何理由认为有文件违反了证券法。

问：为什么没有理由呢?

答：因为公司的秘书已经代表了我——秘书与财务部部长有资格代表我做这些事。公司由"杰出会计公司"（prominent accounting firm）来审计。我没有理由认为我们违反了规定。

在回答中并未提及那位首席执行官，正因如此我们也不用再兜圈子了。注意，只问诱导性问题这一规则经常会被打破。尤其是，我们是为了得到想要的答案而打破这一规则。不过这都是些稳妥的问题，如果他作出了不同的回答，我们也必须承受。事实上我们正希望是那样，证人一旦选择了方向就无法再回头。在有些情形中，开放性问题实际上要更好些，这次正是那些更好的情形之一。原本需要更长的时间来设计，还需要一些问题来试图得到更多的证言。不过既然是在经验丰富又熟练的法官而不是陪审团面前，这种情形下直达要点可能更好。

他的回答引出了一系列关于审计员、外部顾问和其他人在本案中角色的问题。当我试图证明我的当事人在了解到会计违规后其行为的合法性时，他也提供了我正需要的东西。在他的帮助下，不用我的当事人作证，就推动我们讲出了我方的事实情节。他对于如此长时间的作证和被问到如此多的问题，表现出了明显的不适和无措。在交叉询问进行了 20 分钟后，他看我的眼神就显示出他有多么急不可待地想要离开证人席。

每个出庭律师都会向其他律师“借鉴”。无论是总结陈词中所描述的事实情节，交叉询问时所选的途径，甚至是法庭上站立的方式。没有人完全是自己的独创。我从我的一个好朋友那里学来一句话，这句话被他用在准备的证言中。当他帮助证人为针对某一难题进行交叉询问做准备时，他会用“一次一枚硬币”这样的话来警告那些以错误方式回答的答案。因为这些答案会使交叉询问者集中言辞在某些部分来对证人进行剖析。基于各种原因吧，这句话总是能引起证人的注意，通常还会引人发笑。

在那位总法律顾问作证前，我们的团队准备我方一名证人作证时我也用到了那句话。后来我们的交叉询问进行得令人满意，团队中的一员笑着考虑说：“我想知道那位总法律顾问现在在干什么。”另一个人回答说：“他正跟着地上的硬币跑回莱克福里斯特呢!”

并不是在遇到每个证人或在每个案子中都有机会进行这样的交叉询问。但如果把每个证人都看作是个机会而不仅仅是个挑战，你就会发现你能做的比你想的要多。

第38章

跨越种族界限，并更进一步

唐纳德·休伯特
(Donald Hubert)

唐·休伯特（Don Hubert）是一名才华横溢的出庭律师，也是一名因为对他所在的群体作出了许多贡献而扬名的杰出人物。在经营自己的休伯特与弗勒律师事务所（Hubert & Fowler）繁忙业务的同时，他还是伊利诺伊州最高法院职业责任鉴定委员会的主席，并担任着调查警察滥用职权的特别检察官，同时还是一些律师协会的主要负责人。他还很大程度上参与了维持芝加哥南部哈里斯·弗朗西斯肯高中（Hales Franciscan）的开放——这切实地改变了成千上万非裔美国青年的人生。休伯特毕业于密歇根大学法学院。

1990 年是美妙的一年，荣誉与奖项接踵而至。这是因为率先阻止了哈里斯·弗朗西斯肯高中关闭，因为担任哈洛得华盛顿政府的律师并参与了“谢科曼诉讼”（即被政策性的雇佣，解雇或升迁），因为开设了一个面向律师的律所经营方式培训课程，该经营方式后来成为了全国通行的模式，同时也因为参加了一个由伊利诺伊州大法官托马斯·菲兹格瑞德（Thomas Fitzgerald）发起的无偿志愿服务，其中我在四个不同的案件中为被指控谋杀的被告进行辩护。

在那之后我接到一个电话，那个电话不但改变了我事业的方向，也是对我的一个挑战，让我坚定了律师应服务于各种类型的事务及当事人的信念。

当时的市议员，第八区的劳瑞恩·迪克逊（Lorraine Dixon）和第三十四区的莱姆·奥斯丁（Lemuel Austin）——都是黑人——请我加入一个诉讼团队，这个诉讼团队将在 1990 年综合性城区重划的案件中代理一个由 30 名议员组成的小组（30 人中绝大多数是白人，也有部分是黑人和拉美裔人士）。这些案件是由市民和其他一些基本由黑人议员组成的团体提起的。迪克逊与奥斯丁都站在后来被称为“行政性地图”这一边。

我给前任法官 R·尤金·品谢姆（R Eugene Pincham）打了一个电话，他曾是黑人议员律师团中的一员。因为我感到这个案子有强烈的涉及种族问题的弦外之音，于是就问他在他看来我涉足其中是不是明智的选择。他毫不犹豫地说：“当然是个明智的选择。”

事实上，黑人律师团体对于他们中的一员能参与到这样的一个重大案件中还是很支持的。厄尔·尼尔（Earl Neal）告诉我，如果我把自己看作一个真正的律师，愿意接各种业务的话，我就应该接这个案子。最后，当我在庭上交叉询问时，一个较大的黑人团体得知了我的加入，许多人表示不满，有人甚至开始谩骂。

那个社团对于我在城区重划案件中代表“白人阵营”反应非常激烈，以至于我们团队的首席律师杰罗德·S·斯洛维（Jerold S. Solovy）给了我一个担任不那么活跃的角色的机会。但我拒绝了，同时也因此得到了他长久的敬重。与之相反，我采纳了那些我尊崇的伟大律师们一直给我的建议，诸如品谢姆、斯洛维、尼尔、亚当·伯杰斯（Adam Bourgeois）、老乔治·霍华德（Sr. George Howard）、詹姆斯·蒙哥马利（James D. Montgomery）以及金伯·安德逊（Kimball R. Anderson）。伟大的律师，尤其是美国的律师，都被训练得乐于接手任何案件，哪怕必然会招致公众的压力和批评。这么多年来，我见证过所有这些杰出的律师代理那些不受欢迎甚至受到广泛批评的案件。

> 在那之后我接到一个电话，那个电话不但改变了我事业的方向，也是对我的一个挑战，让我坚定了律师应服务于各种类型的事务及当事人的信念。

在城区重划案件中的一次交叉询问就是转折点。

诉讼中一个已经被那个多数由白人议员组成的议员小组通过，并在公民投票中也通过了的城区重划地图被提了出来。一个基本上由黑人议员组成的小组和一些社区工作者提起了投票权诉讼，希望能通过改变行政区划来增加黑人在本区内的人口数，从而确保黑人议员的选举。

焦点最后集中在芝加哥五十个区中的一个——第十八区。我的任务之一就是拜访这个区，采访白人居民和黑人居民，来看看黑人的群体利益是否与白人的相左——这是选举法中完全平等的一个因素。然而十八区的黑人居民们一遍又一遍地告诉我种族并不重要。他们对那位叫做托马斯·墨菲（Thomas Murphy）的爱尔兰裔白人议员很满意。有人还提到，十八区周围几个区的3名黑人议员被指控收受贿赂，没人能保证选个黑人议员会有什么不同。

有了手头这些资料，在城区重划案件中，我的任务就是对原告方的专家证人进行交叉询问。他是一名白人社会学家，是芝加哥大学和威斯康星大学的博士和前任教授。他用地图反映出的普查数据和涉及种族的历史事件论证出，在十八区，或者说普遍在芝加哥，黑人与白人有着不同的群体利益。由此可以推断出，只要有足够的黑人来克服白人在人数上为选举黑人设下的障碍，十八区的黑人们就会希望选举黑人议员。

对芝加哥大学这位社会学家的交叉询问是我最重要的交叉询问经历。正是从那次过程中，我提炼出了指导我今天交叉询问的所有原则。那么，谁赢了那场询问呢?

乔·帕尔兹（Joel Pelz）是我们团队中的一员，能力出众，而且是我所共事过的人中法律思维最敏捷的人之一。他告诉我我比那位专家要略胜一筹。

也许吧。

但我自己的评价是，那位社会学专家输掉的与他赢得的一样多，我们更像是不分胜负的平局。事实上，我很感谢那位专家在那段经历中教给我的东西。

正是在那场交叉询问中，我建立起一个对于交叉询问的快节奏非常关键的搜索查阅文件的体系。我有一份反映一些询问主题的书面提纲，在交叉询问的过程中我把它写了下来，这样我就可以不用笔记来进行绝大部分的询问。我从没失去过对证人的控制，再加上概率规则的补充，事实裁判者们会质疑该证言，因为这位社会学家主张的结论更有可能是不合理的。这是一次让我毫无压力的交叉询问，自始至终都一直在我的掌控之中。

在直接询问中，那名专家作证说他是一名在有关调查、调查采样、数据分析、人口分析和地理分析等方面研究方法的专家。他用大量地图来展示住在第十八区西边的白人和住在东边的黑人有不同的群体利益。尽管关于那些地图他也被交叉询问了，但那部分询问并不是我在这里的重点。

专家同时也回顾了档案中以及旧报纸上关于该市西南部十八区和十九区发生的种族事件的报道。他总结道十八区、十九区白人采取的行动都会有涉及种族问题的动机。其中一个事件就包含了弗吉尼亚·茹盖（Virginia Rugai）议员对那个叫做“贝弗利房产项目”的新住房项目的抗议。

专家起初作证说他援引这个事件只是为了表明存在历史性的种族问题——即一名十九区的议员牵涉入住房争议中，争议点就是白人不想要住房而黑人想，那名议员又恰好支持白人。

通过交叉询问，我们试图证明的是：

这名专家仅仅是根据他看的报纸、文章形成了他的专家意见。

这名专家在证据开示阶段保留了那份作为他专家意见基础的新闻报道而没有提供。

据另一个报道，在另一个不同的案件中，他认为茹盖议员是受种族方面的原因驱使的。但是在城区重划案件中他拒绝明确表示这是他的观点。

这名专家认识茹盖议员，他却没有通过采访她来问清她为什么反对那项居住工程。以及这名专家完全没有在他对于城区重划案件所做的报告中引用当时在同一份报纸上援引的茹盖议员的话。而那些话表明她对该居住工程的反对是在该工程开始之前，且是基于与种族无关的原因。

下面对当时交叉询问的摘录会展示出我们是如何展开这些要点的。我以证人并没有提出那份作为他专家意见基础的新闻报道开始。

问：有很多文件我们曾要求你提供，你回到你的办公室后却说你找不到它们了，是这样吗？

答：是有一些这样的文件。

问：不，比“一些”要多。对那些你在专家意见中援引过的新闻报道，我们曾要求你提供复印件，你回到你的办公室后也说你找不到它们了，是吗？

答：那是我从图书馆借来的，已经还回去了。

问：你没有保留复印件，这是你的证言，对吗？

答：是的。

问：你并不知道谁手里有这些资料，是吗？

答：是的。

问：你把那些报告的复印件交给了那位在农业学院案件中继续雇用你的律师，却并没有给我们，对吗？

答：我不这样认为。我曾给过他一份报告的复印件。

问：你也给了他那些新闻报道的复印件，对吗？

答：我不记得了，我不知道。

问：当你坐在证人席上时，知道律师手中有那些新闻报道的复印件吗？

答：不知道。

有了这位专家在另一个案件中提交的那份新闻报道以及相关报告的复印件，我们试图表明这位专家已经改变了之前报告中的观点，并错误且不公地指责茹盖议员的种族目的。

问：是的，正如我所说，你希望用那个实例来向我们说明茹盖议员反对不同种族区域的变动，是这样吗？

答：嗯，那只是为了说明在谋求群体利益时议员的重要性。

问：不过，那不是也为了说明她反对种族区域的交流变动吗？

答：我不知道能否从那个例子中得出这样的结论。

问：那么，你有没有把这个例子写入你另一份报告的第四章，在其中将她作为一个反对种族区域交流变动的政治领袖的例子呢？

答：也许吧。

问：在那份报告中，你是不是说贝弗利山房产项目事件是一个政治领袖反对种族区域变动的实例？

答：是的。

（之后我们提醒陪审团，这位专家仅仅是根据新闻报道而作出了专家意见）

问：也就是说，你从两份报纸中得出了关于弗吉尼亚·茹盖议员的结论，是吗？

答：脚注中有两篇文章，但我可能读了有——我不知道我另外读了多少篇文章。

问：但那是你在本案报告中仅有的两篇文章，对吗？

答：是的。

（这是一个需要学习如何给出专家意见的调查专家，实地走访这种调查方式对一位专家来说易如反掌，他却没有采用。）

问：你见过弗吉尼亚·茹盖议员吗？

答：是的。

问：你就此事采访过她吗？

答：没有。

问：在你得出那个指责她有种族倾向的专家意见之前，你不觉得问问她会更好吗？

答：那并不很必要。

问：那么，走入社区，去探寻、采访一些人，是不是你所使用的基础方法之一呢？

答：是的，我是那样做的。

问：很好，你的看法是，当要做社会性研究时，作为一个专家你会时常深入社区进行个人的观察和采访，是这样吗？

答：有些案件中是这么做的，是的。

（这名专家关于茹盖议员有种族倾向的观点只是以另一名议员的话为基础的。他并没有将茹盖议员自己对于指责她有种族倾向的话的强有力的反驳纳入专家报告中。事实上，议员反对那项工程是因为工程的选址是在一片美丽的森林的位置，而那片森林是当地白人和黑人都很珍视的。）

问：现在让我们回到那篇报道上来。《城南经济学家》（Southtown Economist）的那篇文章，就是你曾经在你的专家报告中引用过四次——请删除这句话——曾经引用过三次的那篇文章，是刊登在 1991 年 3 月 3 日星期一那一期上，是吗？

答：我想是的。

问：在你的专家意见中，你并没有引用同一篇文章中弗吉尼亚·茹盖议员自己所说的话，是吗？

答：我不记得了。

问：看看你的专家意见，想好了再回答。

答：这样迅速浏览一遍，确实没有对该议员所说内容的引用。

问：那么，在这篇文章中，是杰西·伊万斯议员（Jesse Evans）在指控种族主义，是吗？

答：我不知道。

问：弗吉尼亚·茹盖说，当他们从 1984 年以来就一直致力于将那片土地收为公用的时候，伊万斯议员提出种族主义证言的指控非常糟糕，是吗？

答：有一处引用是这个意思。

问：先生，那篇文章是不是说，当开发商开始砍伐丹·瑞安（Don Ryan）森林外围西侧的边缘区的树木时，这个叫做“北方发展房产项目”的工程上个月在贝弗利山遭到了一致的反对？是这样吗？

答：是的，文章是这样说的。

问：你并没有把这些写入报告，是吗？

答：嗯，这份报告……

问：你并没有把这些写入报告，是吗？

答：这份报告展示了这一事件的始末，从那一事件的开始一直到结束。

（这是一个不停地拒绝作出直接回答的经验丰富的专家。在这种情形下，我们只能通过法官来强制证人作出直接回答。到现在为止，在交叉询问的起初，证人那显示他已经丧失自信的肢体语言削弱了他在接下来交叉询问中的可信度。）

休伯特：法官大人，我请求法庭要求证人回答我的问题：他是不是并没有将那些内容写入他的报告中。

法官：请回答那个问题。

答：是的，关于树和其他什么的并不在报告中。

记录上显示，上诉之后绝大多数黑人议员得到了一个适度的胜利。（许多街区都需要的改变只在一个街区得以实现。）但真是这样吗？初审结束后，我们在联邦地区法院的布瑞安· 杜夫（Brian Duff）法官面前赢得的官司在联邦第七巡回上诉法庭由理查德·波斯纳（Richard Posner）法官所写的判决书中被推翻。

退回的案件被指定给联邦地区法院法官艾伦·布克罗（Elaine Bucklo）审理。我们输了。第十八区黑人比例上升到72%——足够确保一个黑人议员有很大的当选可能性。新城区的划分使托马斯·墨菲家被划在了该区之外。所有人都认为这将是墨菲议员生涯的终结，然而并不是。他搬进了新划定的十八区。当他在黑人居民中以压倒性的胜利重新当选后，他登上了当地头条新闻。

我的例子不但说明了对一名有偏见的专家进行交叉询问的方式的重要性，同时也说明了用适当的方法发现并得到一名专家过去的工作成果并以此对其进行质问的重要性。同样值得反思的还有由这位专家的普查数据地图和对种族冲突的回顾所引发的广泛的议题。

在其他的证言中，专家说在十八区西边的白人和在东边的黑人有着不同的群体利益。这可能有助于他们后来的上诉，使重划了十八区的边界，减少了西边的白人，增加了东边的黑人。然而选举结果显示，选墨菲议员的白人和黑人是有着共同利益的。

这个诉讼中真正的胜利是，向着无种族偏见的社会的又一步迈进。

第39章

要攻击信息，同时也要攻击传递信息的人

雷蒙德·J·史密斯 (Raymond J. Smith)

20世纪60年代，雷·史密斯（Ray Smith）从西北大学法学院毕业后，便成为美国军事法庭的官员（Army JAG Corps Officer），也就是从那时候，他开始受理刑事案件——既提起公诉，也进行辩护。作为一名芝加哥联邦助理检察官，他在回归平民生活的基础上，十分关注作为公诉方的工作。在芝加哥，他成功地对很多被告提起公诉，这其中包括国际卡车协会（Teamsters）的高级官员。在辩护方面，他也出色地工作了25年。他曾经在一件案件中表现出众，以至于该案的另一被告人解雇了其律师，而在庭审进行中聘用了雷。他不但接手刑事案件，也处理民事案件。

陪审员们想要从交叉询问中了解到更多，而不是仅仅知晓证人的不可信。我已经对此有所了解并且认为，陪审员想要了解的是证人所说的内容并不可信，这一点是同样重要的。我曾经经手过两起能够说明上述看法的案件。

1993年，我受聘成为山姆·卡尔里斯（Sam Carlisi）的代理人，他是一名七十多岁的老人，与其他四人一起，因共同犯罪问题受到检方的指控。控方声称，我的当事人和其他共同被告是犯罪集团的成员并且共同密谋诈骗，企图接管圣地亚哥附近的一家名为林孔印第安（Rincon Indian）的赌场。

联邦调查局的报告透露，汤米·帕顿（Tommie Patton）作为控方证人将会出庭作证，他会在证言中证明他是这个犯罪集团中的一名“有才识的”成员，他是在1959年和安东尼·斯皮洛特罗（Anthony Spilotro）一起在一个联合仪式中加入了该组织。安东尼·斯皮洛特罗这个名字在圣地亚哥非常出名，他和他的兄弟迈克尔（Michael）于1986年在印第安纳的一片玉米地里被发现遭人谋杀。

同时，报告显示，帕顿将会证明，1986年7月15日，在芝加哥的某个餐厅所举行的聚会，他当时是在场的。而这次聚会正是关于所谓的芝加哥组织的头目同意芝加哥的犯罪团伙通过隐藏所有权进行造假，从而收购位于圣地亚哥郡北部的林孔印第安人居留地的赌场的事情，这些人包括斯皮洛特罗、所谓的黑帮老大杰吉·切罗内（Jackie Cerone）以及卡尔里斯。

在开庭陈述中，我简短地提到，我已经在证据开示程序中发现，尽管帕顿会对这次聚会进行作证，但是事实上，这次聚会压根就没有发生过。

在控方证人中，有一位是一名公正的联邦调查员。他作证时提到，对于芝加哥犯罪团伙的内部结构，他可以称得上是一名专家，他花在监视这个黑帮团伙所进行的活动上的时间已经超过了15年。在交叉询问中，我问这位调查员，联邦调查局对这个芝加哥犯罪团伙的监视是否每天都在进行，他回答：“是的。”

我问他，如果有五六个犯罪团伙的头目在餐厅里开会，联邦调查局对此是否会进行监视。

“是的。”他说。“当然会了。”

> 我打算通过对他进行一个简短的交叉询问从而证明他有说谎的动机：对于帕特里克谋杀10人的罪行，对他的刑罚在减刑后变成了6年的监禁，而这次减刑是靠他在联邦指控的有罪答辩书中对一些细节进行供认后换回来的。

因此，我问这位联邦调查员，1986年7月15日这一天，联邦调查局是否对这家特殊的餐厅进行监视。

“没有。”他回答我。

我又进一步问他，是否会对那些特殊的人进行监视——我列举了出现在那家餐厅的卡尔里斯、切罗内、斯皮洛特罗以及其他人。

“没有。”他回答说。

通过这次交叉询问，我可以依据一名可靠的证人所说的话向陪审团说明，帕顿将要说的内容是虚假的。当然，这种安排是为了攻击证人的证言，而不是证人本人。

陪审团等着帕顿出庭作证。当他出庭的时候，他穿得像个蛇油推销员，并且带着价值10万美元的珠宝，这一点对辩方来说是非常幸运的。我所拥有的优势便是，他对于参加会议的人员以及会议中发生的细节，做出了三次完全不同的陈述。

交叉询问的关键是在我方陈述案件时，设法主要利用联邦调查员向陪审团说明，帕顿将要告诉他们的是虚假的。我问到，他是否告诉某位联邦调查员——我们叫他调查员 X——切罗内也在会议中出现，并且告诉他某些当时发生的事情。

“没有，我从来没有像那样告诉过他任何事情。”帕顿说。

然后，我召唤调查员 X 并且问他是否对帕顿所做的证人证言进行过认真的准备以及帕顿是否说到了这些事情。这位调查员回答：“是，帕顿有这样做。”接下来，在帕顿发誓他的确将那些事实告诉联邦调查员之后，另一位联邦调查员也证明，帕顿从来没有告诉他任何在会议中发生的事情。我坚信，就帕顿作为证人而产生质疑这件事而言，无论有怎样的可能性，最关键的是关注他证言的内容。

对于案子当中的另外一位控方证人——伦尼·帕特里克，我使用了不同的手段。他说，他是芝加哥黑帮中的一名长期成员，并且对芝加哥黑帮的内部结构进行作证。他对我的当事人卡尔里斯并没有造成太大的威胁。我打算通过对他进行一个简短的交叉询问从而证明他有说谎的动机：对于帕特里克谋杀 10 人的罪行，对他的刑罚在减刑后变成了 6 年的监禁，而这次减刑是靠他在联邦指控的有罪答辩书中对一些细节进行供认后换回来的。在这个例子当中，我要做的是攻击证人，而不是证人证言。

在交叉询问中，伺机调整策略是非常重要的。有时你甚至会轻而易举地得到这样的机会。我问他，当他脱口而出地辩称所有的谋杀都是在进行正当防卫，因此他在那起谋杀案中无罪时，是否已经对该谋杀案作出了有罪答辩?

我接着着眼于每一起谋杀的细节，并且问他，是不是每一起单独的谋杀案都是由于正当防卫而引起的。与这些谋杀案有关的事实并不能准确地与帕特里克的主张相吻合。比如说，帕特里克意外地在胡同里撞见某人，于是就用枪击中了他头的后部。当我问及他有关那起谋杀的事情，帕特里克说，如果他不杀了那个人，可能那个人有一天会杀了他。

陪审员们只是笑笑而已。

最终，尽管卡尔里斯和其他共同被告一起在麦当劳餐厅参加了被联邦调查局监控的会议，但是，陪审团以 9∶3 的票数，认为他是无罪的。悬案陪审团宣告裁决后，控方撤销了对卡尔里斯的起诉。

另一个案子要追溯到 1970 年 9 月 26 日，有四个男人为了搞点钱决定去北卡罗来纳州新伯尔尼地区的加油站抢劫。根据控方的证据，包括我的当事人帕特里克·尼克森在内的四个人，手持 M－14 来复枪，走进位于布莱德大街的达内尔海湾加油站。在他们走进加油站的时候，一名无辜的过路人，格雷戈里·克拉克·阿莫森将车开入加油站，并且忙着处理他的引擎。根据指控，尼克森和一名共同被告——约翰·安德雷德，决定对阿莫森实施抢劫。

几声枪响之后，尼克森和安德雷德被看到从加油站跑了出来——尼克森手持来复枪。阿莫森身中三枪；现场发现了三枚展开长度为 7.62 毫米的弹壳，正好与 M－14 来复枪的口径相同。

同时，控方证据显示，在枪击案发生后的一天，尼克森去他朋友的公寓，说他想放些东西在楼上，然后他上楼后就离开了。3 天之后，也就是 1970 年 9 月 30 日，新伯尔尼地区的警察在没有搜查令的情况下，对那间公寓进行了搜查，并且从中找到了被拆卸的 M—14 来复枪的一部分以及一些 7.62 毫米的子弹。

尼克森是非裔美国人，曾经在越南战争中被授予过很高的荣誉。那时，他驻扎在新伯尔尼，这个地方在内战前已经有大概 150 年的历史。他想要得到周末去华盛顿特区的通行证，而当他遭到拒绝时，他才发现只是因为他的肤色问题。

他和其他三名士兵一起喝酒，喝醉了之后就去抢劫加油站。被害人阿莫森是一名白人陆军下士，也曾得到过很高的荣誉，是四个孩子的爸爸。

被害人阿莫森是一名白人陆军下士，也曾得到过很高的荣誉，是四个孩子的爸爸。

情况非常棘手。这是有关暴徒处私刑的问题，控方要求对他们判处死刑。为了证明是一级谋杀案并且处以死刑，控方需要证明我的当事人是故意射杀阿莫森。虽然法官曾经被谣传是三 K 党的前头目，但是我们发现他对尼克森的审判还是公平的。

一位共同被告为了免遭死刑，承认自己有罪，并且证明尼克森就是那个开枪杀人的人。

我对这位共同被告的交叉询问相对比较短。在一开始，我便利用交叉询问去证实他有明显的说谎动机，目的是免遭死刑，而这样做，实质上是为了攻击证人本人。这样做所要达到的平衡状态是安排案件中我的主要专家证人出庭作证。与他之前的陈述一样，这位证人说，尼克森跪下、瞄准并向被害人开枪，那个时候被害人直直地站在他的车旁边。在向他确认过我的当事人的姿势后，我可以通过我的证人反驳他的证言中的重要内容。

我方的专家证人作证到，子弹的弹道轨迹表明，在开枪的时候，来复枪应该位于受害人伤口的上方。

尼克森站在证人席上，讲述了他的出色背景。他说，他并没有开枪，但是那时他已经喝多了，不知道他们去抢劫加油站，当时也并没有拿任何武器。

根据刑事谋杀条例中有关二级谋杀案的规定，判定他有罪，但并不会被判处死刑。

有的时候，基于证人们自身的偏见、动机、成见或者一些弱点，他们会让自己成为很容易上钩的人，一般的交叉询问者都确信自己可以抓住这些东西。优秀的交叉询问者要记住，攻击证人本人往往是不够的。陪审团希望了解的是，这些信息，以及发出信息的人，都是不可信的。

第40章

交叉询问中的戏剧艺术

杰弗里·E·斯通
(Jeffrey E. Stone)

在成功地完成了在芝加哥联邦检察部门的工作后，杰夫·斯通（Jeff Stone）于20世纪90年代初期加入了麦克德莫特·威尔和埃默里律师事务所。他迅速成为关键人物，帮助律师事务所拓展国内诉讼业务，如今他已经成为了这家律所的主席。斯通为伊利诺伊州的司法调查委员会做出庭律师，同时，他是一名毕业于哈佛法学院的高材生。

在整个庭审过程中交叉询问是最富有戏剧性的时刻，它不断地将整个案件简化直至它显露出其本质，并且允许出庭律师直接针对证人。陪审员们对交叉询问充满期待并希望它能够在披露出真相的同时阐明审判的潜在争点所在。如果你让陪审员们对此感到失望，那么你将陷入困境。

许多律师都未能意识到这种内在的戏剧性构建了关键性的交叉询问。我认为一个真正出色的交叉询问者应当像一名运动员或演员一样去抓住那最具有戏剧性的时刻并刻上自己的印记，而不是选择去逃避它。有时候，这个重要的时刻是可以预见的，并且可以通过仔细的计划和执行而实现；然而有时这些重要时刻的发生可能会源于运气和偶然。无论是哪一种情况，这都是对一名老练的交叉询问者的考验，他要去发掘这些重要的时刻并当它出现时能够加以利用，从而加强案件的辩护效力。

这里有一个例子，戏剧性的时刻就出现在一起涉及司法不当行为的案件中。当时我正在为伊利诺伊州的司法调查委员会做出庭律师并对一名法官提起公诉，该法官被指控在对一名出现在他的法庭上的年轻女律师进行恐吓与性骚扰。

这个案件非常棘手。被起诉的法官坚定不移地否认了所有对他的指控，并控告这名女青年是因为曾遭到自己对她询问技巧的批评而进行报复。

这是一个典型的证词互相冲突的案件——在被告方与原告方的证词中没有任何的一致点。在调查中，一些后来自告奋勇参与调查的佐证证人的证词成为这个案件的关键部分。这些证人指出，他们曾见过一个带着明显不满且几乎发狂的女人走出法官的房间。这些证词不仅为这名女子曾出现在法官的房间里提供了佐证，而且支持了她的主张，也就是曾有一些非常不愉快的事情在那里发生。然而，这依然无法成为她所阐述的案件版本的决定性证据，同时，被告抓住了这一证词并争辩说这正像他所说的一样，女子因为被他批评而感到非常沮丧。

然而也许是因为案件拖延了很长时间，导致被告遗忘了他最初在司法调查委员会给出的证言——他曾明确地否认了对他的控诉，并指出在这段特定的时间内，这名女子从未出现在他的房间里。这是一个对他来说很容易造成的错误；自他给出第一份证言起，案件至今拖延了将近两年的时间。看来，他简直就是忘记了该去回顾一下他最初的辩解。但是，这一明确的否认可能会像一个地雷一样在庭审中爆炸。

现在，最重要的问题是如何去强调这互相冲突的证词这一戏剧性的情节。简单地用这些不一致的供述去反驳这名法官应该已经足够但却不够充分。我的目标是建立一个场景，让我在终结辩论时不仅能够为这名法官的性骚扰行为提供证据，而且证明他曾蓄意编造、更改案情以迎合那些新近发现的证据，即这名女子确实曾面带泪水在他的房间出现过。我敢肯定，如果我可以说明他不仅是个性骚扰者，还是个说谎者，那么我们不仅会赢得胜利并且法庭委员会将会撤销他法官的职位。

在主询问中，他正如我们所预料的那样作证，他试图通过这样的说辞对我方佐证证人提供的证言进行辩解。他说道，他正独自一人在他的房间里对着提出申诉的证人，而她沮丧却是因为他曾批判了她的庭审能力。他是一个狡猾且熟练的证人，在主询问的最后，他还提出了一个真正存有质疑的问题——对于发生在房间里的事情，我们的受害者是否说出了事实呢？

在交叉询问中，我知道我必须破坏这个法官的可信度。所以，我缓缓道来，问了一些关于阐述事实重要性的问题。我提及了他做法官的经历，并强调了在无陪审团审判中（这个案件是在由五位法官组成的审判团和两位外行人面前进行的），案件结果将取决于法官如何去搜寻真相并对证人的公信度进行评估。他表示同意。然后，我把问题转向了一系列关于法官们是如何依赖于在他们面前进行陈述的律师们和当事人们。他对以上所有观点均表示了同意。接着，我又把问题转向了一系列关于书面答辩状的重要性以及强调了法官们需要能够信任这些书面陈述。同样的，他表示同意。

最后，我对他进行了一系列发问，意图强调如果证人更改了他们所提供的情节，这通常表明他们在试图隐藏一些事情并且他们的诚实度将受到质疑。他再一次表示同意，甚至还补充了一点我始料未及却对我来说相当有价值的说法——他从未更改过他的案情。

所有的这些证言以一种相对平静缓和的方式被陆续揭开。在奠定了必要的基础后，我改变了语调和意图。并对审判团强调道，所有的剧情即将揭晓，不管是在言语和姿势上，我都转向了一个非常具有攻击性的状态。我运用了非常典型的反驳技巧，我先重复了他的直接证词——主要证人在当晚曾出现在他的房间里并且对此事实他自己也深信不疑。我要求他对此进行陈述，在他的房间内发生的是一次非常情绪化的会面并且他对此的所有相关记忆都非常清晰，他也不可能忘记任何事情。

但是，这一明确的否认可能会像一个地雷一样在庭审中爆炸。

接着，我抽出了一张很大的张贴板，上面将他对于很久之前在司法调查委员会所提出的控诉的答辩状都放大了。我首先向他和陪审团展示了放大的答辩状首页和具有他签名的部分。法庭里的紧张气氛可想而知，所有人都知道有些事情要发生了，但是没有人知道，包括被告自己都不知道接下来将要发生什么。接着，我拿出了放大后的调查指控书和他所提供的答辩状，在答辩状中他否认了她曾单独出现在他的房间里。

我严厉地指出他的附誓答辩状是如何直接与他在法庭里提供的证词矛盾。他没有做任何的解释，此时，我知道这个案件就此结束。在这案件的最后，因为他的性骚扰行为和他的欺骗性的证言，法庭委员会同意并永久性撤销了他法官的席位。

这个经历包含了两点值得学习的内容。第一，不要畏惧去适当地设计场景。这其中的剧情和交叉询问的影响都会由于逐步的场景建立而受到影响。如果我只是单单通过标准的反驳方式而不是去建立与组合，它同样会奏效，只是它的反应不会那么强烈。就像一个在钢丝上行走的艺术家一样，当他在离地面越来越高的空中表演时，才会被认为表演得越来越出色，同样，当你用心地去营造情节使其达到顶点时，一个优秀的交叉询问中的戏剧性才会被不断提升。迫使被起诉的法官向进行事实认定的陪审团强调说真话的重要性，这样做可以更加突出强调他自己没有做到这一点。

第二，当你察觉到交叉询问的本质将要依赖于一个重要的文件或一些证据时，那就让它变得令人印象深刻。将其夸张化；用电脑图像让证据变得更加动人；做任何事情，只要能让人察觉到证据的效力。然后尽可能长时间地将其展现给这些事实认定者。在终结陈词时再次回到它身上并强调这一情节。让这些确确实实的证据提醒陪审员们，你的交叉询问所具有的影响力。

当然，不是所有引人注目的情节都来自于仔细的谋划，有时最重要的情节出现在你最不经意的时候，这时一名经验丰富的交叉询问者就必须能够适时地抓住它。

一个有关这方面的例子发生在我和我的搭档为一名被指控税务行骗的男子进行辩护的时候。控方在这个案件中传唤了一位著名的税务学者，主要对我方当事人的行为是不法的并且明显的超出了正常缴税政策范围这些内容进行作证。

这其中的剧情和交叉询问的影响都会由于逐步的场景建立而受到影响。

基于我们为此次庭审所做的准备工作，我们得知这位专家在几年前曾写过关于税收的专著中的一章，其中他指出本案所涉及的税务政策是非常复杂的，并应该在与律师商议后方可适用，这恰巧符合了我们要根据“律师意见”这一概念进行辩护的想法。

在我进行交叉询问的过程中，我清晰地发现这名税务学者完全不记得他曾写过这篇专著。我决定在不标明归属的情况下给他朗读这专著里的主要内容。我询问他是否同意这些引用内容，他的回答是不同意。如果他说了同意，我将非常满意地坐下并最终向法官辩护道：就连控方自己的证人都清楚地了解律师意见的重要性。

但是，认识到了他并不记得他自己就是作者，我知道我应当更加充分的利用这一情况。我问他，他认为这一段文字的作者是一个对税务非常了解的人吗？他说他并不这样认为。我又问他：这点是否需要依赖于辩护律师而不是一个普通人就能否认的呢？他再一次说他并不这样认为。

然后我走向了证人席并交给了他这本书，并问他我是否精确地阅读了引用内容，他说是的。接着我又回到了讲台，并请他打开这本书的第一页，他这样做了。于是我停顿了一会，我要让这法庭里充满紧张的气氛，并希望他不会抢了我的重要时刻。最后我请他告诉陪审团们谁是写下这篇专著的作者，我知道控方的这起案件已经遭受了沉重的打击。

这再一次的告诉我们，不要畏惧它会变得戏剧化，即使剧情是你未曾预料到的。要足够灵活以适应那些在你面前的机会。当然，不是所有的交叉询问都会出现证人进行了不同的事实陈述这样的机会，但是，当它发生了，一个老练的交叉询问者将会对陪审团强调这一剧情和关键证词的重要性。

陪审团们已被这些最近的事件所影响——例如辛普森庭审和法庭电视，他们都期待在交叉询问中出现戏剧性的场景。当我们未能展现出这样一场戏剧时，我们就会冒让我们最重要的观众失望的风险。

显然，不是所有交叉询问都会变得戏剧化，事实上，大多数都不会。但一旦有了这样一个直取咽喉的机会，一名出色的交叉询问者不仅会抓住这个时刻，而且会让它吸引法庭上所有人的注意力。当那种情况发生时，你不仅推进了你的案件，而且已经玩到了这项游戏的最高水平。成功将紧随其后。

第41章

利用科技进行交叉询问

罗伯特·L·白曼
(Robert L. Byman)

鲍勃·白曼（Bob Byman）是詹纳与布洛克联合律师事务所（Jenner & Block）的高级合伙人。在过去30年间，他因在全国各地成功地办理了各式各样的复杂商事案件而声名显赫。但是，可以说，他最引人注目的成功之处则在于，他和他的律师事务所用他们的真才实学提供的免费公益法律服务。这些案子包括大卫·德瓦力比案（David Dowaliby）、福特高地四人案（Ford Heights Four）、小婴儿理查德案（Baby Richard）以及X女孩案（Girl X）。他毕业于伊利诺伊大学法学院（University of Illinois College of Law）。

我们可以著书立说论述交叉询问的理论，但是，打印出来的这点东西却不足以胜任描述交叉询问实践的重任。一张照片可以抵得上千言万语，而且，我们中的绝大多数人都不善言词，只有像莎士比亚、海明威那样极其例外的天才才拥有驾驭笔墨的能力。但是，我们中的绝大多数人则更善于使用图像。而且，如果能够借助一点技术手段的话，我们的交叉询问活动将会变成一件艺术作品。

对我们当中那些其职业生涯起步时，人们所能使用的高科技手段还只是复写纸和黑板的人来说，现代社会的法庭是一处令人惊叹的景观。在现代社会的法庭上，只要碰一下开关，一个 15 英寸大的显示屏就会从天花板上降下来，显示屏连接着控制台终端——该终端包括硬盘服务器和多个输入接口，以便于插入你需要使用的任何硬盘。

哦，竟然有这么神奇的技术手段！只要用条码扫描仪扫一下，只要点一下鼠标，或者只要按一下开关，你就可以展示实物证据、附誓陈述的视频片段、ppt 文件和 Excel 电子表格了。你可以随时放映随手完成的短笺或绘图，你也可以在上面作标记、聚焦或放大。我们必须承认：商事案件的庭审枯燥乏味的要死，但是，科技手段却可以让它变得相当有趣。

这里有一个很好的例子。当美国现场直播电视公司（DirecTV）最初推广它的卫星电视订购业务时，作为该服务的个人用户，需要购买的硬件是一个圆盘式卫星接收天线和一个接收器，这一共需要 1 000 美元。对于美国现场直播电视公司的相当多潜在订户而言，这笔投资远远超出了他们的支付能力。美国现场直播电视公司不得不想办法让这些潜在的订户可以很轻松就买得起这些设备。于是，它和我方的当事人（就让我们称之为“银行”吧）签订了合同，由后者降低贷款的信誉标准并提供容易应付的还款计划。美国现场直播电视公司承诺，如果消费者违约，将由它对这些个人贷款作担保。

但是，当银行提供 1 亿 5 千万美元的贷款后，迟延还贷的金额已经接近 1 亿零 5 百万之多。对于赔付这么一大笔巨额损失，美国现场直播电视公司畏首畏尾；它声称，是银行方利用诈骗手段诱使它签署了这一贷款项目，并错误表述了银行在预测和控制迟延还贷率方面的能力。美国直播电视公司声称，如果它早知道贷款拖欠率会有这么高的话，它绝对不会同意为个人贷款做担保。

没有人能否认这笔损失是惊人的。我们的观点是，为了获得订户，美国现场直播电视公司自愿要承担这笔巨额损失，而且，它们期望银行向任何有意订购的人提供贷款，因为美国现场直播电视公司需要这样的人数统计——有人订购它才能存活下去。当时，它还只是个刚刚起步的公司，并且在亏本运营，但是，它在华尔街的市价以及为了免遭破产而贷款的能力，都取决于其报告中的订户的总人数（这也意味着它可预期的财政来源）。华尔街关于每一个订户的估价是 3 000 美元，因此，不难想象，为了得到价值 3 000 美元的订户，美国现场直播电视公司将会乐于承担设备贷款带来的损失 1 000 美元的风险。

但是，当银行提供 1 亿 5 千万美元的贷款后，迟延还贷的金额已经接近 1 亿零 5 百万之多。

你是不是已经觉得无聊了？而且，有点乱？是的，你当然会有这种感觉。无论对于干劲十足的律师，还是对于普通的陪审团成员，这都不是什么很有意思的东西。市面价值是一个很难用语言来描述的抽象概念，我们需要创造一种视觉材料。而且，如果可能的话，我们甚至希望由美国现场直播电视公司一方的证人，在其接受交叉询问过程中，为我们提供这种视觉材料。

我们需要科技手段的救援。

美国现场直播电视公司传唤该公司的一位高级财务人员出庭作证——该人名叫本·帕克（这并非他的真名），并试图由他来确立该公司的以下观点：即，它们对于迟延还贷的容忍度是有限的。在该贷款项目启动之前，帕克曾做过相关的金融分析。根据各种情形及其预计的损失率，帕克计算出了美国现场直播电视公司可能遭受的最大损失。在他作证过程中，他在大屏幕上演示了这些详细的报表，并作证说，美国现场直播电视公司之所以接受这个项目，是因为它们估计最多会遭受25%的损失率——或许可以换算为，因迟延还贷而造成的大约1 000万美元的损失。这只是从理论上讲；但是，事实上，损失率竟然超过了70%，损失总额超过了8 000万美元。你可以将对帕克四个小时的主询问总结为一句话（尽管十分复杂）："这是一种令人难以置信且始料未及的损失——银行一定使用了非法的手段，才造成这么多呆账。"

这就是你要面对的证人。

提问之前，我在大屏幕上展示了电子表格的第1页。（如果我是莎士比亚的话，可能只需要语言就可以描述这张表格的，但是，可惜啊，我不是。我需要借助图像。）

在此，我不会计较对方律师就我在屏幕上展示表格的行为提出的各种异议。英明的初审法官对于21世纪早有所闻，而且对此并没有持反对态度。他认为，用以阐释观点的电脑和电子表格仅仅是粉笔和黑板的现代表现形式罢了。法庭允许我继续询问：

"帕克先生，我已经将你的金融分析的简易版放在了屏幕上。在我简化后的表格中，每一个条目都是对你主询问证言中所描述的详细分析项目的归类总结。比如，我将你有关收入的六个项目归结成为一项'财政收入'，这样可以吗？"

帕克有些不高兴，但是他不得不承认，相对于他在主询问中曾经给陪审团留下深刻印象的详细财政分析，这个空白表格只不过是"读者文摘式"的压缩本而已。

现在，该填入假定的数字了。在此，我依然使用这个网状表格，因为我只是为了让帕克准确地确认，这里假定的数字就是他自己在分析中使用的那些数字。我要求帕克确认，贷款总额为1亿5千万美元，平均每笔贷款的数额是1 000美元，利润率是19.38%，等等。在帕克确定每一个数字的同时，我将这些数据填入表格，以便让陪审团看到这些表格是现场制作的。

但是，在输入贷款总额之后，我一输入利润率，在"财政收入"这一栏，像变魔术一样，屏幕上立即跳出了29 070 000.00美元这个数字——当然，这是因为我已经在电子数据表各种设置了相应的运算方式。

这引起了更多的异议。而且，这次声音更大，嗓门更高。

我岔开了话题，但刚才那一幕非常重要。在交叉询问的过程中，对你来说，最好最好的事情莫过于，遇到一个粗暴无礼的证人和一个焦躁不安的对手。当你在对方律师令人痛苦的异议声中，试图从一个不愿意配合的证人那里挤出真相时——此时，弄不好你会失去陪审团的信任——这一时刻具有形而上学层面的重大意义。而且，一个构思拙劣的异议反而让一个毫无意义的观点变得具有实质意义。

“反对!”我那“乐意帮忙的”对手尖叫道。“输入其他数字时，屏幕上也会跳出这一数字！我们没有办法知道该计算过程是否准确!”

现在，跳出来的这一数字确实不能说明任何问题。什么也说明不了。但是，对方提出的质疑却是有意义的。他为我提供了一次我自己不可能为自己创造出的机会。接下来的事情是这样的。

“法官大人”，我心平气和地说，“请听我解释。帕克先生，作为一名金融分析师，你工作中会经常用到 Excel 表格，是吗?”

“嗯，呃，是的，我想是这样的。”

“那么，帕克先生，你知道电子表格中有一个很有用的功能，被称为‘追踪前例项’，对吗?”

“啊，是的，我猜是这样的。”

> 输入其他数字时，屏幕上也会跳出这一数字！我们没有办法知道该计算过程是否准确!

在陪审团的注视下，我将光标移到了追踪前例项的键上，然后点击了一下。列项的内容立即显现了出来，并表明财政收入一栏是利润率乘以贷款总额的结果。我让帕克确认这一点。

“那么现在，帕克先生，我们是否都同意，你方律师所担心的财政收入的数字只不过是这两个数字相乘的结果?”

现在，我真的要岔开话题了，这么做具有更为重要的意义。当然，帕克应该回答说，“是的”。但是，他的律师曾经对他进行过培训，要求他在交叉询问过程中要小心翼翼，在认可某一说法以前要小心谨慎。所以，他的回答模棱两可。

“嗯，可能是吧，如果编程的人操作正确的话。”他说。

请上帝保佑那些偏执的律师和难以应付的证人吧!

“为什么，帕克先生？我承认，Excel 表格也存在出错的可能，也会把这些数字的乘法算错，所以，我给你一个计算器，你可以再次核算一遍。请你将贷款总额乘以利润率，看看算出来的结果是不是和 Excel 表格的结果一模一样。”

帕克已经面露愧色。他知道他自己的话站不住脚，并后悔自己要是没有那样说该多好。他开始拖延时间。

“嗯，怎么打开这个东西啊?”

“哦，你才是金融专家，帕克先生，但是，我通常的做法是按一下‘on’就可以了。”

接下来是一段令人心痛的沉寂。

“哦，呃，对，好的。”他小声说。“我，嗯，呃，是的，数字是正确的。”

帕克参与了一场愚蠢的战斗并且最终败下阵来。但是，他真正输掉的是他的斗志。他不敢再质疑大屏幕上演示的 Excel 表格。如果该表格显示，猫王还活着，帕克也一定会充满激情地表示同意说：“是的，是的!”表格中的任何事项都是正确的。

“就像表格显示的那样，如果损失率是 20%，美国现场直播电视公司的损失，恰如我在主证言中所说到那样，将会少于 1 000 万美元。”

“是的，”我肯定了帕克的话，“而且，如果我们只是改变这个电子表格中的某一个数字——如果我们将损失率换成实际情况中的70%——让我们看看会发生什么事情吧。”

立即，陪审团面前的屏幕上“对DTV的总体影响”一栏中，损失从低于1 000万美元变成了惊人的8 500万美元。恰如我预言的那样，陪审团都呆呆地盯着这个数字。1秒钟之前，当贷款拖欠率在理论上设定为20%时，这个数字显示的是9 414 600美元；现在，当贷款拖欠率高达70%时，表格中的同一位置显示的数字则变成了84 414 600美元。陪审团知道该看哪里，他们也确实在看。而且，他们是盯着这一数字在看。

帕克很谨慎，但是他还是冒险说道：“那不是我在主证词中说到的吗？我们损失了8 500万美元。如果我们知道我们的损失会如此之高的话，我们是绝对不可能签订这份协议的。”

我告诉他，这么说是公平合理的，一个公平合理的问题就应该有一个公平合理的回答。

“你说的没错，但问题是，帕克先生，我们在电子表格中遗漏了一项重要的因素，不是吗？”

“我不知道你在说什么。”

“好吧，我们忘了将每一位新订户的市面价值加进去，不是吗？让我们把它写进去。”

帕克开始想要争辩——从他的脸上就可以看出来这一点。但是，你也可以看出来，他在想，如果他和我争论起来，他将会遭受什么样的失败。当天晚上晚一点的时候，他可能会想好他该怎么说才行，但是，在他作出回答以前，我就开始插话了：

“帕克先生，你有第100号证据的副本。这份证据不是告诉美国现场直播电视公司的所有高级行政人员，每增加一位新订户都可以让美国现场直播电视公司的股票价格增加3 000美元吗？”

“哦，嗯，是的。”

“那么让我们把这个数字输进去，然后看看会发生什么事情吧。这里，就算损失率是70%，对于美国现场直播电视公司实际的净影响是多少呢？”

当然，陪审团知道该往哪儿看——这也正是他们一直全神贯注地盯着的地方。当我们只是简单地将订户值3 000美元这一被认可的事实加入电子表格时，对美国现场直播电视公司的净影响突然从损失8 500万美元变成了收入超过5 000万美元。

帕克小声嘟囔着，不情愿地说“是的，但是”，但是他的回答已经不再重要了。陪审团已经在看15英寸屏幕上50 585 400.00美元这个数字了。那个数字才是重要的。

“这个数字是美国现场直播电视公司超过5 000万美元的正效益，不是吗？就算贷款拖欠率达到70%，美国现场直播电视公司想要违约的这个项目依旧可以净赚5 000万美元的利润，不是吗？”

我没有等帕克去回答。我真的不在乎他说什么。陪审员们自己已经看到了那些数字，并且等我坐下的时候，他们还在一直看。

第42章

计划一个有效的交叉询问

飞利浦·S·贝克
(Philip S. Beck)

菲尔·贝克（Phil Beck）曾于美国华盛顿哥伦比亚特区上诉法院（the United States Court of Appeals for the D. C. Circuit）担任书记官；之后，在柯克兰与埃利斯联合律师事务所（Kirkland & Ellis）开始了他的律师生涯。1993年，他和一群年轻人，追随著名的出庭律师弗瑞德·巴特利特（Fred Bartlit），一起离开了柯克兰，组建了一家知名的芝加哥出庭律师事务所——巴特利特、贝克、赫尔曼、帕伦查与斯科特联合律师事务所（the Chicago trial firm Bartlit，Beck，Herman，Palenchar，& Scott）。他曾经成功地为一些世界级的大型企业做过诉讼代理，包括拜尔、杜邦、菲利普石油和通用汽车——通常是专利案件和产品责任案件。2000年，他成为佛罗里达州代理布什总统应诉的律师团队的一员，并因为在著名的“残票”争议中（the famous “hanging chads” controversy），针对一名专家证人的交叉询问而闻名全国。他在南部郊区长大，毕业于波士顿大学法学院。

研究表明，我们所获得的信息中，有大约70%来自于我们的视觉，而不是听觉。这一比例也正随着陪审员的年轻化而与日俱增，他们这一代人越来越关注电视节目或者音乐电视。如果你看新闻，你就会明白这些视觉资料有多么的重要。他们会一直使用图表、图形和图片，而不是像曾经瓦尔特·克朗凯特时代那样，只是谈论标题内容。所以，对于我来说，每一个案件的挑战都在于如何将我想让陪审团记住的信息和我想用来与之交流的信息变成视觉形式，因为我想，如果那样做的话，陪审团更有可能记住它。

在交叉询问中使用视频方式作为辅助手段是很困难的——比在主询问、开庭陈述或终结辩论时都困难。因为，第一点，证人是不会配合你的。一名出色的证人，尤其是一名专家证人，会看出你已经找到了一种有效的表达方式，因此会试图通过对你吹毛求疵或者申请暂停程序等任何可能的方式将其搞糟。

因此，我所要尝试做的，是使用不同方式的视觉资料，这些方式有更强的灵活性并且不需要证人配合我的表达。

因此，第一点是证人不配合，那么第二点当然是，在交叉询问中，你和证人的思路并不一致。在主询问中，你可以使用幻灯片并且按照顺序进行，因为你已经和你的证人练习过了，证人知道接下来要发生什么；你也可以利用幻灯片做一个线性的报告，因为你不需要灵活地从一点跳到另一点。

我发现，在交叉询问中使用幻灯片和其他线性的报告方式（linear presentations），效果并不太好。正如我所说，证人将会说，“嗯，让我们回溯两点”，然后他们会对你的语言吹毛求疵。如果你使用的是那种已经准备好了的幻灯片，那么就很难从已经安排好的顺序中跳出来，它也基本上不太可能被临时编辑，因此，如果对于你的措辞证人提出了异议并得到了法官的支持，情形就会突然改变，你的报告中就会变得充斥着这些遭受异议的词语。因此，此类报告方式缺少交叉询问中所必需的灵活性。

因此，我所要尝试做的，是使用不同方式的视觉资料，这些方式有更强的灵活性并且不需要证人配合我的表达。我的基本方式利用的是最低端的科技，但是却依旧可以传递信息。比如，如果你想要一个包括十个年份的时间轴，可以使用超大的板子。我有一些被我压缩过的超大白色泡沫塑料板，同时我还会使用白板笔。我会事先将基本的时间轴用黑线画出来并且写上年份，当我进行交叉询问的时候，我可以用白板笔在时间轴上标出我需要的数据。

如果你一开始就在庭上直接走上去制作一个时间轴，你就犯了大错。准备是非常关键的。我要做的是练习很多次，在我已经在小纸片上打过草稿之后，再将这个时间轴画在大白板上。有一件事很少看到其他人做，但是我会去做，并且我认为这件事很有效果，那便是使用不同的颜色，而不是仅仅使用黑色马克笔在一条黑色笔画出的时间轴上标出10个数据。我还会做的一件事情是，考虑是否有两或三种归类在概念上是相互一致的，并且将其表示出来。例如，有些时候，我会用红色的笔将史密斯公司告诉我们的事情写在时间轴的左侧栏中。每一次当我需要将他们告诉我们的数据写在时间轴上时，我都会放下其他颜色的马克笔，拿起红色马克笔，将他们告诉我们的事情写上去，用一个红色的小方框把它圈起来，并画一条线将其连到时间轴上。

然后我把史密斯公司没有告诉我们的事情用蓝色写出。每当我说到那些事情中的某一项时，我会放下红色马克笔，拿起一支蓝色的，然后谨慎地写完那些他们没有告诉我们的事情。我用绿色来表示我们之后发现的事情。并且我会在时间轴上写些小的标注。我对颜色的使用非常慎重。那是因为如果你是在用语言以外的方式与陪审团进行交流的话，那么，每一次你拔出红笔的时候，你就无须再去重复那些话了。他们知道，它代表史密斯公司告诉我们的事情，蓝色代表他们没有告诉我们的。当你在面对其他证人或在终结辩论时，你可以一次又一次地回到这个图表上。

接下来，你就请陪审团来阅读那些用红笔标注的内容——这些是史密斯告诉我们的事情，以及用蓝笔标注的内容——这是他们没有告诉我们的事情。而且，一旦你给陪审团一个他们可以理解的框架，他们就会开始自己去看所有的内容。

另一个我使用这些压缩白板的原因是，你可以把它们做得比配套的挂图大很多，并且这些白板都是可擦除的，所以，当你出错的时候——当你拼写错误，当你不可避免地写错了某个数字，你所需要做的就是用纸巾将其擦掉，然后更正一下。当我用大的挂图工作并且发现出错时，工作却已经进行了 2/3，突然之间我需要划掉许多内容，图表就都变得乱七八糟。

当你对某人进行交叉询问时，像选择媒介这样一些琐碎的事情，例如使用压缩白板和彩色马克笔是非常重要的。它可以赋予你灵活性，所以当证人们对用词吹毛求疵的时候，你就可以用他们的词语，并且画上引号。

比如说，这里有一个词在证据中重复出现。如果证人想要对这个词挑三拣四，我就会说："好吧，对于你在你的证据中重复使用的词语，我们在其旁边画上星号。然后，在这下面，我会标上星号并且在图表中写出此时你在庭审中想要使用的词语。"因此我还会使用一些脚注，最终，每次这位证人想要使用它的时候，对于陪审团来说，它都成了一个很大的玩笑。

在一个长达两个小时的交叉询问中，我可能会用到六或七块这样的大白板，我将用它们列出清单和时间表。当我遇到一些与科学有关的案件，我也会用它们画一些简单的图。我发现，在进行交叉询问时，我的这种努力部分目的就是给陪审团留下这样的印象，即我是一个"真诚回答问题的人"——我是一个他们可以依赖和信任并且具有充分掌控力的人。

因此，如果我可以通过一些他们经常听说却从未以某一种明确的方式见过的科学或医学原理去图解某件事情是如何对人体产生作用的，我会长时间地练习，以至于我可以站起来，然后表面上看上去就像是信手将其画出来的。另外，由于谨慎地使用不同颜色，陪审团会有可以相信我的想法，因为我知道事情是如何发展的。

有时，你有空间去做更多的发挥创造，并且有时你试着想要表达的事情，用高科技含量的方式解决比用低科技含量的更好。这一点发生在我曾经出庭代理过的一起专利案件的交叉询问中。对于我来说，很不利的一点是该争论点是关于损失的，而不是关于责任，并且到那个时候，所有我其他的视觉资料都不能用了。

这个案件涉及家具公司的工业磨沙机，基本的争论点是未来的收益问题。原告的主张是，早年间，这里的销售量很好，未来会更好。对于未来，根据从过去到当时的经验，他们有着很乐观的估计。

对于该市场的性质，我方的观点则认为，如果对价格昂贵的工业磨沙机感兴趣的买者相对比较少，并且那些感兴趣的人也都已经购买过了，那就恰好发生了冲突，然而销售结束了，未来也不会有很好的收益源。他们提出了将近1亿左右的损害赔偿，而我们说准确的数额应该更接近于500万美元。

他们提出了将近1亿左右的损害赔偿，而我们说准确的数额应该更接近于500万美元。

因此，基本的问题是："未来是怎样的?"，以及"专家的乐观预测是否与历史经验相一致?"他们在主询问中使用的是一张最简单的图表，我却将其重新返工并做得更大一些。

他们的专家用一个红色的模型（在我使用颜色时，红色一般代表不好而蓝色代表好的事物）去说明在未来将会有极好的销售量。他称它们为"基本销售"。他所使用的表述现实经验的模型是蓝色的。他说，这是一个非常保守的模型，并且它的预测是可信的，因为你可以看到，现实生活中所实现的销售量的确要高于将要演示的这个模型的销售量。重要的是，他在使用累计销售量，这个举动非常狡猾，并且具有误导性。

所以我问，"现在你用的是累计销售量?"

他说："是的。"

我说："那我们就把年销售量和累计销售量来对比一下吧。"

然后，我拿起其中一块大板子，并且写上"年度销售量"，之后我说："现在，我要假设一个公司，它在第一年的年销售量为10个单位。"他同意了，我就写下"10"。

我说，第二年，销售量是8，他也同意了，所以我写下了"8"。然后在第三年，销售量是6，然后是4，再然后是2。我依次将它们都写下来。

"因此，"我说，"那家公司基本上是没什么希望了。它的销售量每年都在下降。但是，如果有人想在不太善于应付图表的陪审团面前制造销售量每年都在上升的情形，他可以利用这些数字，并将其转化为累计销售量"。

他说："我不知道你什么意思。"

"好吧，"我说，"如果用累计的方法，第一年将会是10，第二年为18，下一年是24，再下一年是28，接着是30，这样就会呈现出一条上涨的线形图，这样就可以隐藏公司快要垮掉的事实"。

然后他说："好吧，我猜想如果真的有人很想那样做的话，便会这么做。"

"那正是你所做的事情。"我说。

然后他说："没有。"

"你用电子表格的方式制作了这个图表，不是吗?"

"是的。"

"你将那个电子表格交给我们，之后我们要求一个电子版的，对吗?"

"是的，你们是这么做的。"

陪审员们全神贯注，几乎都坐在了椅子边上。另一边是疯狂的反对，而法官也想看看发生了什么。

为了让陪审团可以看到，我在大屏幕上操作电脑，我就是要向他展示，那些数据是如何以年销售量的方式报告给他，之后，有人又不厌其烦地将所有的年销售量放入电子表格并将其转换为累计销售量。

我说："所有你做的事情就是，将那些你想要制成图表的数据都标记出来，对吗?”

“是的。”他说。

“然后你走上前去，点击了图表向导，对吗?”我问。

“没错。”他说。

他事实上并不知道接下来会怎么样，因为这些都是他的一个助手做的，但他并不想泄露出这一点。

“现在，”我说，“当你准备制作其中的一个图表时，你有一些选择，并且任何知道如何去制作图表的人，都会以这种正确的方式去做。你只要不停地点击那些数字，然后你使用的电子表格系统就可以把图表制出来了。”

“好吧。”他说。

由于他们的图表是被包括在电子表格中的，在他决定修改数据之前，我可以引导他回顾一遍所有他所采取的步骤。所以，我以年度为基础，使用相同的数据，将他的图表重新制作了一遍，并且将两个图表进行比较。并且，我可以证明，他的累计图表——他试图让他的模型看上去很保守——是经过篡改的。当你看了以年度为基础的数据时，你会看到，我们的主张是正确的——销售量在早期达到巅峰，之后便开始下降。他的图表完全就是不现实的。

其实我本可以利用之前打印出来的图表进行说明，也可以对我们如何得到数据和制作图表给一个详细的解释，但利用电脑将一些重要的情节或者在这起专利案件中被误认为是损失部分的情节都插入其中，这不仅仅会带来更多乐趣，陪审团也显得非常感兴趣。陪审员们全神贯注，几乎都坐在了椅子边上。另一边是疯狂的反对，而法官也想看看发生了什么。

之后便是“啊哈”的时刻，并且我认为，这种方法比起使用已经打印好的图表或者利用我们的专家去揭穿他们的专家这些方式要有效许多。悄悄地将对方的证据拿过来并将其变成你的优势，这样的技巧我称它为“夺取旗帜”，是对专家进行交叉询问时的一种基础技巧。

你不需要像一名电脑专家那样去做这些事情。现在，有一件事情我会做得很好，那就是制作这两个图表。我们想出这样的办法是因为和我们一起工作的一个人说，对方只是使用了图表向导工具制作他们的表格。因此，我就让他也那么做，并且我使用了小抄，还练习了上百次，这样一来我就可以轻而易举地去证明那些事情。

每一个案子都是不同的。但是，如果证据和证人情况允许的话，我认为可以用一种很形象的方式，那么即使在交叉询问中，你也可以更好地表达你的观点。

第43章

傲慢自大：我最喜欢的个性

安东·R·沃卢克斯 (Anton R. Valukas)

托尼·沃卢克斯（Tony Valukas）是詹纳与布洛克联合律师事务所主席（the chairman of litigation powerhouse Jenner & Block）。作为一名芝加哥律师的儿子，他在20世纪80年代末期担任过美国联邦检察官，并亲自参与和督导了很多轰动一时的职务腐败案件和金融犯罪案。在激烈的重新计算竞选选票一案中，他曾经代理吉姆·汤普森应对阿德莱·史蒂文森三世，并最终决定了1984年伊利诺伊州州长选举的结果。他毕业于西北大学法学院并以在法庭上不说废话的辩护风格闻名遐迩。

准备工作是整个交叉询问的核心与灵魂之所在。但是准备工作指的不仅仅是简单地列出你将要在法庭上提出的问题，然后将它们与你准备使用的文件联系在一起。它还包括，要详细了解案件的所有内容，继而能够弹劾证人。

一个准备充分的律师会考虑到证人性格方面的问题，这会使你的询问富有成效。一个好的或者出色的交叉询问通常来源于证人的夸夸其谈——就好像他放下了自己证人的身份然后成为一名律师。如果你可以在交叉询问中向陪审员们证明，他们得到的只是辩护意见而不是证言，那么你将会非常有效地攻击这个证人。而且，如果你能够向陪审员们证明这个证人在他的“辩护”过程中说了谎，那么也许你将彻底摧毁这名证人的可信度。

有些律师面对以下情况时，会感到有些力不从心：对方证人夸夸其谈，或者其证言完全超出他的知识范围，更有甚者，对方证人对陪审团所说的是彻头彻尾的谎言——但很有说服力，说得像真的一样，听上去十分可信。我把这种自大看作是一种机会，通常这种机会可以给对方致命一击。而这种将自大利用为机会的能力正是要求你做详尽的准备工作，以及认真聆听证人讲了什么。

在这个电脑数据时代，通过核查事实真相、个人简历、先前证词及其他文件，从而获得有助于攻击证人可信度的信息（包括证人在庭审中所说过的谎言），变得更加容易。例如，可以很容易地发现证人夸大自己的信用度或对他们的工作经历有所隐瞒。

你如何用这些信息来攻击证人的可信度可能会决定它对陪审团所产生的影响。这里有一个非常好的例子，是我担任美国联邦检察官期间起诉的一起司法腐败案件。一名十分老练的辩方律师当时正在交叉询问一名关键的控方证人。控方证人先前欺瞒了其工作履历——列出了一些他从未有过的资历。此时，交叉询问律师有两个选择。一是通过交叉询问证明证人曾对其工作履历有所欺瞒，这种方式肯定会对陪审员产生些许影响，但却很有可能在庭审过程中被遗忘。

询问律师作出了不同的选择。他以另一种非常随意的方式，开始询问证人之前的工作情况，似乎在漫无目的地寻找询问的思路。然后，他停下来对着证人说：“你之前在 X 公司做过经理，对吗?”

他非常漫不经心地问着，就好像随时准备进行下一个问题一样。证人很肯定地回答了这个陈列在证人工作履历表上的事项——但这并非事实。询问律师迅速地确认了证人已经将这项工作列在了申请表上。然后他又将问题稍稍深入了一些，问了一些关于他在这个工作岗位上的主要职责之类的问题。

对证人来说，这个看似无伤大雅的谎言会像之前那样再一次地被悄然隐瞒下去。然而他失算了。很快地，询问律师就让证人承认了他对于其曾所在职位撒谎。更加重要的是，交叉询问人让证人承认了这样一个事实——他不止在简历上造了假，而且就在那天，在这个法庭中，他也对陪审员撒了谎。承认了作伪证，其影响是非常大的。

通常，最聪明的证人——最老练的且最自大的——是最容易受到上述那种攻击的，他们觉得可以不为自己说下的大话负责。一起诽谤诉讼也出现过类似的情形，其时，我为一家传媒公司辩护。原告是一家大型公司的前任主席并且是广告界专业奖项的获得者，他是一个善于交际的公众发言人，也是一个举止优雅且娴熟的证人——先前已在法庭中作过证。他在主询问中的表现似乎已经值得为他颁发一个奥斯卡奖。

在主询问中，原告方律师带着他详尽回顾了这篇被控诽谤的文章中的每个段落，并且让原告说明了为什么这篇文章中的每个事实都是被捏造的。原告不自觉地就把他的故事讲述得更加戏剧化且引人入胜。

其中一段说明了这样一个事实：原告必须在带他进入公司的前辈老板的手下继续工作，对此他感到非常不满，这正是本案的争点。那段文字写到，原告曾将伊利亚·卡赞所著的《替补演员》一书放在自己的桌子抽屉里，这是一本关于一个满心抱负却壮志未酬的演员试图在他天才般师傅的阴影下寻求一条自己的明星之路的书。

原告声称，这一段落虚假地将他描述成了一名不知感恩且野心勃勃，并试图想要对自己导师暗中使坏的人。他说他非常尊敬自己的导师，并且他们在工作上很亲密，一起工作很开心。在主询问中，他向陪审团解释称，此文章中关于他存有《替补演员》一书的描述纯属捏造，并且他暗示他的书桌根本就没有抽屉，尽管他在大学时期曾读过《替补演员》，却从未留存副本。简而言之，他非常确信并且自大地宣称这部分的故事完全是由我的当事人所捏造。

原告不自觉地就把他的故事讲述得更加戏剧化且引人入胜。

由于原告曾强调他之所以知道这本书仅仅是因为他在大学时期阅读过，于是我对这本书的出版日期产生了疑问。我立即委派我们的律师助理通过电脑检索这本书的出版日期，与此同时，我还让另外一个人去公共图书馆借了一本。

原告于 1961 年毕业于密歇根大学。我们缥缈的希望竟然成真。图书馆借来的书与电脑中打印出来的资料都显示这本书出版于 1974 年，那时，原告已经毕业很长一段时间了。我们还担心也许还有更早的版本，于是我们又去国会图书馆进行核对。意想不到的是，国会图书馆、美国名人录和芝加哥公共图书馆均确认这本书是在 1974 年出版的。

于是，我改变了交叉询问的顺序。我从要求原告指认文章中的虚假部分开始，就文中提及的他在书桌里保存那本书的段落进行了提问，并且让他在陪审团面前重复了他之前的证言：只是在大学时期阅读过此书而已。我又让他确认了他是在大学的英语或写作课中阅读过此书。接着，我拿出了这本书，展示给对方律师和证人，然后问他读的是不是这本书。经过一系列补充问题后，我继续指出这本书出版于 1974 年，相对于他从大学毕业，整整晚了 13 年。对方律师立即提出反对，但是被驳回了。随即他请求就该书出版于 1974 年这一事实达成证据契约。总结陈词时，我问原告，他所提供的证言——他曾在大学时期读过此书，是否是错误的。在那时，他唯一能做的就是说："现在来说显然是错误的，实在是不可思议啊。"

在总结陈词期间，当我提及原告和他的可信度以及他为了赢得胜诉而有捏造的故意时，我拿出了书并把它放在了律师席的边缘。对于这本书我只字未提，只是这个简单的动作就足以让许多陪审员面露笑意了。每当我将要走向这本书或者碰它时，你都能看到这些陪审员们的笑脸。

你可以在总结陈词时向陪审团声称证人在法庭中撒谎，这是非常具有说服力的。陪审员们会相信，甚至会原谅那些为了找到工作或是为在社会中维护自己的地位而在工作申请表中篡改自己经历的人们。但是，陪审员们很难容忍那些在法庭上发过誓，却还当着陪审团的面撒谎的证人。

能够让证人继续伪装、夸大或在法庭上撒谎，以便你可以和他们当面对质并让他们在陪审员面前承认自己撒谎，这是一个强有力的武器。这件利器将严重削弱证人的可信度，特别是那些很容易在这类询问中受到攻击的傲慢自大的证人们。更重要的是，交叉询问可以摧毁对方关于整个事实的证明，其中可信度是其关键所在。交叉询问律师唯有通过仔细的准备工作，方能达到如此的效果。

第44章

主询问之前的交叉询问

帕特丽夏·柏布
(**Patricia Bobb**)

帕提·柏布（Patti Bobb）在美国新墨西哥州长大。她的父亲曾经是当地的一名律师，后任州长。她毕业于圣母大学法学院（the University of Notre Dame Law School），现已从事法律工作三十余年，并擅长代理人身伤害和医疗过失案件的原告方。她曾在芝加哥任州检察官助理，后赴“科博伊大学”（“Corboy U”）——就像现在许多因代理人身伤害案件原告方而闻名的杰出律师一样拜于传奇庭审律师菲尔·科博伊（Phil Corboy）门下，研修辩护技巧。她精确、缜密的法庭辩护风格后来影响了格伦·克洛斯在电影《血网边缘》（The Jagged Edge）中的表演。

辞掉在库克郡州立检察院的工作后，我开始办理民事案件，这也是我第一次得知我可以在我方举证时传唤对方当事人。这对我来说是一个非常新的概念。许多年后，我注意到，在原告律师当中有一个非常流行的态度，我方举证时一定要传唤对方当事人。

对此，如果你应当牢记一件事情的话，在我看来，那就是除非你有理由，而且是一个非常好的理由，否则在你方举证阶段不要传唤对方当事人或者对方公司职员。

不要因为所有人在己方举证阶段都传唤对方当事人，你也这么做。这么做存在很大风险。你当然不希望对手在你方举证中提出他们一方的观点。当你与不利证人（an adverse witness）接触的时候，首先要考虑的就是是否应当传唤他们并衡量利弊。其次，你必须详尽地策划你将在交叉询问中用到的技巧与方法。

不要因为所有人在己方举证阶段都传唤对方当事人，你也这么做。这么做存在很大风险。

我们来简单看看相关法律规定：联邦证据法第611条考虑到了以下情形，即在一方举证阶段，传唤对方当事人或持相对立场的当事人作为证人出庭作证。伊利诺伊州州立法院也有类似规定——允许你通知对方当事人出席庭审。其他司法辖区也许会有他们自己的条例。条例中并不会确切告诉你应该如何去做或者何时去做，但它清楚地赋予你这样的权利，并且这是一项确定的权利。

如果你是原告，你也许会传唤被告，如果被告是一个公司，你也许会传唤其中的任意一名职员、经理人，或者直接与本案有利害关系的个人。从技术的角度来说，当你准备传唤不利证人时，要确保你手头有一份陈述记录——依照相关法律，他们是不利证人，这样从陈述记录中就会清晰地看到你将要做些什么。

为什么你要在你方举证时传唤不利证人？在我看来，最重要的理由，有时甚至是唯一的理由就是，你需要他们证明你方案件事实中的某一要件。在你所得到的对方附誓陈词中，顺利的话，如果你已经做足了功课，那么你会得到证明你方案情某一要素的证言。如果你并不需要他们来证明你方案件事实的某一要件，那么你最好认真、长远地思考一下你为什么要传唤他们，并且衡量你这么做将要承担的风险。向陪审团们展现你是一名多么伟大的交叉询问者以及对方是多么坏的一个人，这并不是你传唤对方当事人的恰当理由。

但是，如果你需要这份证词，你就没什么选择余地了。有时候，对方的一名证人或许能给你带来一些有利的证词或者证据，但你并不确定被告是否会传唤这名证人。也许你认为他会，但并不确定。你是否应当传唤对方当事人作为一个证人，这成了一个战略性决定。

是什么样的战略性理由让你在举证阶段传唤被告或其员工呢？理由其一就是使陪审团的注意力集中到关键争点上。这样做的前提是，你已经从附誓陈词中得到简明有力的证词，能够借助附誓陈词中的语言来构架你的问题并且控制庭审局面。举个例子，在一起医疗过失案件中，控告理由是未能诊断出癌症，其中一个关键争点是：越早诊断，结果越有可能不同。理想的情况是，你在对这名医生进行附誓陈词询问时就确立了这一观点，并且在你传唤他时，希望他也同意你的观点。大部分医生会同意，至少会在他们的附誓陈词中对此观点表示同意。当然，在庭审时，他们会多少重新考虑一下，可能还会做一些改变，但是，你在其附誓陈词询问中已经让他们承认了，尽早诊断会有不同的治疗效果。所以，那就是你想让陪审团听到的，它不仅仅来自于你，也不仅仅来自于你的证人，还来自于被告。因此，在已方举证阶段尽早让陪审团聚焦于你的关键争点是一个非常有价值的战略性决策。

选择不传唤不利证人的另一个原因是，你可以用你的方式向陪审团介绍那位证人。我之所以以医疗过失案件作为我写此观点的例子，是因为这是我主要从事的工作。但是，当他们的律师在其举证阶段让这些医生作证时，当然，目的是塑造这名医生的形象并让陪审团们感知到他一名多么专业且出色的医生。你在传唤医生时，不必询问有关资格方面的问题。只要传唤他并问：

"你现在是一名内科医生，对吗？

"是的。"

"你的工作是治疗我的当事人，并且你就是主治医师，不是吗？"

"是的。"

"这就意味着从我的当事人住院时起，你就有责任与义务时刻关注和照料他，不是这样吗？"

这个例子告诉你用什么样的方法可以不用回顾他所有的资格问题并给他一个定位而引出他是什么人，他的职责是什么。这个例子也向你示范如何向陪审团引入这名证人，并让陪审团清楚地知道他在你举证时扮演什么样的角色。

于是我便让对方，站在证人的立场上，告诉陪审团我的主要观点。

反询问（adverse examination）同样为你提供了一个展示中心主题的机会。假设在一个医疗过失案件中，你的当事人在急诊室心脏病发作，医疗人员对此的职责就是作出诊断并给予迅速的治疗，因为，这也是我曾经代理的一两个案件的主旨——"分秒关乎生死"。所以，如果我能够让他在附誓陈词中反复地提及并使用这句话，就已经让他帮我推进了我的主旨。所以，传唤这名医生，并且通过反驳，如果有必要的话也可以用附誓陈词唤醒其记忆，主要让他承认"分秒关乎生死"是至关重要的。于是我便让对方站在证人的立场上，告诉陪审团我的主要观点。

传唤不利证人还有一个理由是，与稍后的作证相比，那时他可能没做好充分的准备。在实际的庭审中，至少以我的经验来讲，通常情况下，作证即将结束时，律师们会相互告知接下来他们将要传唤谁作证。所以我认为已然没有太多突袭的可能。尽管如此，对方律师并不能总为他的证人做好接受交叉询问的准备，因为他们不知道你到底询问什么。此外，如果作为一名原告方律师，在庭审的开始阶段就传唤被告，那么他根本没机会看到出示的证据或者找到举证的节奏。这样一来，就在证人们紧张地等待自己的律师对其进行主询问并因而感到不自在时，你就要传唤他们。如果你真的可以让他们陷入以上的境况，将会对你的证明十分有利。

交叉询问时传唤对方当事人，将会把对方律师置于必须提早作出战略性决定的处境——是否要立即进行一场有意义的主询问，但这有可能让他失去再次传唤这名证人为己方作证的机会，或者干脆就此罢休。那是一种战略性的抉择，绝大部分可能取决于你面对的主审法官，因为我见过的不同主审官们就此情形就作出了完全不同的决定。所以，迫使对方律师作出这种抉择总是有益处的。

对于传唤不利证人这件事来说，你所要承担的风险有时甚至要远远大于你从中得到的益处。你必须有信心完成这项任务，并控制证人让他们提出你想提出的观点。我反复看到的情形反而是，不利证人控制了交叉询问。这会完全扰乱你举证的流程，而且它是毁灭性的。你绝不希望这种事情发生。

假设庭审时你已经得到了证人的附誓陈词，你大概已经能够预感到陪审团成员们是否会喜欢这名证人，并且最重要的是，如果顺利的话，你能够预料到你是否可以控制这名证人。你可以感觉到，你所得到的附誓陈词是否对路，以及你对证人的询问是否偏离了主题并陷入某一争论。这些都会影响你的举证的流程并让陪审团成员们完全偏离争点（off the track）。

你还必须评估证人是否会在你询问时强调有利于他方的重要观点。一个招人喜欢、看上去可信的，或者惹人怜悯的不利证人会削弱我方举证的优势。尽管这是不争的事实，但最好还是把那种交叉询问的情况留待对方举证时再进行吧——那时，如果顺利的话，通过做你该做的事情，陪审团将会站在你这边。所以，最好还是让这种招人喜欢的证人在之后的对方举证时再作证。

传唤不利证人的另一个风险是，在你方举证过程中，法官有可能会因为允许对手以宽泛的“再主询问”方式，讲述他方关于案情的基本立场。当对方律师说道，“法官阁下，我想要现在呈现我的主询问内容，因为这样可以省去很多时间”，你知道，就因为这句神奇的短语，无论什么人以何种目的，法官都会让他这么做，因为他觉得这样将会节省时间。这样就会产生这样的风险——尽管你传唤证人为己方作证只是为了证明某些小问题，但是，突然间，对方律师被允许在你方举证阶段表述他的观点，而且，法官已打算让他这么做了。当然，你可以提出证据免提动议，但是我认为，在交叉询问不利证人的情形下，动议很难得到支持。此外，你并不想让对方知道你将要提出什么问题，对吗？并且你永远别指望法官支持这种动议。你总是对最坏的情况做最好的打算，那么，当它发生时，最起码不会对你造成沉重的打击，因为你对此也已有所准备。

我反复看到的情形反而是，不利证人控制了交叉询问。

还有一个风险，如果你在本方举证阶段将对方当事人作为不利证人传唤作证，法官——即使对方律师在举证的时候再次传唤了这个证人——可能会对你的交叉询问施加限制。接着，你会发现你自己受到了限制，因为法官会说：“好吧，你已经做过反询问了，律师先生。我不会让你把所有的事情都重复一遍。我们要节约时间，所以我将限制你的交叉询问。”

有效的主询问对方是非常重要的，它等同于进行一场有效的交叉询问。所有的原则都是相同的，最重要的一条原则是，使你的询问集中且精细。少即是多。

在你方举证阶段的整体结构中，集中智慧思考在何处传唤不利证人是至关重要的。早些时候，当我还是一名原告代理律师，除了一种不得不传唤对方当事人的思维定式之外，有很多律师认为你应当把对方当事人视为你最先传唤的证人。我也不知道为什么会出现这种现象，我只知道这是一种许多律师都会做的事情，因此大部分人都是习惯而为。正如你想的那样，这样做很危险，因为你绝对不想在案件的一开始就传唤会有风险并让你的策略最终事与愿违的证人。

最后，如果对方选择在其举证过程中传唤这位证人，那么你有必要保留对其进行交叉询问的权利。就技术上而言，不是必须要这么做，但是轮到你的时候，要让法官知道你打算进行交叉询问；让他知道你不会因为已传唤过这名证人而就此放弃。你这样做也是在向法官和陪审团传递一种信息：你想知道这名证人的不同面。

通常情况下，反询问对方的关键证人要么是一个本垒打，要么就是让对方出局，而有时是介于两者之间。当你决定是否需要传唤不利证人时，摒弃“传统智慧”是很关键的。你必须认真分析特定案件的事实，与一个你认可其判断力的搭档或者同事商议一下。我一直都在这样做的，只要我还在办案我就会一直这样做。它总是很有助益。有时，我们总是太过局限于我们自己的案件事实，以至于遗失了一些其他方面。所以在庭审之前的一段时间里，要静下心来，坐下来和其他人聊聊看看别人是怎么想的，再进行仔细的利弊衡量。

第45章

当一名联邦探员推翻了自己的报告

艾伦·A·阿克曼
(Allan A. Ackerman)

在过去的40年间，艾伦·阿克曼（Allan Ackerman）是能够为芝加哥法庭增光添彩且非常多姿多彩的人物之一。他曾经代理过芝加哥一些所谓最出名的歹徒、毒贩和骗子。他留着长发，穿着灯芯绒的夹克和牛仔靴，他的衣着风格与因循守旧的布鲁克斯兄弟截然相反——布鲁克斯兄弟是他为之辩护的案件中控方的典型代表。他处理问题的新颖方式通常包括边在他位于老城区的家里（Old Town home）做通心粉，边召开辩护策略会议。不管是否新颖，这些方法总是富有成效。他将其在法庭上取得的成功归功于他在约翰·马歇尔法学院（John Marshall Law School）受到的教育，以及为了挣学费去开出租车的那段时间里所学到的东西。

像大多数的律师一样，我也经历过一些在一开始就被搞砸了的交叉询问，其中一件发生在很多年前，就发生在前联邦地区法院大法官詹姆斯·帕森斯审理的刑事案件的庭审过程中。一位老妇人作为控方证人出庭，我问她“为什么”可以回忆起在某个特殊的夜晚看到了我的当事人。她的回答持续了20分钟，从她儿时到现在的所有情节都被囊括在内。对于我那频繁却毫无意义的反对，法官帕森斯和陪审团在一旁偷笑。

随着时间的飞逝，留意很多有经验的律师经历和自己“出庭然后出错”的经历，我渐渐明白，交叉询问必须做到控制局面且从容不迫。你要给陪审团一个机会，让他们真正明白当下的情形，这样他们才会主动去了解你所描述的案件事实。有一个例子发生在前不久，我对一位训练有素的联邦调查员进行了非常成功的交叉询问，他在主询问中提供的证词对我的当事人具有毁灭性的影响。我的当事人被指控为一个大规模犯罪团伙的主要头目，该犯罪团伙罪恶昭彰，犯罪行为包括敲诈勒索和放高利贷。

就1998年9月对我方当事人活动的监控，探员多某（Agent Doe）进行了长达几个小时的作证。他向陪审团详细地说明了他是如何亲眼目睹我的当事人在拉斯维加斯、内华达地区和各种各样的人会面（见面），这些人都无一例外地交给我的当事人一个信封，或者美元现钞——就此说服陪审团相信，那些提供信封或是美元现钞的人就是敲诈勒索的受害者。我们的辩护观点是，这件事情压根就没有发生过。

探员多某的证言在很多方面与他在目睹了我的当事人与那些所谓的被害人碰面后立即准备的各种报告存在冲突。在证据开示过程中，我们得到了探员多某的报告并且——刑事审判的行话就是——“他背离了自己的报告。”也就是说，他的庭上证言与其正式报告频频冲突。这是件好事。一名证人的作证与其报告相脱节为辩方提供了绝佳的机会——质疑某一存在不一致的方面，幸运的话，你可以将其变成攻击整个证词的工具。关键是要慢慢来，有条不紊，只有这样才能引导陪审员得出对你方有利的结论。

技巧娴熟的交叉询问者会将证人作为直接向陪审团传达观点的媒介。想象你正在讲电话，每个陪审员都手握听筒——因此你在和陪审员说话，而不是和证人说话。

我想向陪审团证明，探员多某对于事件发生当时的报告实际上是准确的，但是在他进行了几个小时的审前作证准备后，他“驳倒了他的报告”。在那段时间里，公诉方的律师让这位探员明白了，他提交的法庭证词和他的报告之间的细微差别是很重要的。

我开始了交叉讯问，问了探员多某以下问题：

> 你要给陪审团一个机会，让他们真正明白当下的情形，这样他们才会主动去了解你所描述的案件事实。

问：作为联邦探员训练的一部分，你知不知道准备和提交准确的正式报告是极其重要的？

答：是的，先生。

问：事实上，多探员，在你宣誓成为联邦探员之前，你已经接受了长达8个月之久的集中训练，对吗？

答：是的，先生。

问：训练的重要部分包括指导和教授你们如何准备正式报告？

答：是的，先生。

问：作为训练的一部分，你也被指导如何准备“草稿”，就是当一些事件发生时，做准确地记录，对吗？

答：是的，先生。

问：作为训练的一部分，是不是要指导你，就算你已经准备好了一份正式报告，也要保存草稿？

答：没错。

问：要求你保留草稿的原因是，这样可以将之和正式报告进行比较了，是吗？

答：是这样的。

问：并且，在受训的过程中以及从你宣誓成为联邦探员开始，你就知道，你的正式报告可能要接受法庭以及控辩双方的询问或审查。

答：对。

问：那么该正式报告的准确性是不是必须得到长官的批准？

答：是的，先生。

问：如果长官未批准你的正式报告，你必须按照他的指示修改那份报告，是吗？

答：是的，先生，那样的事情时有发生。

问：如果是那样，你最初的报告就不再被使用了，对吗？

答：是的，先生。

问：所以，如果你的长官指示你重新制作报告，那么，你最初的报告就会被销毁，并且没有人会保存副本，是吗？

答：是的，先生。

问：至于该案，你被指示保留那些草稿，是这样吗？

答：是的，先生。

问：当然，你也确实保存了那些记录，你也知道该案的法庭和律师都已经看了那些记录，对吗？

答：没错。

(对多探员的交叉询问进行到此时，陪审团了解到，一名宣誓的联邦探员要经历至少 8 个月的培训，培训内容包括教授打草稿和准备“准确的”正式报告的方式方法。)

问：多探员，你准备该案的官方报告时，是否参考了你的草稿？

答：是的，先生。

问：那样做的原因只不过是为了确保，你已经尽最大努力使正式的联邦报告详细、准确，对吗？

答：是的，先生。

问：当你将正式报告提交给长官时，你是否也把之前准备的草稿交给他了呢？

答：可能交了，我不太确定。

问：你能回忆一下，你的长官是否因报告不准确而要求你修改或补充报告？

答：没有。我的长官在我的报告上签了字，没有修改，没有要求我准备新报告。

问：所以我们——指我自己和陪审团——对于事实非常明了了，你在准备正式报告时使用了你的草稿，对吗？

答：是的。

问：就你而言，你认为该案涉及的草稿是完整、详细以及准确的，对吗？

答：是的，先生。

问：那么多探员，你代表美国政府所作的正式联邦报告是在你的办公室里准备的，对吗？

答：是的，先生。

问：那么，我们可以这样理解该过程：你拿着草稿去办公室，静静地坐在那里，竭尽全力准备准确的正式报告，是吗？

答：对，先生。

问：你觉得办公室是一个很舒服的地方——换句话说，你和那些与你亲如兄弟般的探员都在办公室里，你可以和他们中的任何人聊天。

答：不错，办公室是比在其他地方更舒服，但是我不必与其他探员闲聊。

问：多探员，我理解的是，你是在准备官方报告，不是在大街上面对某些特殊事件。

答：当然了。

问：也没有任何秒表之类的东西提醒你必须在中午之前完成报告，对吗？

答：是的，先生。

问：因此，你是在办公室里努力准备一份准确的正式报告的，相对比较舒服，没有人强迫你在某个时间完成报告，从而可能导致它不正确或不准确，对吗？

答：是的，先生，是这样的。

（这时陪审团明白了，他在一个非常舒适的环境中，利用他认为的准确草稿准备他的报告，不慌不忙，同时，报告也得到了长官的认可，未作修改。

确立上述基础之后，我所能做的，是让陪审团质疑探员多某的出庭证词或者是他的草稿和正式联邦报告的真实性。）

关键是要慢慢来，有条不紊，只有这样才能引导陪审员得出对你方有利的结论。

问：多探员，你在主询问中作证说，你于 1998 年 9 月 5 号看到我的当事人琼斯先生与史密斯先生会面，是吗？

答：是的。

问：你还作证说，你看到史密斯先生交给琼斯先生一个白色信封，琼斯先生打开看了看，然后放进了他夹克内侧的口袋里。

答：没错。

问：那你还记得，1998 年 9 月 5 日下午史密斯和琼斯先生见面时两人都穿了什么衣服吗？

答：记得，先生。

问：多探员，请你辨认一下 5 号辩护物证，该证据就是你的正式联邦报告，它得到了长官的批准，并且涉及 1998 年 9 月 5 日发生的事件。我看了报告的第 2 页，它概述了我的当事人琼斯先生 9 月 5 日那天的活动，请你指出哪一段的哪一行写到了与史密斯先生会面。

答：在我的报告中，我找不到相关的内容。

问：你的报告有两页，请你将 9 月 5 日的正式报告通读一遍，并且告诉我们（指向陪审团），报告中哪里写到琼斯先生和史密斯先生的见面。

（在多探员阅读报告时有一阵停顿，之后他作出了回答。）

答：报告中没有说到琼斯先生会见史密斯先生并接收白色信封的事情。

问：多探员，我要将 6 号辩护物证交给你辨认，这份证据是你的草稿，涉及 1998 年 9 月 5 日发生的事情。请看一下，然后告诉我们哪里写到了琼斯先生与史密斯先生见面并交换了一个白色信封。

（探员多某停下来，重新阅读他的草稿。）

答：没有，先生，在我的草稿中没有提到琼斯先生在 9 月 5 日与史密斯先生见面。

问：很清楚，经过长官批准的 9 月 5 日的正式联邦报告，以及当天制作的草稿都没有提到我的当事人琼斯先生与史密斯先生见面，并且接受了一个白色信封，是吗？

答：是的，先生，没有提到。

问：你是这起案件的调查探员，对吗？

庭审进行的过程中，还有好几次正式报告与多及其他探员的证言有出入。

答：是的，先生。

问：作为探员，对于你所描述的 1998 年 9 月 5 日所发生的事件，你已经审阅过你的同事们的报告，对吗？

答：没错。

问：你能告诉陪审团，哪个探员的报告涉及琼斯先生和史密斯先生于 1998 年 9 月 5 日的见面？

答：我认为不存在详细描述该事件的报告。

问：那关于你所描述的琼斯先生和史密斯先生于 9 月 5 日的会见事件，有没有什么录像或录音？

答：我已经检查过所有的录像带和报告，都没有涉及 9 月 5 日的会面事件 。

问：多探员，我要向你展示 7 号辩护物证让你辨认，请你看一下并向陪审团描述一下它的证明目的。

答：它应该是一份有关克拉克郡内达华监狱的信息报告。

问：它显示的有人在克拉克郡的内达华监狱受到监禁的日期或时间是什么？

答：它显示的时间是从 1998 年 9 月 1 日一直到 1998 年 10 月 3 日。

问：是否有某个人的名字？

答：是的，有。

问：请告诉陪审团 7 号辩护物证显示的于 1998 年 9 月 1 日至 1998 年 10 月 3 日期间在克拉克郡内达华监狱受监禁的那个人的名字。

答：记录说明，史密斯显示于 1998 年 9 月 1 日至 10 月 3 日期间被监禁于克拉克郡的内达华监狱。

问：你认为 7 号物证的报告显示有误吗？

答：应该是正确的。

问：那么现在，多探员，请你告诉陪审团，琼斯先生（指向被告）是否曾于 1998 年 9 月 5 日与史密斯先生会面?

答：看来一定是我搞错了。

问：因此，你的正式联邦报告和草稿是准确的，而其中没有涉及琼斯先生与史密斯先生见面，对吗?

答：是的，先生，我的草稿和报告是准确的。

庭审进行的过程中，还有好几次正式报告与多某及其他探员的证言有出入。最终，琼斯先生被判无罪，之后，一位陪审员递给我一个小纸条，上面透露：审员们了解了政府的调查报告是如何被制作出来的，他们很高兴，同时令他们惊讶的是，联邦调查员在发誓会讲真话之后，竟然会故意地撒谎。

各种特殊情况交织在一起，为前述的交叉询问提供了一个机会。然而，真正的经验不仅仅是巧妙的提问技巧，还有详尽和细致的庭前准备这一硬性要求，并且利用这一准备一步一步地确立你的观点。我们可以向陪审团传达我们的观点，不仅仅是直接告诉他们，而是让他们自己理解。

第46章

期待出乎意料的事情

托马斯·M·布林
(Thomas M. Breen)

作为一名联邦调查员的儿子，汤姆·布林（Tom Breen）成长于芝加哥北海岸。在巴黎圣母院大学（Notre Dame）攻读本科学位期间，他曾是一名“孟加拉拳击手”（Bengal Bouts）；他在洛约拉大学芝加哥法学院（Loyola University Chicago School of Law）毕业后，带着拳击手的天分，来到了库克郡州检察官办公室（Cook County Sate's Attorney's Office）。他用一种略带刻薄的幽默感来武装自己，很快成为一位著名的刑事辩护律师。在为以下案件提供无偿法律服务中，他得到了普遍认可：罗兰多·克鲁兹案（Rolando Cruze）——这是一个应受谴责之人；但是，他的无罪判决对于暂停伊利诺伊州的死刑执行具有某种工具性作用；盖瑞·多特森案（Gary Dotson）——根据DNA检测，作为历史久远的陈年旧案之一，法院撤销了他的强奸罪判决。

法庭是一个“通人性的地方”。一些人生中最重要的时刻每天都在法官和陪审团面前进行着。从本质上来讲，他们也是人，所以法庭本质上也是难以预测的。作为一名出庭律师，你会尽可能多地消除那些不可预测性——勤劳地做准备工作并且根据你已有的经验和对于生活所呈现出的一些方式的理解，尽量猜测事态将会如何进行。

对于交叉询问，没有什么法则会比起“不要问‘为什么’这样的问题或者你根本不知道答案的问题”受到更多颂扬和推崇了。

但是，时不时地，我会选择赌一把，并将那些所谓的小心翼翼抛到九霄云外去。

然而大多数时候，它的效果并不怎么样，所以我还是建议要按照规则中说的来，但是，偶尔它也会奏效。

例如，我曾经为一位年轻的男孩做代理人。他离开高中一年，并且在他的房子里举办聚会，两三个男孩和一些女孩被邀请参加。他们混合搭配，最终，我的当事人发现他自己和一个女人躺在他父母卧室的床上，这个女人后来说，她被强奸了。我称这位年轻的女子为吉娜，她在离开那个房子几个小时后，向警方和她的朋友们指出，之所以我的当事人可以和她发生性关系，是因为她一定被下了药。

因此，我的当事人被捕。现在，我的当事人和他的朋友们都说，那天晚上大家都喝酒了，但是这个女孩是清醒的。她自愿上了楼。他们说，女孩子们在楼下聊天，无论你信不信，尽管她们只有 17 岁，在 1 个月前刚刚从高中毕业，但是她们却要比赛，看看在那个周末到底可以和多少男人发生性关系。目前，调查人并没有和涉案的女孩子们面谈，因此我们不得不阅读警方的报告，并且就这样想象出庭审中将会发生什么。就我方当事人及其朋友们提供给的背景信息而言，人们可能会认为这三个女孩有些太随便，而也有可能，她们就那样出现在证人席上。

但是，她们作证的时候，穿着学校的校服和有些起褶的牛仔裤，每一个人看上去都像天使一般。我的当事人依旧极其坚定那个行为是经过双方同意的。我发现，无论你相信与否，在交叉询问中，她们的话开始可以被我们所利用了，说到“也许”、“可能”、“但是我不认为这意味着同意”。

我下了一把赌注，我开始相信我的当事人，而且这无疑是正确的，因为我感觉到他所说的版本也正在通过这三个女孩的证词而得到证实。其实，这也就是对受害人进行交叉询问的整个过程。

问：吉娜，你在去聚会之前在什么地方？

答：我和另外两个女孩还有一个男孩在我家。

问：哦，那么你们在那儿干什么呢？

（当然，我正在想，他们肯定没干什么好事。）

答：我们在我家的私人车道上吃麦乐鸡块。

问：还有其他人吗？

答：还有彼得。

（这时，我的触觉突然敏感起来。“彼得”在那里。他的名字并没有出现在警方的报告中。我想，彼得将会以某种方式在这个剧情中扮演一个中心角色。因此，我趁势继续向这位年轻的女孩发起攻势。）

说着，她的脸变红了，然后爆发出可怕的哭声。事实上，这三个女孩都曾一度以哭泣作为结束。

问：那么，谁是彼得呢？

答：他是我毕业舞会上的舞伴。

说着，她的脸变红了，然后爆发出可怕的哭声。事实上，这三个女孩都曾一度以哭泣作为结束。彼得也的确在这个情节中起到了至关重要的作用。最终，陪审团宣布我的当事人无罪，这也是绝对正确的，因为我可以证明，这些女孩在那天晚上是在进行性爱比赛。

重点是，我问了一个问题，而我并没有有关答案将会是怎样的线索。但是，我在想，与附誓陈词阶段不同，在陪审团面前，我可以问一些可能会赢的问题。那么现在，这些问题赢得这个案子的胜利了吗？谁知道呢？它让这个案子败诉了吗？谁又晓得呢？

但是，它改变了进程的趋势。关键在于，我本不需要问这个问题。

当然，不好的一面是，即使你已经进行了认真的准备并且认为你知道这个问题的答案，你依旧有可能出错。错误会发生。

你在研讨会中听取各种内容，准备、准备、准备。我尽可能认真地获取各种我可能在庭审中会用到的警方报告和文件的副本。我划出重点的内容，阅读，再阅读。等到证人作证的时候，我已经准备得可以在对他们进行交叉询问时提出反驳了——对他们的疏忽或是言辞上的不一致提出反驳。

然而仅仅是因为你做了最好的准备，并不意味着你将会胜利。不久前，我对一名警察进行交叉询问，他就我从未记得我在哪里看到过的事情进行作证。我看着我面前的报告，而我并没有在这些报告中的任何地方找到警官所作证的内容——我的当事人曾经在口头陈述中指出自己的犯罪行为。我看着报告——我已经在前一天晚上，划出了重点，并且一遍又一遍地阅读。在我脑海中，这些都是记忆犹新的。

基本上，我就是这样提问的：

问：警察先生，这是你的报告吗？

答：是的。

问：是你写的吗？

答：是的。

问：你签字了吗？

答：签了。

问：你交给你的督察了吗？

答：是的。

问：是根据你的指示，将所有对案情有重要影响的内容都涵盖在这些报告中的吗？

答：是的。

问：包括一份口头陈述材料吗？

答：是的。

问：它会被包含在你的那些报告中吗？

答：会的。

问：好吧，那么在这里，我将向你展示，这份 3 页的报告说明了什么。看看这份报告，然后告诉我，你在报告中什么地方看到了口头陈述的内容。

他看着报告，并且翻阅着。他的动作非常非常慢——他是个非常非常有经验的警察。最后，他说："我没有看见，它不在这里。"

问：你打算告诉我，你在作证时所提到的那个重要的证据并不在你的报告中，是吗？

答：不是，布林先生，你弄丢了第4页。

那个时候，唯一可以让你逃脱麻烦的问题就是："法官大人，我可以去洗手间吗？"

第47章

成功＋失败＝经验

文森特·J·康奈利
(Vincent J. Connelly)

文斯·康奈利（Vince Connelly）在迈耶·布朗律师事务所（Mayer Brown）的诉讼部门工作。他以一种从容不迫、让人放心的方式处理民事和刑事案件，这一方式看上去让当事人、法官和陪审团都感到满意。20世纪80年代末，在加入迈耶·布朗律师事务所之前，他曾经在芝加哥做过8年的联邦检察官。他在芝加哥的西北部长大，毕业于芝加哥大学法学院。20世纪80年代末，他联合创立了王森协会（Wong Sun Society），为来自全美的白领犯罪刑辩律师一年一次的聚会研讨提供了契机。

正如一个正在找工作的人面对着一家挂有“招聘有经验服务生”的餐厅——在你没有经验的情况下，如何得到这份工作一样，要想变得善于进行交叉询问，其实意味着以下进退两难的处境。交叉询问的技巧是伴随着经验一起产生的。如果你对此很坦诚的话，那么经验既包括好的方面也包括不好的方面。我们通常从失败中学到的比从成功中学到的更多，而且，每一次与证人交锋都会让我们在下一次交叉询问中变得更加干练。在我职业生涯中有一些例子可以证明这一点。

因为这件事发生在我职业生涯的早期，我要先从最糟糕的事情开始谈起，而且随着时间的流逝，我希望我已经有了一定程度的提高。可能有些人会问，从这些极其糟糕的例子中究竟能学到什么东西呢？我曾经注意到，那些公开更正错误的报纸会试图避免再犯同样的错误，想必是为了让人们不会受到错误信息的误导。或许，从我这一极其糟糕的例子中所能得到的教训是：你必须懂得，如果你打算从事交叉询问的话，随着时间的推移，实践和经验将会让你得到很大的提高。

在我职业的早期，作为一名检察官，我试图对一名被告人进行交叉询问，可是对于我正在做的事情，我根本没有一丁点的想法。我只是简单地听了那个人讲述的故事，并且坚信他在撒谎；在交叉询问中，我们再一次地将案情从头到尾地回顾了一遍——一点一点地缓慢进行着。不知基于何种想法，我当时认为，如果在他重复每一个情节时我表示一种愤慨的态度，我可能会让陪审团相信他并没有说实话。

实际上，我根本没有完成全部的交叉询问，因为在交叉询问进行到大约3/4时，比我资深的搭档偷偷塞给我一张纸条。纸条上的话很婉转，但是语气坚定地建议我坐下来，并告诉我，我这么做对于扭转局面没有任何作用。我想从我这个最糟糕的故事所得出以下观点：对于你做的事情要有一些想法或者在你交叉询问前做一些计划。

我表现最好的故事是一个关于以下理论的例子：你可以对任何人进行交叉询问。真的，你可以交叉询问任何人。或许，你会决定不去对某人进行交叉询问，但是只要你想，你绝对可以对任何人进行交叉询问，包括哭得稀里哗啦的寡妇、值得同情的14岁孩子或者著名且虔诚的律师。

我所做过的最好的交叉询问是在一起医疗护理欺诈案中，我是在陪审团回来并告诉我这一点之后才知道的（因为在他们回来告诉我之前，我并不知道交叉询问是否成功）。在庭审相对早的阶段——陪审团知道，这次庭审可能会持续1个月左右的时间——在控方举证阶段，控方就让一位带有总结性质的证人就某一特定问题作证。

这让我突然意识到，这位相对无足轻重的控方证人给我提供了一个机会。辩护方确实还没有机会将本方的故事告诉陪审团。在控方询问下，控方带有总结性质的证人讲述了她看到的所有事情，并且采取的是一种事实总结的方式。针对她的交叉询问，我的基本方法是：向她询问那些她未曾提及的事情。理所当然，有相当一部分事情她尚未提及，这主要是因为控方只让她总结了相对少的事实情节。在我每一次确认她根本没有深究某一话题时，我都会问：“那一点难道不重要吗？”

我交叉询问的时间要比控方对她主询问的时间要长得多，并且给陪审团留下了以下印象：控方企图展现的仅仅是一种关于事情真相的、片面且明显包含偏见的观点。

事实上，在该案相对较早的阶段，我就可以向陪审团表达我方完整的总结陈词。数月之后，陪审员告诉我们（当他们终于有机会和我们进行交谈时），早在控方举证阶段，我的交叉询问就已经让陪审团改变了他们的观点，并且根据我方观点，他们过滤掉了本案之后控方提出的许多证据。

事实上，我对待该证人的态度就像对待一个6岁大的孩子。而且事实证明这是一个非常非常有效的方法。

在交叉询问中，我曾经遇到过一件非常有趣的事情——这既不是我交叉询问中表现最好的，也不是表现最坏的故事，而是一个我想讲一讲的故事。我认为，这件事证明了我是怎么通过这些年的失败与胜利逐渐成长为一名交叉询问者的。这是在一起反垄断的刑事案件中对于不利于我方的主要证人进行的交叉询问。在这次庭审之前，我已经从相当长时间的公诉人职业经历，以及好几年辩护律师的实践中学到了很多东西。这个证人是个非常圆滑并且令人信服的家伙，而碰巧他又怀有一个想要毁了我方当事人的个人目的。这个愤世嫉俗的人可能会声称，我的当事人因在反垄断领域建立了巨大的企业联合体理应受到指控。

无论如何，我认为，我对他进行了适度且效果不错的交叉询问，而且，在很大程度上明确了我方观点并提出了反击。通过对该证人的再次主询问，控方成功地恢复了该证人的信誉，并取得了相当不错的战果。由于该证人对于我方当事人能否胜诉至关重要，我明白，我必须站起来，对这家伙展开再次交叉询问，从而把我先前提出的观点讲清楚。我非常非常肯定，对于该案中一些至关重要的事情，他在撒谎，而且，我们能够证明这一点。

我意识到，在与该证人的最后一次交手中，我必须让它变得更具冲击力。我方当事人的自由处于成败的关头，而这就取决于我在针对这位证人的交叉询问中的表现如何。我需要一些激情，坦率地说，这与我平时的表现大相径庭。（顺便提一句，在绝大多数情形下，根据你自身的个性选择交叉询问的风格是有道理的 ，但是也存在例外。）

我知道，我必须以攻击证人的方式进行再次交叉询问。但是，在这么做时，我必须选择一种既可信又不显得我心胸狭窄的方法，同时还要表现出，他就是那种我此前交叉询问中试图描述的人。我脑海里闪现的是，我应该像对待一个应当受到严厉斥责的人那样对待他。通常情况下，我没有责难证人的习惯，因此，我从心理上忘掉了站在我面前的这个人，而想象我面对的是我当时只有6岁的儿子。尽管当时他年龄还很小，但是，由于他对于更为礼貌的请求总是置若罔闻，他成了少数几个能够让我勃然大怒的人之一。

事实上，我对待该证人的态度就像对待一个6岁大的孩子。而且事实证明这是一个非常非常有效的方法。他基本上已经处于以下状态：口误连连、气急败坏、小声抱怨。最终他为他说的一些观点表示歉意。他没有放弃他的主要控诉内容，但是，很明显他已经被这个交叉询问折磨得够呛，并且承认了我必须捍卫的观点。

就像做好服务工作一样，只有通过交叉询问获得的经验才会最终提高你的技巧。

第48章

非传统意义的交叉询问

曼纽尔·桑切斯
(Manuel Sanchez)

曼尼·桑切斯（Manny Sanchez）将会向你讲述他职业生涯中最出格的事情，这件事情产生了余波，并使得他和他之前在欣肖与卡伯特森联合律师事务所（Hinshaw & Culbertson）的合伙人分道扬镳。继而，他成立了一家十分成功的高级律师事务所——桑切斯与丹尼尔联合律师事务所（Sanchez & Daniels）。在一些大的公司任职，帮助在芝加哥开办学校，或者伸手去帮助一系列似乎没完没了的市政或者慈善诉讼案这些事务之外，曼尼会出庭代理一些很重要的案子——通常都是担任人身伤害类的诉讼案件的辩护律师。在他三十多年的职业生涯中，他不止一次神奇般地找到了案件的突破口。陪审团开始逐渐对这位被科瑞恩芝加哥商业报（Crain's Chicago Business）冠名为"专业闲谈手"（the uber-Schmoozer）的人有了好感。曼尼·桑切斯毕业于宾夕法尼亚州立大学法学院（University of Pennsylvania Law School）。

一进入法学院，教授们就会教授那些有远大抱负的律师们有关交叉询问的技能以及方法，尽管并没有严格的条款，但是有一些参考准则，这些准则都历经了时间和经验的检验。

例如，在没有必要的情况下，不要问太多问题，了解提问后有可能得到的回答，不要与证人争论以及阻止让证人解释什么。

毋庸置疑，这都是好建议，但是有时候——我要强调一下，是“有时候”，律师要通过一些非传统的方式进行交叉询问才能找到出路。

例如，在开庭前的 6 个星期，一名企业被告要求我出庭代理这个案子。原告是一名长途运输的卡车司机，他声称，当他的卡车在装货台卸货时，他站在两垛草堆中间，这时，一名叉车司机叉起一垛草堆，同时也碾碎了在草垛中间的当事人的右腿膝盖。

原告主张，受伤让他变得很虚弱，以至于他不能再靠联合卡车司机这份工作来维持生计。结果，他又参与了另一项商业运营，但是在接下来的 4 年里，他蒙受了成百上千美元的损失。

在我介入案子的时候，举证已经结束，并且我发现无论是原告方专家还是被告方专家都基本上同意原告的伤势会致残，并且原告的余生将会在痛苦中度过。原告提出了 470 万的诉讼请求，而我方当事人拒绝了其中 300 万的请求。

在查看过案件的附誓陈词和证据后，我意识到有必要使用非传统的方式。首先，我说服我的当事人承认自己的疏忽，其次，我想出了一个以对证据进行交叉询问为基础的策略。

我所发现的是，在他们作出决断的时候，都依赖于原告所展示的事故的经历。值得关注的是，事故发生后，急诊室的即时报告显示原告只是膝盖的内侧受伤。而另一个受伤的唯一证据显示是在当事人左腿的外侧。我得出了这样的结论：事实上，右腿膝盖并没有在草堆中间被碾碎，而是，最多也就是这个人的整个身体在两垛草堆中间被撞击到。我很清楚，两方专家得出的结论仅仅依靠于原告的供述，而不是实质性的证据以及在事故第二天急诊室对原告进行身体检查的报告。

由于审判迫在眉睫而且缺少支持的证据，我相信，对这个案子的反驳应该主要体现在总结辩论中，而这应该有赖于我在交叉询问中奠定的基础。选择是很清楚的：要么写一张 470 万美元的支票，要么就用非传统的方式进行抗辩。

我意识到，最好的方法就是在对医学专家的交叉询问中，重点显示出他们最后得出的医学意见和结论都严重地依赖于原告的供述。

因此，在我对原告进行交叉询问的时候，我格外侧重于削弱他的可信度——如果他在证人席上说的话是不可信的，我想要让陪审团认识到，专家依据他有关机械致伤的经历而得出的结论就是错误的。

所以，我首先关注他自己对于事故发生经过的回忆，以及他身体受伤的部位。其次，我注意到了他的生意情况以及他所说的一个事实——每年，他的收入都会有成百上千美元的增长，与此同时，他也说造成了成百上千美元的损失，也因此使他的缴税能力有所下降。我让他确认了前 6 年的纳税申报单以及业务收入情况。我也让他确认，根据我们所谈到的，他的业务总收入每年都有略微的增长，然而他每年都会向国内收入署申报收入损失。最后，我让他承认，即使他前两年的总收入增长超过了 300%，他在目前这个税收年度仍需保持向美国政府申报不低于 12 万美元的净损失。

这似乎与案件并没有什么关系。但是，我的问题要给出的信号是，原告向国内收入署（Internal Revenue Service）所报告的内容也不比他对专家们的陈述可信多少。我并不想强调他在做生意期间每年所遭受的收入损失，从而使他对经济损失的申报变得更严重，我只是想向陪审团辩驳，在他向国内收入署申报如此大额的损失时，他却依旧在大量地增加他的业务。最起码说来，原告方有点不可信。

这样做是有风险的，因为我让自己面临着这样的可能性，也就是陪审团将把他看作是一位非常值得同情的人，因为他丢了他的谋生之道，他的第二职业也是失败的。陪审团反对并作出了 2 百万美元的裁决——考虑在庭审的一开始，缺少证明直接原因和损失的有利证据以及这个案件在庭审开始时的艰难境地，所以我认为这个裁决已经意味着成功了。

但是，我的问题要给出的信号是，原告向国内收入署（Internal Revenue Service）所报告的内容也不比他对专家们的陈述可信多少。

在我为一位 32 岁的医生做辩护的案件中，我采用了另一种非传统方式，这名医生在医院被一辆失控的汽车撞击身亡，开车的是负责停车服务工作的保安。

当汽车撞到这名医生的时候，他正在医院入口旁边的便道上，汽车拖着他越过篱笆前行了 15 英尺，最后他又被拍在医院停车场的另一辆汽车上。

案件导致了长达 9 周的陪审团审判。庭审中，原告方的专家声称，这辆克莱斯勒大切诺基（Chrysler Jeep Grand Cherokee）存在设计上的缺陷。司机争辩道，当他坐进发动着的汽车里时，他挂上了倒挡，汽车就快速后退，他踩了刹车，但是不管用，然后他将车挂上了前进挡，汽车飞速前进，速度快到无法控制，就这样，医生被撞死了。原告方的专家主张，事故原因是启动了巡航定速，造成所谓的突然加速，并且司机也无法让汽车停下来。

我们的辩护很简单，就是司机操作有误——他认为他的脚是在刹车上，但其实却是放在了油门上。

原告方的三名专家证人进行了数星期之久的作证，并且陪审员们看到了超过 1 000 份的证据。我们选择不对原告方的三名专家中的任何一人就踏板操作失误这一争论点进行交叉询问，取而代之的是，在对案件进行准备的时候，我们仔细地寻找了当天对事故进行调查的郊区警察。不同于原告所聘请的三名专家，这位警察才是事发当天对汽车进行检查的“专家”。幸运的是，他是一名经验丰富的事故现场分析专家，不仅仅是以法庭作证的形式，他对数以千计的机动车事故进行过调查。

警察说，他看过底盘，检查了联动装置，发动了汽车并且企图让它在紧踩刹车的情况下移动。他作证说，刹车工作正常。对方律师的交叉询问不可能对这样权威的重要证词发生任何不利的影响。

对于不去对原告“雇来的”三名专家进行交叉询问这种非常规的决定，以及我们传唤的专家对于这场预期的毫不留情的交叉询问所进行的辛勤准备，最终无疑成功了。

陪审团决定采纳警察的说法——这名证人从警察局到法庭来回的路费是 32 美元。而原告方的专家每小时要收费几百美元，总计起来，超过了 6 位数。

另一个非传统的方式也获得了成功。

第49章

最危险的游戏

威廉姆·J·马丁
(William J. Martin)

比尔·马丁（Bill Martin）的许多时间都花在了法律职业中最富有挑战性的工作上：即为律师和法官代理由于违反职业纪律操守而遭到起诉的案件。他的其他工作主要都是涉及白领的刑事案件。在他还是一名年轻检察官时，就已经崭露头角，并带领自己的团队将头号谋杀犯理查德·斯佩克送进了监狱并受到终身监禁的制裁——斯佩克在1967年谋杀了8名实习护士，该案被称为“世纪谋杀案”。他具有深思熟虑的特点，并深受辩护律师和公诉人同事们的尊重；他认为，自己在法律上最大的成就是将自己的女儿科琳（Colleen）培养成了一名加州奥克兰地区的联邦公设辩护人，将自己的儿子马克（Marc）培养成了一名芝加哥刑事辩护律师——他是本书的作者之一。马丁毕业于洛约拉大学芝加哥法学院。

无论在法庭内还是法庭外，交叉询问都是人们设计出来的最有力的武器，可以用于发现那些通常短暂却非常重要的实际存在的事实。问问任何一个半夜 3 点回家后，衣服领子上带着口红印而被妻子追问过的丈夫们。没有机器，没有血清检测可以代替交叉询问这门艺术，就像弗朗西斯·韦尔曼提醒我们的，那并不是通过故意发难进行询问的艺术。陪审员不喜欢律师，更讨厌那种骄傲自大、仗势欺人的律师。做你自己。如果你装腔作势，你不但糊弄不了任何人，反而会让大家很恼火。

就像大部分教你“怎么做”的“法律食谱”一样，交叉询问的“规则”将引致严重的危险。遵守这些“规则”会让你掌舵的船向着布满潜艇和鱼雷的水域航行。事实上，交叉询问并没有规则，或者说得更详细些，并没有什么不许违反的规则。如果当证人留下了一个大到足以让第八军穿过的漏洞，而交叉询问者仍不愿意放弃他的讲演稿时，他就应该考虑其他职业了。

事实上，交叉询问并没有规则，或者说得更详细些，并没有什么不许违反的规则。

出庭律师必须做好十足的准备，并且同样重要的是，他们必须才思敏捷，必须倾听主询问和交叉询问的每一个回答，必须像丛林里的野猫一样，在碰到某个打开了“一扇意想不到的门”的回答时，抓住机会，放弃为另一种回答所准备的问题。

一个不切实际的规则就是，“除非你知道答案，否则不要在交叉询问中提问题”。

这真是胡说八道。

娴熟的交叉询问者通常会问一些不知道证人将会怎样回答的问题。庭审就是通过证词和实际存在且可以展示的证据这种媒介，在宽松的规则约束下，将过去的事件重建起来。庭审是对抗性的战争，并且就像在所有的战争中一样，斗争者都要承担风险。如果一位交叉询问者不愿意承担风险，那么他的交叉询问也不会充当像热跟踪装置这样的角色，去揭发那些结结巴巴的人、夸大其词的人、错误的目击者、自我吹嘘的告密者、过分热心的警察以及无能的专家。

但是，这里的警告是：不要信口开河。

如果你不确定证人将如何应对快球，那么就像谨慎的投手一样投角球，不要到中场去。孙子，一位受人尊敬的战争谋略大师曾建议说：“先知迂直之计者胜。”（He who knows the art of the direct and indirect approach will be victorious.）从侧翼的安全处发起攻击。

例如，对一起严重谋杀案中重要目击证人进行交叉询问，这名目击者是在抢劫中被子弹击中头部的老珠宝店主的遗孀。她是那种陪审团很怜爱、很信任的证人，她面带悲痛，且抽泣不止。特别提示：对该证人应当以亲切的方式进行询问。在主询问期间，这位寡妇非常值得信任，并且在她指认杀害她丈夫的凶手时，表现出了绝对毫不含糊的肯定。当凶手绑她的时候，她有 20 分钟的时间在明亮的灯光下观察他。依其所述，被告在两天前，也就是他将工资支票兑现然后买了一只手表的时候，已经对商店进行过侦查。

在主询问中，目击者作证到，支票的付款人是芝加哥城市公园区（the Chicago City Park district）。这是一句话——一句关键的话。对在主询问中说出的每一个字都要提高警惕。

这是辩方的交叉询问：

问：圣托里夫人，如果我记录有误的话，还请你原谅。但是，我记得你刚说，这个人兑换过一张芝加哥城市公园区开出的薪金支票，是吗？

答：是的，我确定。

问：好的，那么他兑现了芝加哥城市公园区的这张支票，然后买了一只手表；后来这张支票在抢劫中也被抢走了，是吗？

答：事实就是这个样子。

问：那么，既然在卖手表时，你需要接受一个陌生人支付的支票，那么，我猜测你肯定对支票进行了认真检查，对吗？

答：我当然进行了认真检查。那是一张芝加哥城市公园区开出的薪金支票，所以，我认为没有问题。

问：我明白。现在，我再确认一下，你告诉我们这是一张芝加哥城市公园区开出的支票，对吗？

答：我确定是的。

问：而且，在主询问中，你肯定地说，坐在那儿的那个被告人就是杀害你丈夫的凶手，是吧？

答：我完全确定就是他杀害了我的丈夫。

问：那么，你也同样确定，就是这凶手在事发两天前在你那里兑现了一张芝加哥城市公园区开出的薪金支票，对吗？

答：对此，我也完全确定。

问：那么，是不是可以这么说，你确信并且排除任何怀疑，凶手买手表时，用的是芝加哥城市公园区开出的薪金支票。

答：我完全确定就是这样。

被交叉询问者巧妙利用的孙子的策略是谨慎地使用比较的方法，将目击证人辨认的确定性与看似没有关联的、有关支票支付方芝加哥城市公园区的一系列问题直接联系起来。这样的交叉询问将会不可避免地导致圣托里夫人将她对辨认的绝对确信等同于她对支票支付方的绝对确信。

交叉询问者慢慢地转弯抹角地引入话题，因此，如果证人表现出任何对支票支付方的不确定性，他都可以全身而退并转入交叉询问的另一个方向。也要注意，交叉询问者对待这位获得陪审团极大同情的证人是多么值得尊重和温和。他给人留下的是一个充满善意，甚至可能显得有点笨嘴拙舌的律师形象——他坚持完成一个不可能胜诉的案子，对她是那么的温柔。但是，他却的的确确得到了他想要的——证人对支票支付方的确信，就像对杀手身份的确认一样。

对于此类情形，有一句拉丁谚语，而且用在总结陈词中产生了很好效果：在一件事情上说谎，有可能在所有的事情上都说谎（Falsus in uno, Falsus in omnibus）。

在抗辩中，辩方传唤了一名看似没什么恶意的证人，他是公园区的会计主任，这位证人证明，在历史上，芝加哥公园区（the Chicago Park district）从来都没有叫过“芝加哥城市公园区（the Chicago City Park district）”，更不可能在支票上署名“芝加哥城市公园区”。

直到听到主询问之后，交叉询问者才知道圣托里夫人可能被引导着来证明，尽管她真诚地确信某事，但是，其判断却是完全错误的。她不是个骗子，但是她却说服自己，被告就是杀害自己丈夫的人，并且交叉询问者并不会对她作为目击证人的辨认提出反驳，因为正面攻击的结果会像葛底斯堡战役中的“皮克特冲锋”一样。

然而，这场死刑审判的最终情节，所存在的最危险的法庭争斗就在辩方传唤一名 29 岁的高个子老兵作为出庭证人的时候发生了，这名证人在抢劫发生的时候走进了那家商店。这个男人和他的家人是这家珠宝店主的好朋友，也是他的长期客户。谋杀犯与这个男人面对面地站着，在他把这名老兵的手腕和脚踝用电线捆在一起之前，他用枪顶着老兵的心脏。公诉方在他们的主要案情中并没有说到这名老兵，警察的报告对此也是只字未提。然而，辩方没法和他进行访谈——面对三组不同的辩方调查人，他都“砰”地将门关上了。他是一名身高 6 英尺 3 英寸、肌肉发达、长相帅气的单身男人，可是他甚至不会屈从于两名充满吸引力的女调查员的询问，她们会在酒吧盯梢，并创造与其偶遇的机会。辩护律师是不知道害羞的，但是潜在的问题是：他是不是控方给辩方设置的、用来吊人胃口的特洛伊木马，其目的是引诱辩方传唤他出庭作证，从而让他肯定地指认被告，并将被告送上绞刑架呢？

这样的交叉询问将会不可避免地导致圣托里夫人将她对辨认的绝对确信等同于她对支票支付方的绝对确信。

辩方律师曾经是一名公诉人。他推理认为，在控方的主要案情中，他们将要召唤确证的目击证人。他们的风险是，辩方可能不会在某个案子上下赌注，而希望判处凶手死刑的检察机关可能不能召唤某位确证的目击证人。尽管如此，辩方所担心的仍是这个男人是控方狡猾地设计出来的一个致命埋伏。

作为对方的证人，辩方律师可以对他进行交叉询问，因为他拒绝接受辩方的调查，同时，他也没有理会之前辩方的两张作证传票。但是他却接受了对方的作证请求。对辩方律师的轻视是非常明显的。

在他的当事人生命垂危的时候，交叉询问者知道，没有间接的方法去拐弯抹角地看看这名证人是否将会通过指认或者甚至通过提供模棱两可的辨认，将当事人送入死亡的境地。

当确定他是圣托里一家的好朋友，以及他拒绝了所有辩方想与他面谈的努力，交叉询问者就走了明确指认这一步：是的，商店的灯光很亮，并且名叫迪茨的证人就站在与被告面对面几英寸远的地方，没错，他有绝佳的机会去观察这个谋杀犯。

永远不要问你不知道答案的问题，对吗？当然不是，赌注下的越大，机会越多。

问：迪茨先生，是否可以请你看一下被告？

答：（目不转睛的，愤恨地）是的。

问：你可以从证人席上走下来然后走到被告那边吗？

迪茨缓缓地走向被告席，带着轻蔑。辩方律师让他的当事人站起来，两个人面对面站着，中间也就隔着几英寸远。

一不做，二不休——下一个问题。

问：迪茨先生，这名被告是那个在圣托里珠宝店里用枪指着你的男人吗？

答：（长久的停顿）不是，他不是。

问：那么你说他不是的依据是什么？

答：因为这个人跟我差不多高，有 6 英尺 2 英寸。持枪的那个人比我矮，大概 5 英尺 8 英寸。

问：没有问题了。

判决无罪。

这个违反了交叉询问的重要规则的例子充满了戏剧性。追求必然意味着要承担风险，而法庭审判也意味着冒险。如果你是胆小鬼，那就去做房地产规划吧。

对于交叉询问，有一句格言适用于每一个案件：准备。尽可能了解每一个重要证人的每一件事情。尽可能地将他们的背景挖掘得深入一些，甚至在适当的案件中，可以对证人进行监视。检查每一张写有证人名字的纸。

例如：一名医生由于对一名病人进行性侵犯而受到指控，这位病人是一名背景多变的问题青少年。这名医生让他的妻子做不在犯罪现场的证人，她将证明在进行阴道检查的过程中，也就是被指控的人身侵犯发生的时候，她在现场。那么，你所预期的是什么？不论好坏，她嫁给了这位医生。

当控方修改了他的证人名单时，辩方的事态开始变糟糕了，控方将一名品行高尚的女性加入了证人名单，这位女士在获悉这次庭审后，自告奋勇地参与进来。她证明，在进行阴道检查的过程中，这名医生在与她发生关系之前，给她使用了镇静剂。法官说，他将允许将她的证言作为与操作方法相关的证据使用。

失去信心的辩方律师很快开始挖掘这个女人的背景，并且在法院的档案室发现她离婚的记录。这几乎不能成为交叉询问材料中的金矿，但是这仅仅是第一印象。

问：证人小姐，你说医生在 10 月 10 日上午对你进行性侵犯，对吗？

答：是的。我不是完全无意识，我能感觉他进入我的身体。

问：那时候，你正好经历一场离婚，对吗？

答：是的。

问：你有律师吗？

答：我有。

问：你的律师叫什么名字？

答：约翰森先生。

问：在他作为你的离婚律师时，你还知道他的其他职务吗？

答：是的。

问：是什么职务？

答：他是州检察官。（由于其他的原因，首席检察官代理这个案子。）

问：如果我告诉你，你于 10 月 10 日，也就是你所说受到性侵害的那天，与约翰森先生一起出庭，你能同意吗？

答：我回忆不起来了。

问：可以请你看一下有关你离婚案件中诉讼记录表中的内容吗？

答：好的。（看着）我在 10 月 10 日和约翰森先生一起出庭。

问：是不是你所说的在意识到被医生性侵犯之后的 1 个小时？

答：是的。

问：你知道，这位州检察官是这个州排名很高的执法人员，是吗？

答：是的，我想他是的。

问：他会对犯性侵犯罪的男人提起公诉，对吗？

答：是的，他会。

问：所以，你当然会向约翰森先生，你的律师、这个州的检察官报告，在那个特别的日子，你曾被一名医生性侵犯过，对吗？

答：没有，没有，我没有告诉他。

问：没有问题了。

最终裁判无罪。并且证明乏味平淡的准备得到了回报。

关于交叉询问，值得强调的一句话并非出自于律师之口，而是源自已故的赫布·布鲁克斯——他是1980年奥运会曲棍球金牌获得者美国队的教练。他说："直面老虎，蔑视它，然后击毙它。"

就这么干！

第50章

认清现实

托马斯·A·德梅特里奥
(Thomas A. Demetrio)

汤姆·德梅特里奥（Tom Demetrio）是一批取得成功的人身伤害案辩护律师中的一员，他在菲尔·科博伊（Phil Corboy）的指导下得到了培训——并且被第一个任命为当今科博伊与梅德特里奥联合律师事务所（Corboy & Demetrio）的合伙人。他是一名具有极大影响力的律师，并且在他自己的组织当中，是一名非常成功的律师领袖。辩护律师有时候会开玩笑说，如果科博伊觉得他无法赶上法庭的步伐并且有可能会输掉这场比赛，那么按照老一套的办法，他就会回去找德梅特里奥出面挽救。他在一个案子中的胜利使伊利诺伊最高法院（the Supreme Court of Illinois）维持了有史以来（赔偿额）最高的人身伤害判决。汤姆·德梅特里奥毕业于芝加哥-肯特法学院（Chicago-Kent College of Law）。

律师有的时候会全神贯注于他们案件中的某个关键时刻，并且尝试获得增加胜利的机会，他们却没有注意到有效的辩护规则之一——了解并生活在陪审团们的现实世界里。对于这一点，我是什么意思呢？陪审员们在进入法庭之前，并不会依从于他们所具有的常识和日常经验。事实上，法官让他们不要那么做。然而，我通常会看到律师会下定决心要阐述某个观点，以至于他们忘记要在人类基本的经验和预期范围内处理案件，这样才可以保证可信度，从而赢得案件最后的胜利。他们歪曲事情的某一点，或者忽略不好的事实，或者只是完全麻木不仁或粗鲁，结果会非常糟糕，当然如果他们注意到了陪审团的实际情况，就可能会避免这种情况的发生。

我曾经代理过一个案子，我称案件中的证人为 X 先生。X 先生把我折磨得够呛。我犯了一个错误，我本来就不应该召唤他。在他作证后，法庭宣告审判无效。这个案子在 2 周后重审。当然，我再不会召唤 X 先生，但是我知道，对方会。我们的法官非常守时。下午 2 点钟，法官请出陪审团。每个人都到场了，除了对方律师。

我们耐心地等着，20 分钟之后，我的对手来了，并且说："法官大人，非常抱歉，我的证人到场了，但是我们需要一名翻译，而翻译没有来。"

法官说："我们可以等。"

我们就在那儿等着，又过了 10 分钟，翻译来了，X 先生站在证人席上，通过翻译的帮助回答问题。

到了交叉询问的时候，我将那些便签放在桌子上，然后站起来说："X 先生，你介意用英语回答我的问题吗？"

他说："不介意。"

随即，对方律师反对，他说通过翻译对其进行交叉询问会更明确。

我说："法官大人，我想我可以讲清楚。"

"X 先生，"我问道，"你能记起，6 个月前我拿到你的附誓陈述时，其他律师和法庭书记员都在场这件事吗？"

"是的。"他说。

"那你记得当时有翻译在场吗？"我问。

他说："没有，当时没有翻译。"

我又问："是不是因为你不需要翻译？"

"是的。"他回答道。

"你还记得，2 周前在同一个法院，你作证的时候也没有用翻译吗？"

"是的。"他说。

之后，我便坐下了，没有再问任何实质性的问题。X 先生说什么对我来说已经不重要了。

陪审员们在进入法庭之前，并不会依从于他们所具有的常识和日常经验。

对方之所以要使用翻译是因为 X 先生在一个不起眼儿的地方帮助了我们，我知道对方是想在最终的辩论中说："当然啦，你们知道这里存在语言交流上的问题。"

这就是他们想达到的最终目的！然而，取而代之的却是，我让陪审团认为，对方律师让他们等待，并且在他们面前伪装。从这点上，他们已经对其没有好感了。这位律师没有考虑到陪审团的实际情况，他的可信度也就不存在了。

作为准备过程中的一部分，检查专家们在其简历中所罗列事项的准确性是非常重要的。有时候，他们会吹捧、美化甚至编造事实。（记得乔治·奥莱利（George O'Leary）由于谎报自己的背景，从而失去了在圣母玛利亚足球队（Notre Dame）教练的工作这件事吗?）这样的努力是值得的。有时，你会很幸运。例如：一名很杰出的法学教授在骑自行车的时候被芝加哥运输局的公共汽车（CTA Bus）撞倒，该事故造成他闭合性头部外伤，伤势恢复得还不错。然而，永久性的后遗症就是他在每天工作结束后感到疲惫。被告聘请了一位神经科医生为原告做检查和测试。他在主询问中证明原告健康恢复状况良好。交叉询问包括以下的对话；

问：医生，你提到你对史密斯先生（Mr. Smith）进行了各种检查，在其中一项检查中，你让他告诉你撒谎和错误的区别，你还记得吗?

答：是的，我记得。

问：请告诉我们他在这个测试中对于这个问题的回答。

答：逐字的吗?

问：是的，先生。

答：我不会那样逐字地回忆起某件事情。一般来说，我会写下来。

问：对于那个问题，有正确答案吗?

答：撒谎与说错之间的区别吗?

问：是的，先生。

答：是的，有。

问：正确的答案是什么?

答：正确的答案就是，撒谎是故意的，而说错是意外的。

问：撒谎是故意的，而说错是意外吗?

答：对。

问：那么，谈到琼斯医生（原告的专家）(Mr. Jones)，你说他是一名杰出的神经外科专家，一流的，对吗?

答：是的，他是。

然而，取而代之的却是，我让陪审团认为，对方律师让他们等待，并且在他们面前伪装。

问：那么你也被问到有关他诚信方面的名声这个问题，你能回忆起被问到过这个问题吗?

答：不太记得了。

问：这是你的回答。“非常好，他的诚信度非常好。”

答：是的，我想起来了。

问：你是这样认为的吗?

答：是的，我相信是这样的。

问：在你的领域中，诚信对于一名专家证人来说是至关重要的，对吗?

答：绝对是这样。

问：你并不想误导陪审团，对吗?

答：没错。

问：你对于自己的职业成绩非常自豪是吗?

答：是的。

问：你已经被聘请成为一名专家证人，而不是一名提供治疗的医生，你做专家证人的次数已经超过 100 次了，对吗？

答：在我 20 年的执业工作中？

问：是的。

答：没错。

问：1983 年，你第一次在一起法律案件做专家证人，对吗？

答：是这样的。

问：那时候，你就是个自负的傻小子，是吗？1983 年，你正要结束你的实习，对吗？

答：是的，我正在完成我在神经外科的实习。

问：从那个时候起，你就多次宣誓出庭作证，我们可以这样认为吗？

答：是的。

问：当你以专家证人的身份做附誓陈词时，你一般都会带着你的简历，对吗？

答：是的。

问：每次你来到陪审团面前，例如这个陪审团，你都会自豪地展示你的简历，对吗？

答：可以这么说。

问：专业简历的目的是向读者们提供你的背景和成就，是吗？

答：是的。

问：在你简历的第 3 页，你罗列出了你的荣誉和奖项，供读者阅读，对吗？

答：对。

问：你很自豪地罗列出来，虽然我不知道这个是荣誉还是奖项，你被收入了世界名人录的第 18 版（Who's who)，是这样吗？

答：对。

问：是荣誉还是奖项呢？

答：这还真难倒我了。我不知道。

问：那么，你是不是很自豪将它列入荣誉和奖项呢？

答：对。

问：有人授予你权利被列入世界名人录吗？

答：我猜是的。

问：世界很大，不是吗？

答：我想是的。

问：你也很自豪地在你的简历中写道，你被列在美国名人录第 55 期中，对吗，医生？

答：是的。

问：你能看看原告的第 396 号证据吗？并且告诉我这是什么。

答：这是世界名人录第 18 版。

问：请找出你的名字。

答：嗯，它应该不在这里。

问：医生，你能理解（我的提问）是在尽我的职责？（所以你有义务回答我这个问题。）

答：据我了解我是被提名了的，但最终没有找到。

问：原告的第 397 号证据是美国名人录第 55 期，你同意吗？

答：是的。

问：你可以接受我所说的，你的名字没有出现在其中这一点吗？

答：当然。

问：你所说的被罗列在世界名人录和美国名人录中的东西，是谎话还是说错了，医生？

他的回答一团糟。但其实他说什么都没关系了。他的可信度受到了冲击，他在这个过程中的作用已经不重要了。陪审员们肯定都期待证人们可以诚实直率，那也是他们在法庭中的现实想法。这位证人是不是被列入名人录并不重要，但是当他故意说自己被列入名人录中而事实并非如此时，情况就不一样了。出庭律师必须要确认己方以及对方证人的资历，以确保自大与夸张不会破坏你的可信度，也不会让你超出陪审团所接受的现实范围。

他的回答一团糟。但其实他说什么都没关系了。他的可信度受到了冲击，他在这个过程中的作用已经不重要了。

玛丽·琼斯（Mary Jones），33 岁，于 1998 年 6 月 14 日患上出血性中风，当时，她大脑血管中一块很大的动脉血管瘤爆裂。接下来大量的出血对她的大脑造成了灾难性的损害，使她只有左臂还能做有限的活动，并且她的记忆和认知能力也严重受损。

在大量出血前 10 天，玛丽来到某著名医学院附属医院的急诊室，说自己那天突然感到前所未有的头痛。

两名杰出的神经外科专家证明，玛丽那天的情况是动脉瘤的“泄漏警告”。她在 1998 年 6 月 4 日的症状是一种“典型的”泄漏警告的标志，有少量的血从血管瘤中泄漏出来，引发“极其强烈的头痛”。

专家证词同时也证明治疗的适用标准要求，急救室为玛丽看病的医生应该要求做 CT 扫描，以至于可以百分之百地确定动脉血管瘤的少量出血。根据专家的证词，当时的情况是留有合适的时间进行外科介入治疗的，这样可以 90%以上保证玛丽完全彻底康复的可能性。而急诊科的医生当天用治疗“脖子扭伤”的羟苯基乙酰胺为玛丽进行了救治。

使用辩方专家中一人写的教科书，我系统地从被告在交叉询问的证言中得到了可以支持我论点的内容——由于无法通过玛丽主要描述的“极其强烈的头痛”得出适当的病史，从而导致了错误的诊断。

下面一段相当长的交叉询问片段强调了如何控制被告以及在你方主要阐述案情时，如何通过对被告的交叉询问，让被告的专家成为你方的专家。

问：你们聘请了名叫格伦·汉密尔顿（Glenn Hamilton）的专家代表你们为这 12 个人作证对吗？

答：是的，我们是这么做的。

问：你认为汉密尔顿医生在急诊救治方面是非常权威的，对吗？

答：是的，我是这么认为的。

问：他之前写过一本教科书，是有关于如何在急诊室治疗中作出正确诊断的标准，你了解吗？

答：实际上我对那本书并不熟悉。我想我实际上并没有读过那本书，但是我知道他有写过教科书。

问：医生，你看到你面前的那本绿色的书了吗？

答：是的。

问：那是第228号证据吗？

答：是的。

问：先生，书的名字是什么？

答：《在急诊室表现体征和症状、诊断并治疗》。

问：那本书是不是列明格伦·汉密尔顿是高级编辑？

答：没错。

问：汉密尔顿医生教授他的学生、实习医生以及他的医生们在急诊室进行记录的重要性。这一点你同意吗？

答：是的。

问：他教授他们要重视检伤分类护士们（triage nurse）所做的记录并仔细阅读。你同意这一点吗？

答：是的。

问：他教授他们，要尊重那些书写病历的专业护士们的意见。你能同意汉密尔顿医生在这一点上的意见吗？

答：是的。

问：汉密尔顿医生同时也会对为到急诊室就诊病人提供治疗的一组人进行教学，这一组人当中包括检伤分类护士，对吗？

答：是的。

问：他也会讲到并且认为这一组人当中的每个人都扮演着很重要的角色。你认可吗？

答：没错。

问：汉密尔顿医生所教学的原则之一就是，急诊科医生获得越多病人信息，就越有利于他为某位病人提供救治。你同意吗？

答：绝对是这样的。

问：史密斯医生，对于汉密尔顿医生所说的，急诊室护理救治标准要求急诊室医生了解检伤分类护士的记录这一点，你能同意吗？

答：是的。

问：你同意他说急诊科医生要了解护士所记录的病例这一点吗？

答：没错。

问：你同意汉密尔顿医生所说的护理救治标准要求，你需要注意病人向护士提供的关于病人“极其强烈的头痛”这一经历，对吗？

答：我同意他说的，我绝对需要注意这一主要病症——“极其强烈的头痛”。

问：你也同意汉密尔顿医生说的，对于病人所说的，突然在生活中出现“极其强烈的头痛”的情况，必须一步步检查，从而排除蛛网膜下出血的情况，对吗？

答：是的，在病例记录完全和做过身体检查之后。

问：你同意他所说的，突然出血的“极其强烈的头痛”的病症与潜在的蛛网膜下出血是一致的，并且这种潜在的可能是非常高的，对吗？

答：是的。

问：医生，你不记得你曾和玛丽·琼斯就她向护士诉说的突然出现“极其强烈的头痛”的病症进行过探讨，对吗？

答：是，对此我没有专门的记忆。

问：医生，在我的问题中，我没有提到“专门”这个词。

答：那只是流行语。我回忆不起来。对不起。

问：谢谢。对于玛丽·琼斯向检伤分类护士所诉说的“极其强烈的头痛”的症状，你作为一名医生并没有进一步的跟进检查，对吗？

答：“极其强烈的头痛”的问题得到了进一步确认。

问：是你做的吗，医生？

答：是的，是我做的。

问：应该不是你做的这件事情吧？

答：“极其强烈的头痛”这个问题是我去确认的。

问：第 66 页。你是不是于 2001 年 7 月 24 日在你的律师面前被问到了这些问题，并且你在宣誓后给出了这样的答案：

“问题：第五行——你是否有任何与病人玛丽·琼斯探讨她向检伤分类护士所诉说的极其强烈的头痛的相关记忆？”

“回答：我不会和病人探讨他们告诉其他医务护理人员的情况。”

“问题：所有我想要得到的答案是，你是否有任何与病人玛丽·琼斯探讨她向检伤分类护士所诉说的极其强烈的头痛的相关记忆。”

“回答：我没有任何相关的记忆。”

“问题：你是否记得玛丽·琼斯在 1998 年 6 月 4 日告诉过你，在她的生活中从未出现过像那天那样‘极其强烈的头痛’？”

“回答：我要说她没有提出过这个问题，这个问题也没有得到进一步的确认。”

问：你记得那次对于那些问题所给出的答案吗？

答：是的，我是作出了那样的回答。

问：汉密尔顿医生说过，如果急诊科医生参照护理救治标准采取措施，看看检伤分类护士有关“极其强烈的头痛”这一主要病症的记录的话，医生会作出蛛网膜下出血这样不同的判断，对于这一点你是否同意？

答：是的。

问：汉密尔顿医生会将其明确列出来，你同意吗？

答：我完全同意。

问：是不是你在 1998 年的 6 月了解到，如果出现再出血，大量出血，那么将会造成严重的或者灾难性的出血，并且那样的出血预示着很高的死亡率和发病率？

答：是的。

问：正因如此，汉密尔顿医生教授他的学生以及实习医生，对于诊断这样的标志性出血病人要非常小心谨慎。你同意他的说法吗？

答：我同意。

问：对于那些到急诊科就诊的病人来说，这就是汉密尔顿医生所说的发现出血的绝佳时机。先生，也是你的绝佳时机吗？

答：是的，这是一个发现的机会。

问：不是你最好的机会吗？这是汉密尔顿医生的最好机会。当病人就在急诊室的时候，这也应该是你最好的机会，不是吗？

对于那些到急诊科就诊的病人来说，这就是汉密尔顿医生所说的发现出血的绝佳时机。先生，也是你的绝佳时机吗？

答：从我个人角度看是不是最好的机会？当然是，但我不会再对她进行检查。

问：谈到材料，医生，你是否同意汉密尔顿医生所说的，所有相关的病例结果和体检结果都应该被罗列出来这一点？

答：是的。

问：你同意那种说法？

答：是的，我同意那种说法。

问：根据汉密尔顿医生所说的，那包括病例、对于疼痛的描述、相关的症状、头痛史、用药以及手术史、频率的变化以及之前的治疗方法。你同意吗？

答：没错。

问：医生，作为一名急诊科的医生，是不是要按照护理救治标准进行实际操作，在病人表示他们自己患有“极其强烈的头痛”时，医生有责任去探究病人以前的病史，对吗？

答：这是医生的责任。

问：你没有记下那些病史，对吗？

答：是的，这里，我没有记下来。

问：其他地方也没有记，对吗，医生？

答：是的，其他地方也没有记录。

在陪审团的现实想法里，出于一般医学或科学目的而书写下来的文本是很有分量的——可能比仅仅为了庭审而给出的口头证词分量更重。如果那个文本出自于对方专家，而它又用来对抗对方自己，那么他就无路可退了。

了解陪审团的实际想法，在这个范围内代理案件。认清现实。

结　论

衷心希望，本书收录的这些故事对于法庭之外的生活也有所裨益。恰如本书几位作者指出的那样，法庭审判本质上是一种人类活动——往往伴随着不确定性、错误、情感、幽默与激情。在许多方面，这些要素构成了生活本身的表征。

因此，毫不奇怪，本书描述的这些庭审活动揭示了许多经验教训，而且这些经验教训已经超越了法庭的范畴。在此，有一些内容似乎是各个篇章的共同经验：

● 明确目标具有极其重要的意义（Having a goal is crucial）。如果你对于想得到什么以及如何才能得到它，一开始就有一个清晰的认识，那么，你极有可能会如愿以偿。

● 准备工作意义重大但又什么也不能保证（Preparation means everything and guarantees nothing）。没有任何事情能够取代深度挖掘资料并认真做好准备的地位。但是，这么做并不能保证你一定取得成功。要学会随时对资料进行重组、善于即兴发挥并及时改变策略——这些也同等重要。

● 一加一等于三（One plus one can equal three）。合作并诉诸他人的资源，往往会比单打独干取得更好的结果。

● 四处看看，答案就在那儿（Look around，it is out there）。专心致志地观察、聆听并与我们所处的世界和睦相处，意义重大。如果我们能花点时间与我们周边的环境保持联系，找到具有挑战性的答案往往会比想象得更容易一些。

● 可信性是说服他人的先决条件（Credibility is a prerequisite to persuasion）。如果我们想让人相信我们，我们首先必须具有值得相信的品质。建立并维持自身的可信性，可以让那些我们与之进行交谈的人愿意聆听我们的信息，而且更容易接受并支持这些信息。

● 失败乃成功之母（Failure is a predicate to true success）。如果你从来没有失败过，那么，你就没有真正尝试过。对于那些自诩从来没有败诉过的出庭律师或者自诩可以摆平任何事情的人，请务必心存戒心。对失败的恐惧限制了其成功的可能。失败，尤其是深思熟虑之后的失败，是取得真正成功的必要条件。

● 学习他人的经验，但要寻找契合自己的风格（Learn from others，but find your own style）。无论我们学习模范的对象多么优秀，要想成功，则必须辨识并保持我们每个人独特的个人风格。真实可靠透露着真诚，营造着可信性（Authenticity projects sincerity and engenders credibility）。

● 小的前瞻可以让你走得更远（a little perspective can go a long way）。就像案件的审判建立在一个又一个证人的证言基础之上一样，我们的人生也立足于一个又一个的生活经验。认真对待当前的每一步，保持一种幽默感并培养放眼全局的能力，将会获得一个更愉快、更成功的现实。

● 追求完美是出色完成工作的敌人（The pursuit of perfection can become the enemy of excellence）。资深的出庭律师都知道，追问“画蛇添足”式多余问题的人将会遭受多么大的灾难。完美是一种理念，因此，是难以实现的。为出色完成工作而奋斗，而不是去追求完美。要知道何时见好就收。

● 请留心自信与傲慢之间的差别（Be mindful of the distinction between confidence and arrogance）。自信可以激发人的信任。它能够成为促使我们自己和周边人采取行动的动力。在任何活动中，它都是取得成功至关重要的要素。但是，当自信膨胀成傲慢时，我们就会失去对真实处境的感知，不可避免会作出错误的判断，从而让我们走向失败。必须要在自信与傲慢之间取得一种平衡。

● 理解并体谅截然不同的观点（Understand and account for different views）。要能够看到你自己立场的不足，承认他人观点的合理之处。如果我们能够对对方的需要和欲求保持高度敏感并能够就此作出公允的判断，将更有助于我们目标的实现。

● 开发你的天分，享受你的工作（Exploit your talents to enjoy your work）。尽管办理案件往往伴随着压力和责任，但是，成功的出庭律师都热爱这份工作。绝大多数成功的律师会告诉你，这是因为，办理案件可以让他们的天分发挥到极致，并得到最充分的应用。辨识自己的天分，并将其发挥到极致，这是人生幸福的核心所在。

● 要了解规则，但不要让它限制了你的手脚（Know the rules, but don't let them limit you）。尽管规则——无论是正式规则还是潜在规则提供了指引并确立了基本界限，但是，如果存在非常合理的理由，就要敢于推翻或打破它。创新与发展就是这么来的。

● 坚持下去（Stay in the game）。为了走向繁荣，你首先必须存活下来。在任何一次审判和任何人的人生途中，都会遇到挫折，因此，不要低估“仅仅”矢志不移地坚持下来并心存成功美景的积极价值。本书各位作者的职业生涯就是这一经验的明证。

我们深信，你将会喜欢本书收录的真实的法庭生活，甚至还会从中学到几条人生经验与教训。

关于本书的部分评论

“在法庭上，我曾经见过《对方证人》的许多作者。我可以向读者保证，认真对待他们的建议将是一种明智之举。”

——约翰·保罗·史蒂文斯（Justice John Paul Stevens），美国联邦最高法院大法官

“莫罗与费格利罗借助一些美国最受人尊敬的律师的逸闻趣事，将法庭变成了一盘棋，并借此教你如何走好每一步棋。”

——肯尼思·W·斯塔尔（Kenneth W. Starr），佩普丁大学法学院院长、教授

“该书并非专为出庭律师或芝加哥律师而写。这是一本为了那些无论身在何处都深爱法律实践的律师而完成的书。所有的青年律师都应当阅读它，以便可以从中分享这些法律巨子的智慧。”

——西尔维娅·沃尔伯尔特（Sylvia Walbolt），美国上诉律师协会前主席

“世界级出庭律师的卓越洞见。”

——格雷戈·约瑟夫（Greg Joseph），美国律师协会诉讼分会前主席

“无论拥有多么丰富的经验、多么娴熟的技能，一名优秀的辩护律师都不会放弃学习。这是该领域一些资历最深、技能最优之士开设的高级课程。读之，所有人都会感到趣味横生，律师职业者则会为之痴迷。”

——约翰·凯尔西-弗赖伊（John Kelsey-Fry，Q. C.），英国著名皇家大律师

“莫罗与费格利罗通过该书为法律群体提供了一种极好的服务，而不仅仅是将交叉询问中的‘经验教训’汇编起来。每一代律师都能从中受益——它将芝加哥法律技艺中最精彩的那部分留存了下来。”

——托德·史密斯（Todd Smith），美国庭审律师协会前主席

“阅读《对方证人》，让我觉得犹如在享受一个律师自己的假日。任何人，如果想成为一名出庭律师的话，都应当阅读该书并从中受益。”

——乔·詹梅尔（Joe Jamail），得克萨斯州享有“侵权案之王”美誉的出庭律师

“在历史上，从来没有哪本书能将这么多竞争对手聚拢在一起。他们有一个共同特点，那就是：对于工作的激情。真是一本令人着迷的书！”

——大主教肯尼斯·维罗（Monsignor Kenneth Velo），德保尔大学天主教协作办公室高级执行官

“读过弗朗西斯·威尔曼的《交叉询问的艺术》之后，受其影响，我去念了法学院。但是，读完莫罗与费格利罗主编的《对方证人》，我真希望能重新再做一次律师。通过对这些著名庭审律师出庭经验的精挑细选，该书为交叉询问的艺术确立了新的标准。这是一次关于这些出庭律师内心世界的迷人之旅。”

——比尔·柯蒂斯（Bill Kurtis），美国线业公司连续剧《美国司法》的主持人

“任何律师，如果想拥有出庭辩护的勇气的话，就必须读读这本书……我们需要200本，我们律师事务所的诉讼律师要人手一册。”

——布伦丹·沙利文（Brendan Sullivan），华盛顿特区威廉姆斯与康奈利律师事务所高级合伙人

“我们都知道，对于绝大多数出庭律师而言，交叉询问是一项最难掌握的技能。对于任何想做得更好的律师而言，这些经验真是无价之宝，而且，读起来趣味横生。”

——罗伯特·B·菲斯克（Robert B. Fiske, Jr.），美国出庭律师学院前主席

“《对方证人》一书表明，专家们的交叉询问活动实乃细密准备工作与娴熟即席发挥技巧共同作用的产物。就出庭律师的辩护艺术而言，这一富有洞察力而且往往充满幽默色彩的一瞥，将会激发律师以及非律师人士的兴趣……我喜欢这本书……”

——安德鲁·亚历山大（Andrew Alexander），即席表演喜剧《第二城市》的所有权人及制片人

“哇！这些兼容并蓄、才华横溢的作者真正掌握了交叉询问艺术的真谛——这本身就是一门艺术。无论是新手还是资深出庭律师，该书都是一本必读书。”

——菲尔·科博伊（Phil Corboy），芝加哥富有传奇色彩的出庭律师

“忘了佩里·梅森、杰克·麦科伊吧！《对方证人》一书就一流出庭律师的技巧提供了极为珍贵的内部视角。因此，该书以趣味横生的笔调，富有教益地描述了这些大师实际应用的交叉询问艺术。”

——迪克·迪瓦恩（Dick Devine），库克郡首席联邦检察官

“该书犹如满满一箱子的奇闻趣事——针对潜在的证人，该书提供了色

彩纷呈的警示；就心理学家感兴趣的说服与潜移默化而言，该书提供了大量耐人寻味的事例；就一般读者而言，该书则是一次充满迷人故事的盛宴。”

——罗伯特·克拉克（Robert Clark），哈佛大学法学院教授、前院长

“我先后深度参与过150多次陪审团审判。我原以为我已经掌握了交叉询问艺术的沟沟湾湾。然而，我错了！对于此书，我爱不释手。这些作者比著名的欧文·扬格写得还要好。”

——尊敬的安德鲁·P·纳波利塔诺（Hon. Andrew P. Napolitano），Fox新闻频道高级司法分析师、新泽西最高法院大法官（已退休）

“在成为一名律师以前，我曾经设想，在著名律师克莱伦斯·丹诺（Clarence Darrow）生活过的芝加哥市——这是一个令人激动、风格独具的地方，在其历史上，发生过许多著名的审判案例、出现过许多大师级的律师——从事律师工作会是什么样子。《对方证人》一书收录了芝加哥律师协会的领军人物们在法庭征战过程中发生的引人注目、妙趣横生的故事。该书让芝加哥庭辩遗产绽放生机。该书是钟爱法庭戏剧之人的必读书。”

——爱德华·格林斯潘（Edward Greenspan，Q. C.），皇家大律师，加拿大著名刑辩大律师

“请珍视这本书，因为我们都知道，这些魔法大师很少告诉别人他们是如何施展魔法的。”

——斯科特·图罗（Scott Turow），律师、本书作者之一

“这是一本不同寻常的书，它印证了以下格言：最伟大的出庭律师都是讲故事的大师。读之，妙趣横生、受益良多！”

——帕特里夏·李·雷佛（Patricia Lee Refo），美国律师协会美国陪审团项目首席执行人

“对于庭审律师或者试图成为庭审律师的人来说，这是一本妙趣横生且真正有用的书。其中有许多来自出庭经验丰富之人的洞见。”

——埃文·切斯勒（Evan Chesler），纽约州科瑞瓦斯、斯文与穆尔联合律师事务所首席合伙人

“无论是律师还是非律师都会从这本书中获得快乐。无论是律师还是非律师，都会从中受益良多。”

——大卫·博伊斯（David Boies），纽约州博伊斯、席勒与弗莱克斯纳联合律师事务所律师

“你应该读读这本书。你不仅会从中获得乐趣，而且，还会从中学到不少重要的经验教训。”

——本·密尔（Ben Miller），伊利诺伊州最高法院前首席大法官

译者致谢

必须承认，这部书稿凝结了许多朋友和学生的劳动与智慧。正是因为他们的认真参与，本书才能以现在这个样子呈现在读者面前。为此，我衷心希望能够借此机会向他们表示诚挚的感谢！

首先应当感谢本书的合作者云翀女士。她是一个很好的合作伙伴。在翻译过程中，云翀女士不仅承担了本书第 26 章至第 36 章，以及第 39 章至第 50 章的翻译工作，而且，还协助我通读、校对了本书其他章节的所有翻译文稿。此外，北京市西城区法院法官高翡女士提供了第 18、19 章的翻译初稿，中国政法大学硕士研究生周媛媛同学提供了第 37、38 章的翻译初稿。正是因为她们的积极参与，本书的翻译工作才能够如期顺利完成。

在本书最后统稿期间，中国政法大学博士研究生石岩女士，放下自己手头的博士论文写作，再次援手相助，对本书第 31 章至 34 章、第 39、40 章进行了逐行校对并承担了部分段落的重译工作。此外，中国政法大学硕士研究生童友美、周媛媛、李轩承担了本书绝大部分译稿的校对重任，为本书的翻译付出了大量的劳动和时间。北京市人民法院二分院法官石煜女士、北京市西城区法院法官高翡女士、中国政法大学硕士研究生罗静波同学，也利用周末休息时间，承担了本书部分章节的最后校改工作。通过校对，她们不仅指出了原译稿中存在的明显疏漏和错讹，还为本书部分文句提供了更为精准的译文。因此，呈现在读者面前的这些文稿，在某种程度上，可以说是她们帮助润色、打磨的结果。在此，特致以最诚挚的谢意！

最后，还应该感谢北京大学博士研究生牟绿叶，中国政法大学硕士研究生李博、刘卓立、陈德品、林科诨、程飞等同学！作为本书的第一批读者，他们提出了许多富有见地的修改建议，这些建议让本书的译文增色不少。

吴宏耀

2012 年 5 月 30 日 于京西垂虹

Your Wintness: Lessons on Cross-Examination and Life from Great Chicago Trial Lawyers
by Steven F. Molo and James R. Figliulo

图书在版编目（CIP）数据

对方证人：芝加哥著名刑辩律师论交叉询问与人生的经验教训/［美］莫罗，［美］费格利罗主编；吴宏耀，云翀译．—北京：中国人民大学出版社，2012.12

（中国律师实训经典·庭辩技巧系列）

ISBN 978-7-300-15154-0

Ⅰ．①对…　Ⅱ．①莫…②费…③吴…④云…　Ⅲ．①刑事诉讼-辩护-文集　Ⅳ．①D915.35－53

中国版本图书馆 CIP 数据核字（2012）第 292105 号

中国律师实训经典·庭辩技巧系列

对方证人

——芝加哥著名刑辩律师论交叉询问与人生的经验教训

［美］史蒂文·F· 莫罗（Steven F. Molo）
［美］詹姆斯·R· 费格利罗（James R. Figliulo）　主编

吴宏耀　云翀　译

Duifang Zhengren

出版发行	中国人民大学出版社		
社　　址	北京中关村大街 31 号	**邮政编码**	100080
电　　话	010－62511242（总编室）		010－62511770（质管部）
	010－82501766（邮购部）		010－62514148（门市部）
	010－62515195（发行公司）		010－62515275（盗版举报）
网　　址	http：//www.crup.com.cn		
	http：//www.ttrnet.com（人大教研网）		
经　　销	新华书店		
印　　刷	天津中印联印务有限公司		
规　　格	185 mm×260 mm　16 开本	**版　　次**	2013 年 4 月第 1 版
印　　张	17 插页 2	**印　　次**	2018 年 8 月第 4 次印刷
字　　数	406 000	**定　　价**	49.00 元